컴짱의 타자 실력

 컴짱 이름 :

날짜	타수(진행도)	정확도	날짜	타수(진행도)	정확도
월 일		%	월 일		%
월 일		%	월 일		%
월 일		%	월 일		%
월 일		%	월 일		%
월 일		%	월 일		%
월 일		%	월 일		%
월 일		%	월 일		%
월 일		%	월 일		%
월 일		%	월 일		%
월 일		%	월 일		%
월 일		%	월 일		%
월 일		%	월 일		%
월 일		%	월 일		%
월 일		%	월 일		%
월 일		%	월 일		%
월 일		%	월 일		%
월 일		%	월 일		%
월 일		%	월 일		%

- 이 책의 모든 소스 파일은 멘토르 홈페이지(www.mentorbook.co.kr)의 자료실에서 다운로드 받아 사용하실 수 있습니다.
- 다운로드 받은 압축 파일을 'C:\내 문서\파워포인트2003\' 폴더에 압축 해제하신 후, 학습에 필요한 파일을 불러와 사용하시기 바랍니다.
- 작업 파일은 특별한 지시사항이 없는 한 〔내 문서〕 폴더에 본인의 이름으로 〔폴더〕를 만든 후 저장하시기 바랍니다.
  예〉〔내 문서〕-〔홍길동〕 폴더

컴 짱 차 례

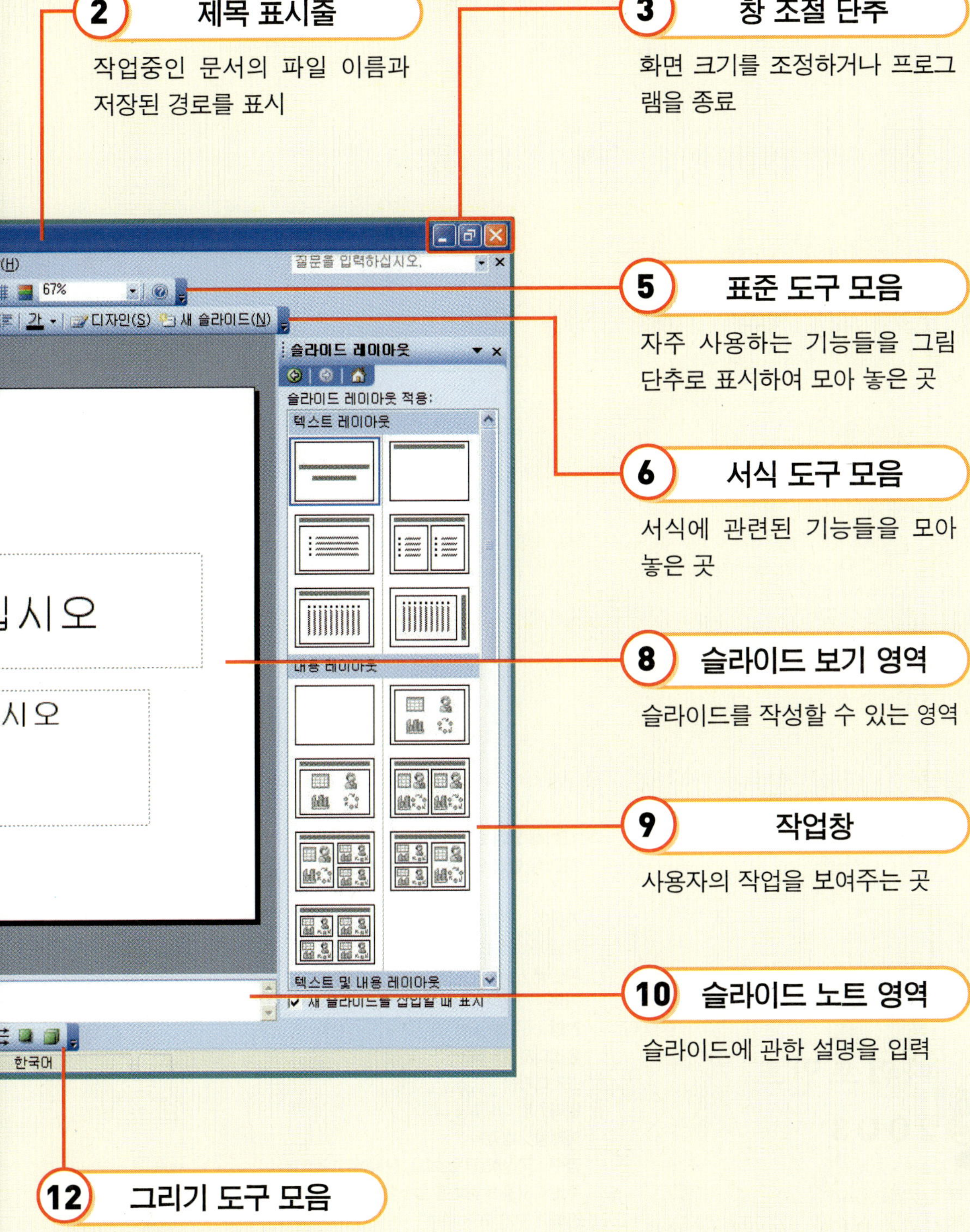
제목 표시줄
작업중인 문서의 파일 이름과
저장된 경로를 표시

창 조절 단추
화면 크기를 조정하거나 프로그
램을 종료

표준 도구 모음
자주 사용하는 기능들을 그림
단추로 표시하여 모아 놓은 곳

서식 도구 모음
서식에 관련된 기능들을 모아
놓은 곳

슬라이드 보기 영역
슬라이드를 작성할 수 있는 영역

작업창
사용자의 작업을 보여주는 곳

슬라이드 노트 영역
슬라이드에 관한 설명을 입력

그리기 도구 모음
도형과 관련된 그리기 기능을
모아 놓은 곳

1판1쇄 발행 2007년 11월　1일
2판1쇄 발행 2009년 11월 30일

지은이 : 멘토르교재팀, 북스인 공저
펴낸이 : 안동명
펴낸곳 : 에듀멘토르
기획 : 신꽃다미
진행 : (주)북스인
편집디자인 : 북스인
표지디자인 : D_box
일러스트 : 박수영
마케팅 : 김경용
감수 : 국선화(금호초교), 윤혜정(모덕초교)
주소 : 서울시 청파동 3가 131 IT연구개발센터 1층
전화 : (02) 706-0911
팩스 : (02) 706-0913
내용문의 : mentor@mentorbook.co.kr
등록 : 2004.12.30. 제 302-2004-00081호

ISBN : 978-89-94127-03-3

가격 8,000원

http://www.mentorbook.co.kr

CONTENTS

Part 02 파워포인트 2003 기능 활용하기

CONTENTS

파워포인트 2003 기능 익히기 ①

컴짱, 마법사 수업을 받다

'파..워 포인트? 그게 뭔데요?
파워포인트란 프레젠테이션용 마법으로 '빔프로젝트'등의 마법 도구를 이용하여 발표할 때 사용한단다.
네가 찾는 딱 그것이지.
비~임!!
아앗!
후훗!
와! 와! 저도,저도 파워포인트 마법 쓸래요! 쓸래요!
하지만 당장은 어렵단다. 먼저 화면 구성을 익히고 디자인 서식파일, 슬라이드 구성, 데이터서식 등등을 먼저 배워야 한단다.. 그.다음에야..
에휴~그 많은걸 언제 다배운담..어려운 거구나.. 파워포인트..
하..하..녀석 시작도 하기 전에 엄살은.
방
방
실~망
우~와
우~와
우~와
우~와
우~와
좋아! 그럼, 초급마법을 모두 통과하여 나에게 인정받으면 슬라이드를 자유자재로 만들 수 있는 복장 아이템을 주마! 어때? 밤을 자신있지?
반짝
반짝
반짝
기대
기대
하
하
그날밤..
야~옹
야~옹
어.. 어떻게..
해해~
아~ 그렇구나
보시다시피 마법사님은 가발을 쓰셨던 것입니다!

어허 근 니가 없다

- 파워포인트를 열고 닫는 방법을 배우자.
- 파일을 저장해 보자.
- 파워포인트의 슬라이드 쇼를 실행해 보자.

조상들의 슬기

멘토르 초등학교
5학년 9반
유 호 철

01. 파워포인트 실행하기

1 [시작]-[모든 프로그램]-[Microsoft Office]-[Microsoft Office PowerPoint 2003]을 클릭합니다.

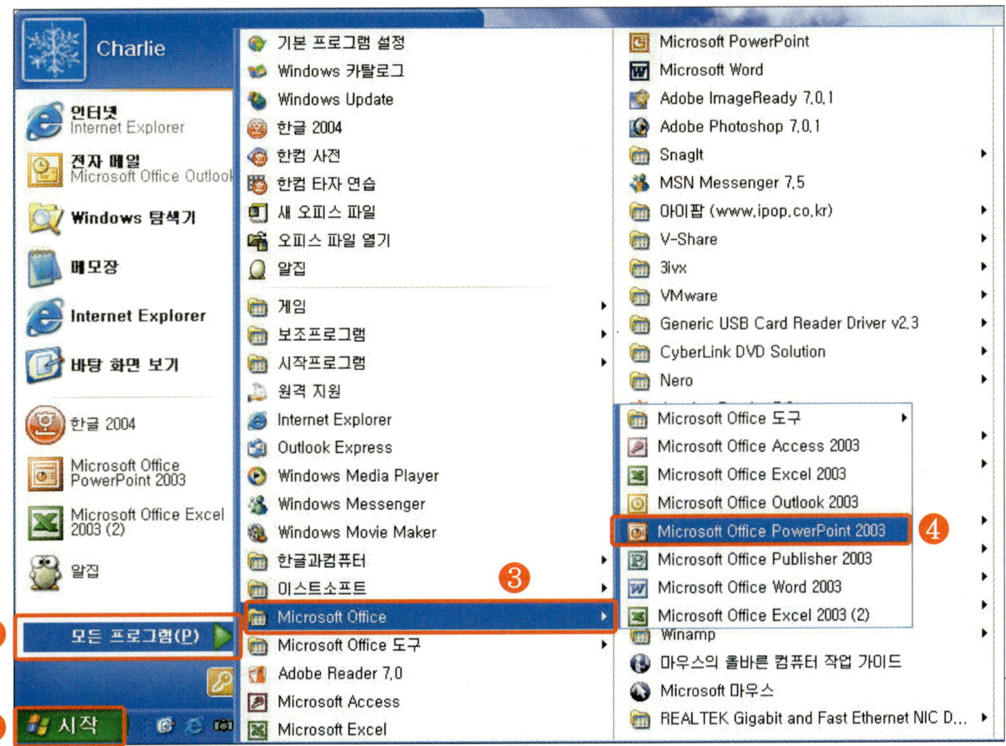

2 파워포인트가 실행되고 화면 오른쪽에 [시작] 작업창이 표시됩니다. 새로운 프레젠테이션 파일을 작성하려면 표준 도구 모음의 [새로 만들기] 아이콘(　)을 클릭합니다.

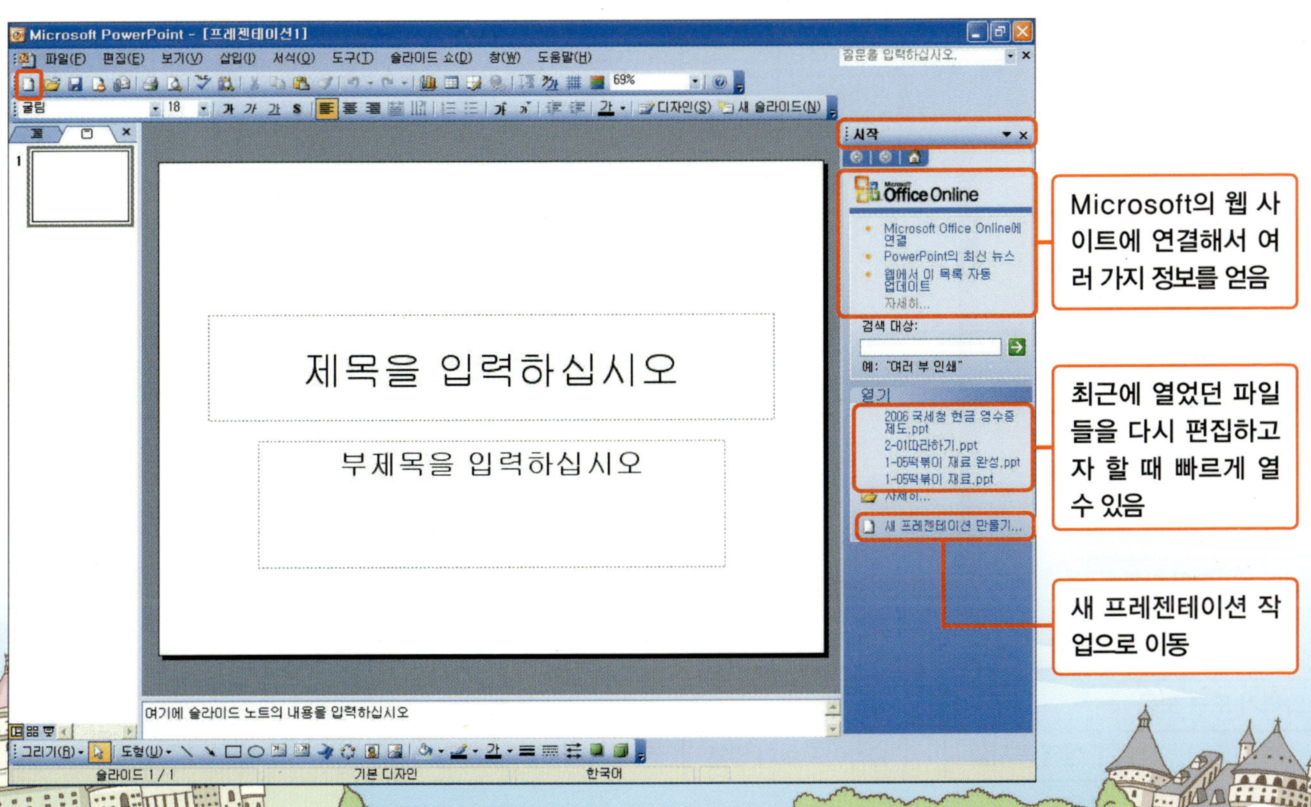

3 [슬라이드 레이아웃] 작업창이 표시되면 텍스트 레이아웃의 '제목 슬라이드'를 선택하고 [슬라이드 레이아웃] 작업창을 닫습니다.

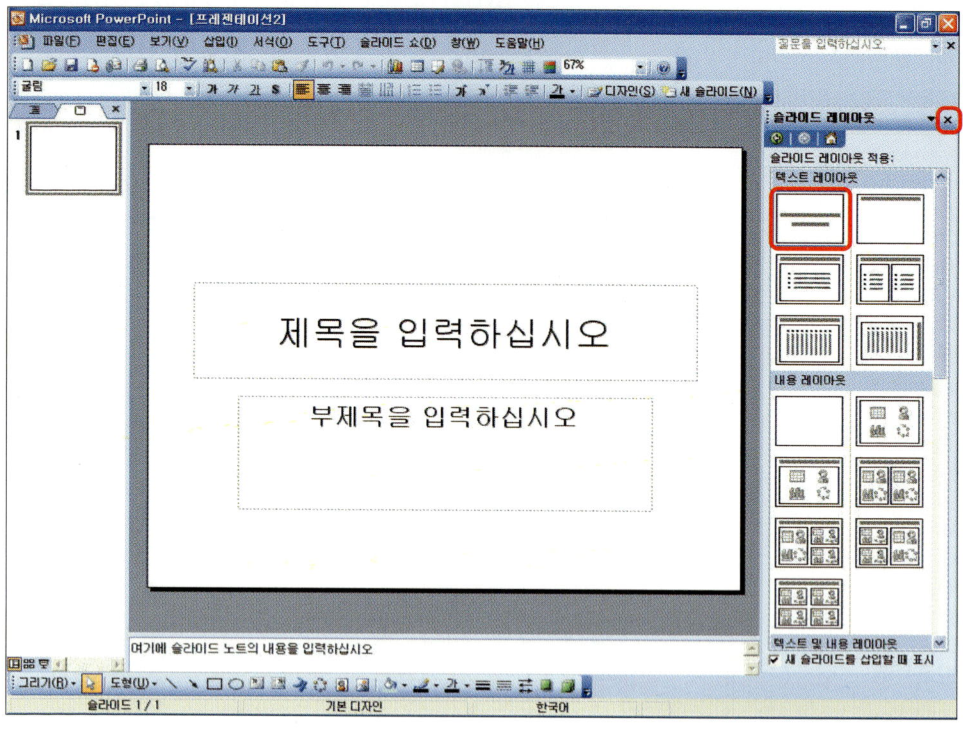

4 새로운 제목 슬라이드가 하나 삽입됩니다. 파워포인트 화면을 구성하는 구성 요소는 다음과 같습니다.

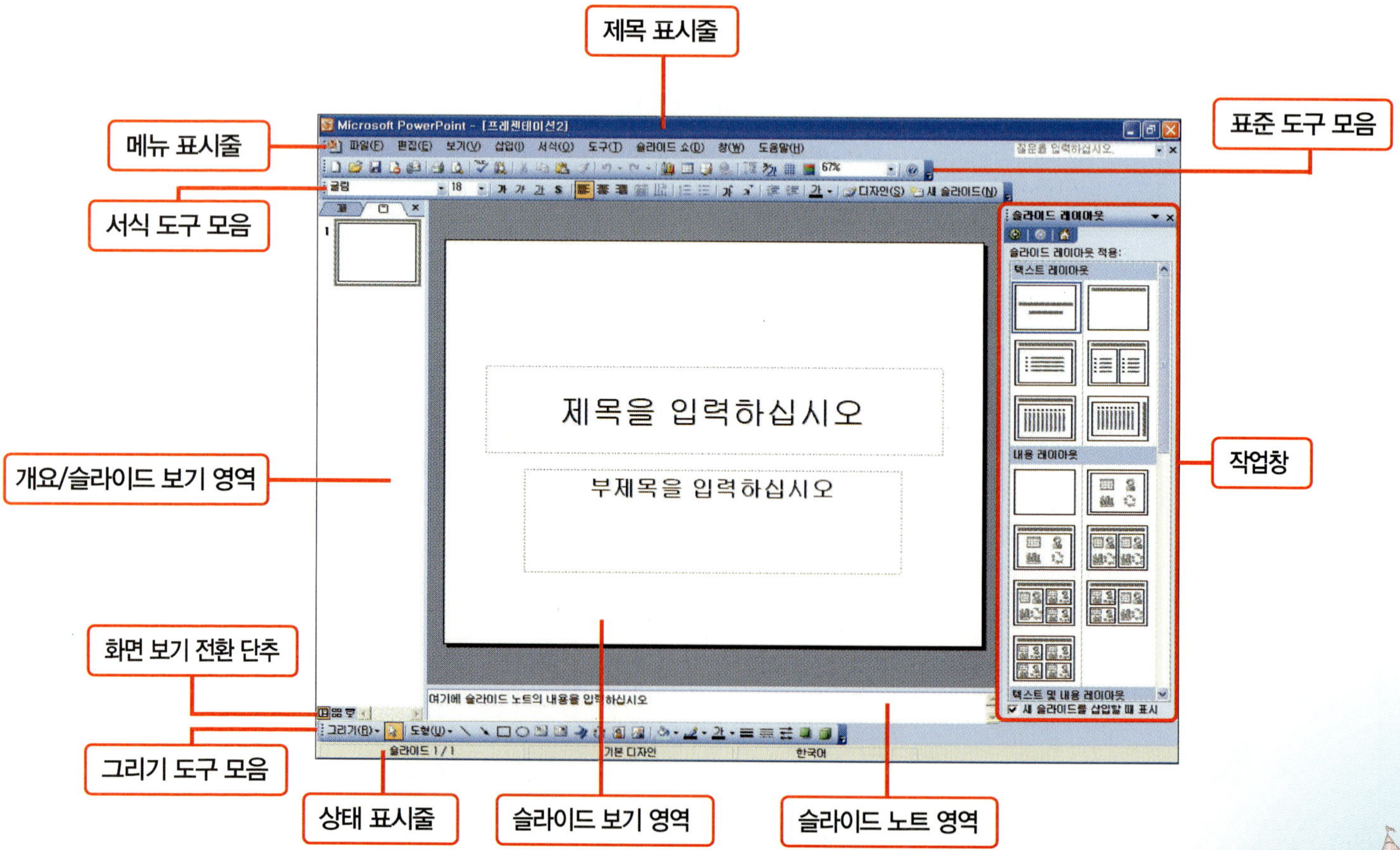

02. 새로운 슬라이드 작성하기

프레젠테이션 파일은 여러 장의 슬라이드로 구성되며 슬라이드 안에는 글자뿐만 아니라 그림, 소리, 동영상 등 여러 가지 멀티미디어 자료를 담을 수 있습니다.

① 제목 슬라이드에 글자를 입력해 봅니다. '제목을 입력하십시오'를 마우스로 클릭하면 이 글자들이 사라지면서 커서가 나타납니다. "어처구니가 없다"를 입력합니다.

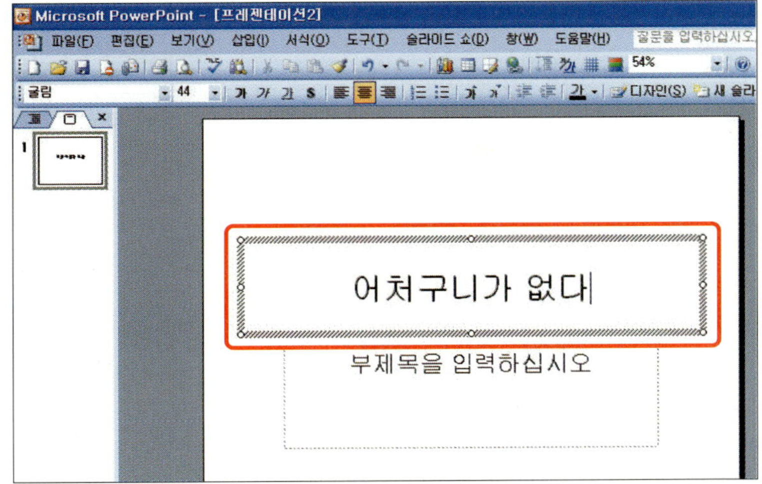

② '부제목을 입력하십시오'를 마우스로 클릭한 후 그림과 같이 "'어처구니'의 유래를 알아보자"를 입력합니다.

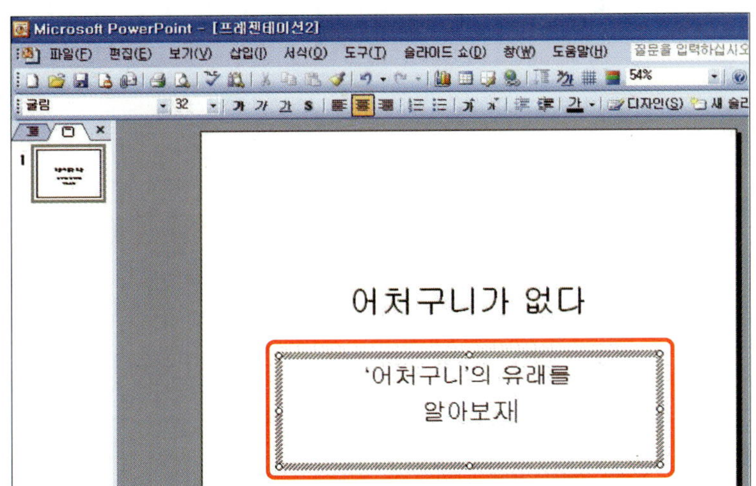

③ 새로운 슬라이드를 삽입하기 위해 서식 도구 모음의 [새 슬라이드] 아이콘(새 슬라이드(N))을 클릭하거나 [삽입]-[새 슬라이드]를 선택합니다.

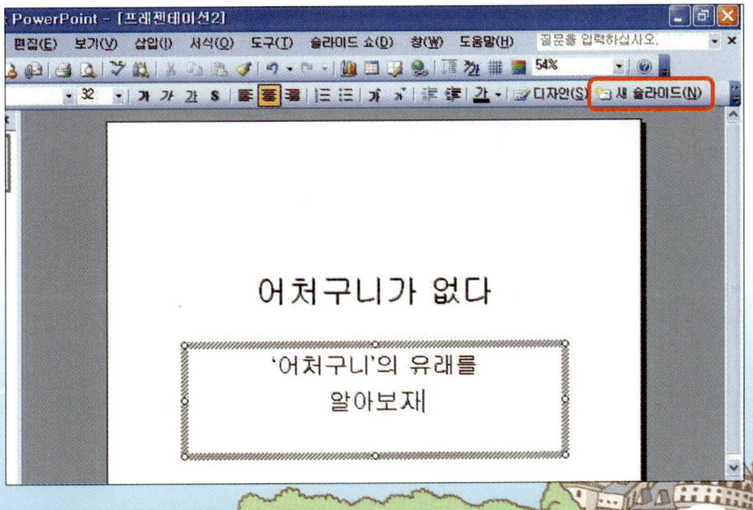

 [슬라이드 레이아웃] 작업창의 슬라이드 레이아웃 적용에서 '제목 및 텍스트'를 선택합니다.

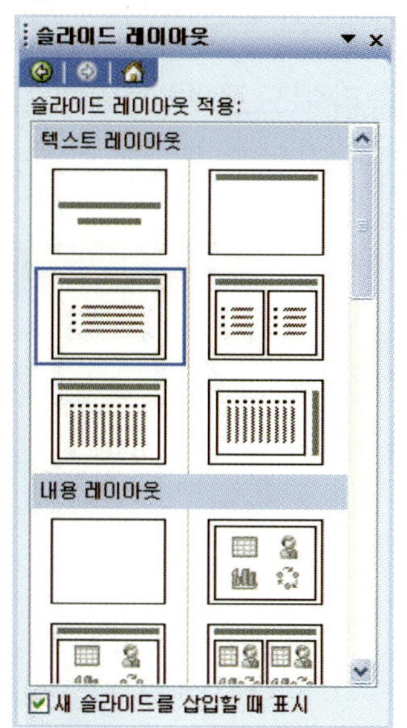

슬라이드 레이아웃 적용

새로운 슬라이드를 삽입할 때는 항상 [슬라이드 레이아웃]을 선택해야 합니다. [슬라이드 레이아웃]이란 슬라이드에 글자, 표, 차트, 그림, 미디어 클립, 조직도 등 어느 것을 넣을지 선택하는 것으로 파워포인트에서 미리 준비되어 있는 유형을 선택하면 됩니다.

 새로운 슬라이드가 삽입되면 제목 입력란과 텍스트 입력란에 다음 내용을 입력합니다.

'어처구니'는?

- 맷돌의 손잡이를 말합니다. 맷돌을 돌리려는데 손잡이가 없으면 어이없겠죠?
- 기와 지붕에 있는 사람이나 갖가지 동물 문양의 흙 인형을 말합니다. 목수가 건물을 완성하고 마지막으로 올려놓는 어처구니를 깜빡 잊고 올리지 않은 데서 유래되었다고도 합니다.

 **파워포인트의 보기 상태**

- 화면 왼쪽 아래 부분에 있는 화면 보기 단추들을 이용하여 슬라이드가 화면에 표시되는 모양을 선택할 수 있습니다.
- [기본 보기](▣) : 텍스트와 슬라이드 전체 모양을 한 번에 보여 줍니다.
- [여러 슬라이드 보기](▦) : 여러 슬라이드를 한 번에 보여 줍니다.
- [현재 슬라이드부터 슬라이드 쇼](▯) : 선택한 슬라이드부터 슬라이드 쇼를 보여 줍니다. (Shift + F5)

03. 프레젠테이션 파일 저장하기

1 표준 도구 모음에서 [저장] 아이콘()을 클릭하거나 [파일]-[저장]을 선택합니다.

저장 폴더 만들기

만든 파일은 [내 문서] 폴더에 자기 이름으로 폴더를 만든 후 저장하시기 바랍니다.
예) [내 문서]-[홍길동] 폴더

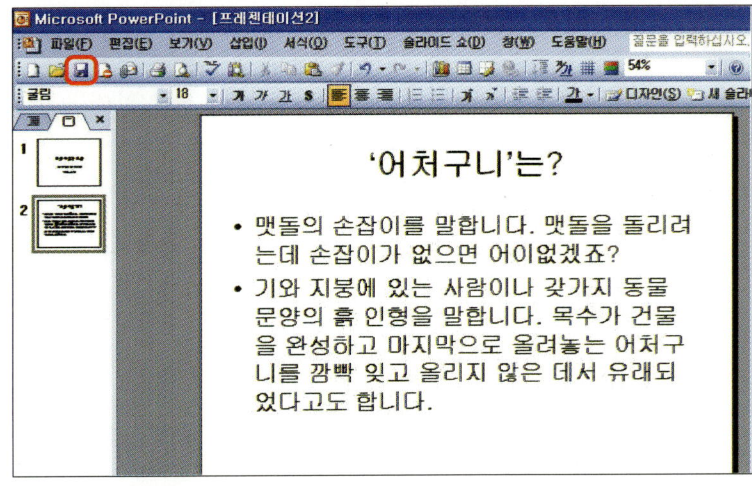

2 저장 위치는 자기 이름으로 만들어 놓은 폴더를 지정하고 파일 이름에 "01-어처구니"를 입력한 후 [저장] 단추를 클릭합니다.

폴더 만들기

문서를 저장할 때는 먼저 저장할 폴더(방)를 선택해야 합니다. 여기서는 자기 이름으로 된 폴더를 만들어 저장하기로 합니다. [다른 이름으로 저장] 대화 상자에서 [새 폴더 만들기] 아이콘()을 클릭하면 폴더를 바로 만들 수 있습니다.

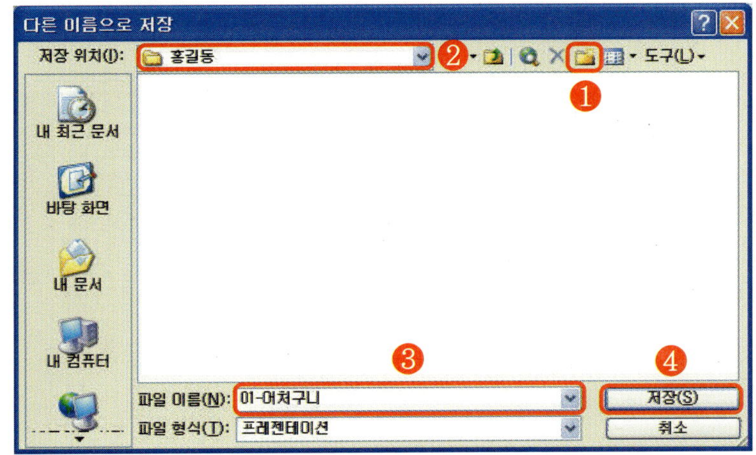

3 제목 표시줄에 입력한 파일 이름이 표시되면 저장이 완료된 것입니다. 제목 표시줄의 [닫기] 단추(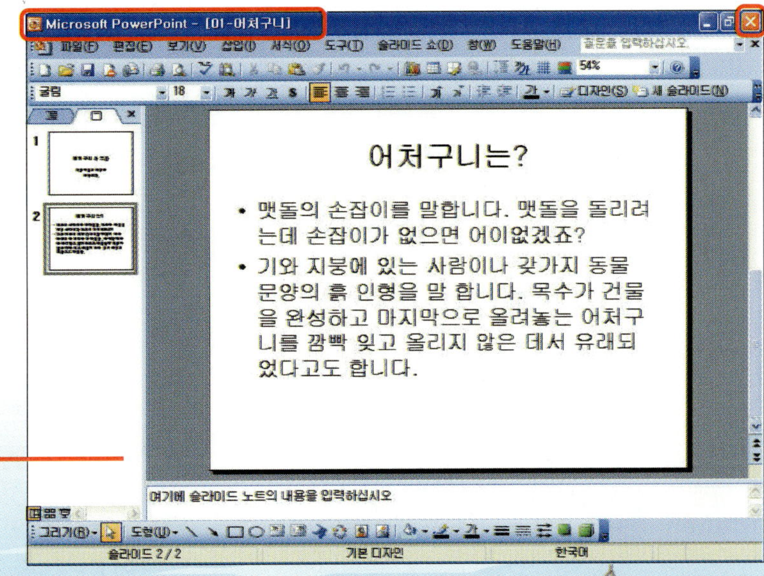)를 클릭하거나 [파일]-[끝내기]를 선택하여 파워포인트를 끝냅니다.

구분선을 마우스로 드래그하여 개요/슬라이드 보기 영역과 슬라이드 보기 영역의 크기를 조절할 수 있습니다.

04. 파일 열고 슬라이드 쇼로 확인하기

 파워포인트를 다시 실행합니다. 화면 오른쪽의 [시작] 작업 창의 '열기' 목록에서 '01-어처구니'를 선택합니다.

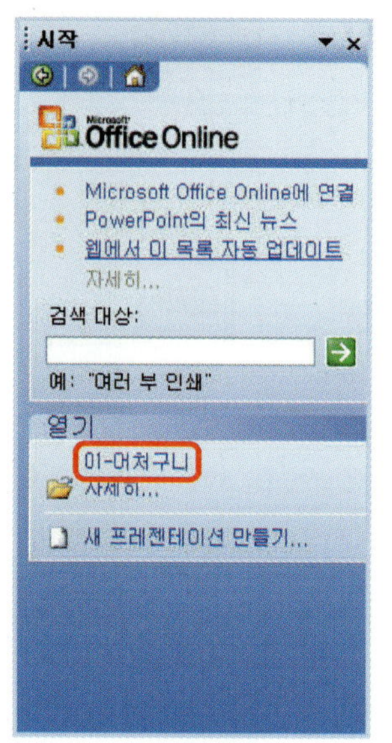

확장자

파워포인트에서 작성한 프레젠테이션 파일의 확장자는 .ppt입니다.

 저장해 두었던 '01-어처구니'가 열립니다. 슬라이드 쇼로 확인해 보기 위해 화면 아래쪽에서 [현재 슬라이드부터 슬라이드 쇼] 아이콘(豆)을 클릭합니다.

슬라이드 쇼

슬라이드 쇼는 작성한 슬라이드를 전체 화면에 순서대로 보여 주는 기능입니다. 작성한 자료를 사람들 앞에서 발표할 때 사용합니다.

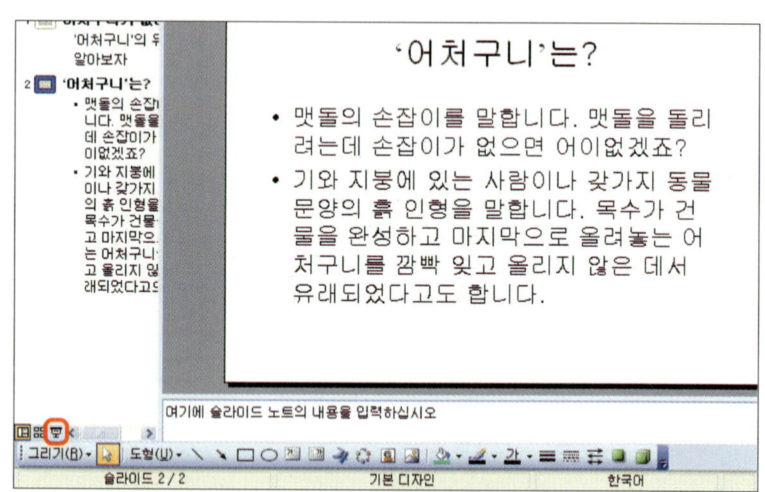

슬라이드 쇼가 실행됩니다. 마우스를 클릭하면 다음 화면으로 넘어가며 마지막 슬라이드 다음에는 검은 화면이 표시됩니다. 이때 한 번 더 클릭하면 슬라이드 쇼가 끝납니다.

슬라이드 쇼 도중에 끝내기

슬라이드 쇼 도중에 Esc를 누르면 슬라이드 쇼가 끝납니다.

혼자 수련하기

1. 조상들의 슬기

조상들의 슬기

멘토르 초등학교
5학년 9반
유 호 철

① 파워포인트를 실행한 후 '제목 슬라이드'를 삽입
② 제시된 내용을 입력
③ '제목 및 텍스트' 형식의 새 슬라이드를 삽입하고
   내용을 입력
④ '01-온돌 완성.ppt'로 저장한 후 파워포인트 종료

'온돌'의 지혜

- 온돌은 우리나라 고유의 난방 방식으로
  방바닥에 구들장이라는 넓적한 돌을 깔
  고 아궁이를 통해 불을 지펴 돌을 데웁
  니다.
- 온돌과 같은 난방 방식을 사용하는 곳은
  중국의 동북부 지역과 몽골의 일부 지역
  입니다.

2. 100 만들기 아이디어

100 만들기 아이디어

1에서 9까지의 숫자를
차례로 사용하여
100을 만들어 보았습니다.

① 파워포인트를 실행한 후 '제목 슬라이드'를 삽입
② 제시된 내용을 입력
③ '제목 및 텍스트' 형식의 새 슬라이드를 삽입하고
   내용을 입력
④ '01-100 완성.ppt'로 저장한 후 파워포인트 종료

$123456789 = 100$

- $1+2+3-4+5+6+78+9 = 100$
- $1+2+3+4+5+6+7+8*9 = 100$
- $123+45-67+8-9 = 100$
- $123-45-67-89 = 100$
- $1234+5-67*(8+9) = 100$
- $12/3+4*5*6*7/8-9 = 100$

파워포인트에서 디자인이란 슬라이드를 예쁘게 꾸미는 것을 말합니다. 처음에는 슬라이드를 꾸미는 것이 쉽지는 않습니다. 우선 디자인 서식 마법을 이용해 보세요. 전체적인 슬라이드 모양을 예쁘면서도 쉽게 꾸밀 수 있습니다.

생활 사투리 구사하기

- 디자인 서식 파일을 적용하는 방법을 배워 보자.
- 슬라이드 구성 방법을 배워 보자.
- 글꼴 서식을 변경해 보자.

01. 디자인 서식 파일 적용하기

1 파워포인트를 실행한 후 [시작] 작업창에서 [열기]의 '자세히'를 선택합니다.

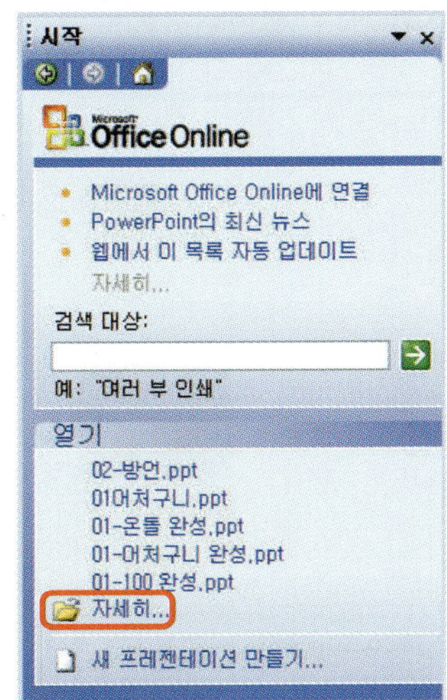

2 [내 문서]-[파워포인트2003]-[2강] 폴더에서 '02-방언.ppt'를 선택하고 [열기] 단추를 클릭합니다.

예제 파일

책에 필요한 예제 파일을 인터넷에서 다운로드하여 [내 문서]-[파워포인트 2003] 폴더에 저장해두고 사용합니다.(3페이지 참고)

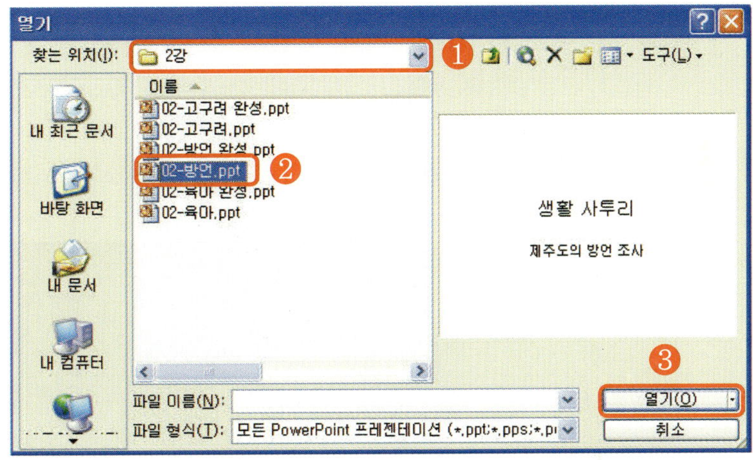

3 '02-방언.ppt' 파일이 열립니다. [서식]-[슬라이드 디자인]을 클릭합니다.

파일 열기

파워포인트를 실행한 상태에서는 표준 도구 모음에서 [열기] 아이콘( )을 클릭하거나 [파일]-[열기]를 선택하여 파일을 열면 됩니다.

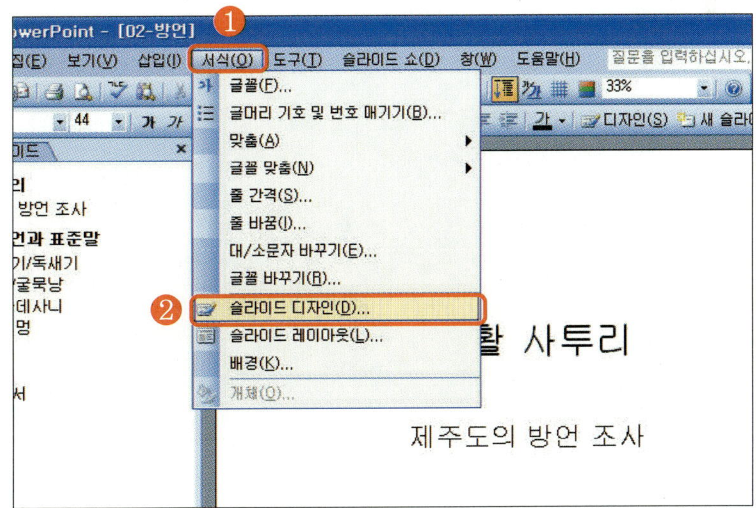

④ 화면 오른쪽에 [슬라이드 디자인] 작업창이 표시되면 '한지와 옛글의 조화'를 선택합니다.

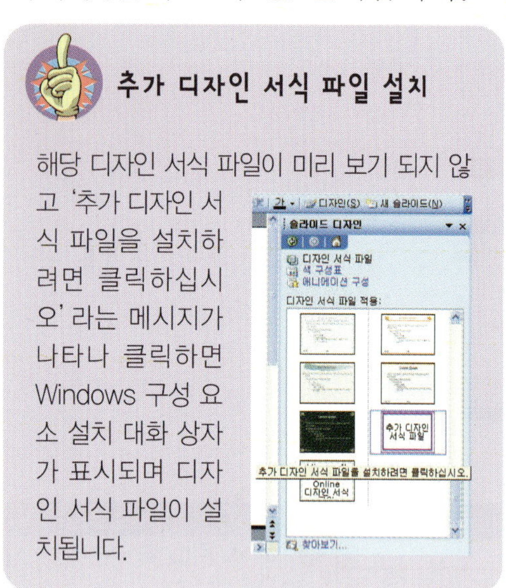

추가 디자인 서식 파일 설치

해당 디자인 서식 파일이 미리 보기 되지 않고 '추가 디자인 서식 파일을 설치하려면 클릭하십시오'라는 메시지가 나타나 클릭하면 Windows 구성 요소 설치 대화 상자가 표시되며 디자인 서식 파일이 설치됩니다.

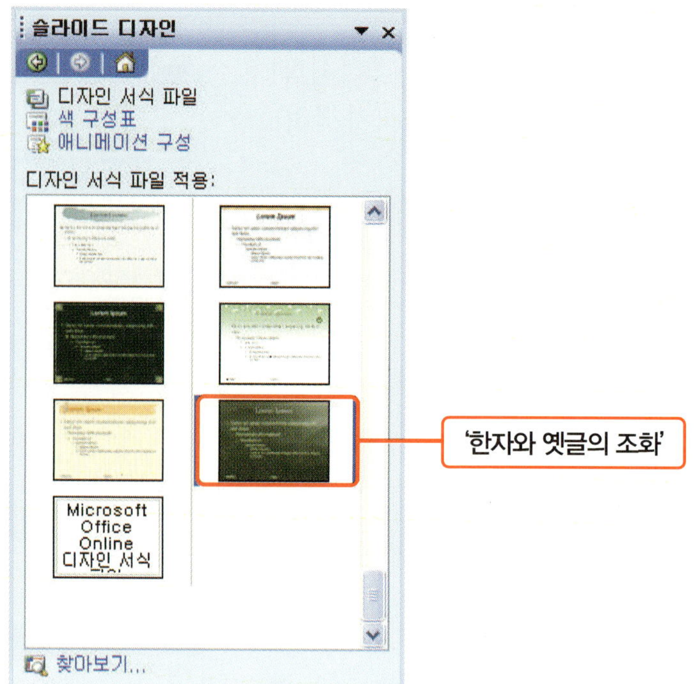

⑤ 선택한 서식 파일이 적용됩니다. 두 번째 슬라이드에도 동일한 서식 파일이 적용됩니다.

 **디자인 서식 파일 적용하기**

디자인 서식 파일은 작업 도중 언제라도 적용할 수 있으며, 서식 파일을 적용하면 파일 안의 모든 슬라이드의 서식이 변경됩니다. 또한 하나의 파일에는 하나의 디자인 서식만 적용할 수 있습니다.

02. 슬라이드 구성 변경하기

1 두 번째 슬라이드로 이동한 후 [서식]-[슬라이드 레이아웃]을 클릭합니다.

슬라이드 이동하기

다른 슬라이드로 이동하려면 개요 보기 영역에서 해당 슬라이드를 클릭합니다. 또는 다음과 같은 키를 눌러도 됩니다.

- `Page down` : 다음 슬라이드로 이동
- `Page up` : 이전 슬라이드로 이동

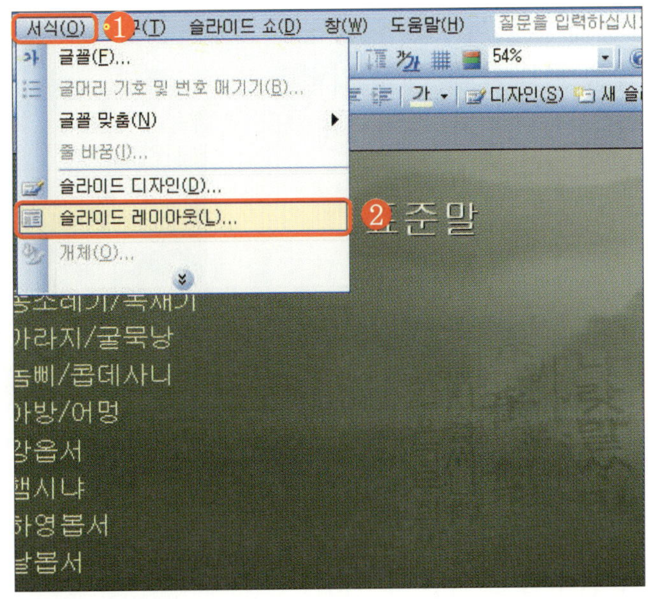

2 화면 오른쪽에 [슬라이드 레이아웃] 작업창이 표시되면 '제목 및 2단 텍스트'를 선택합니다.

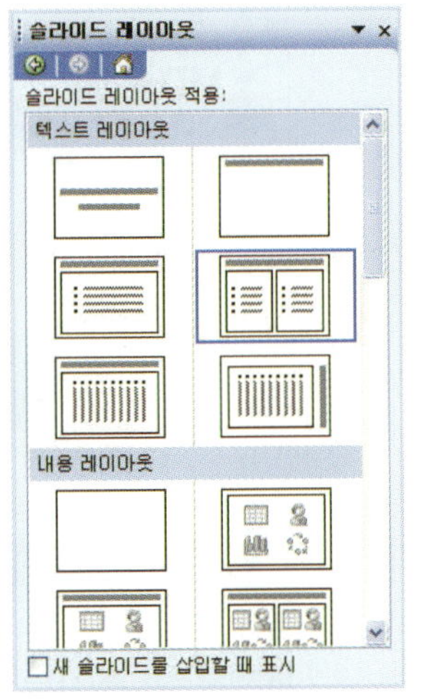

3 두 번째 텍스트 입력란이 표시되면 다음 내용을 입력합니다.

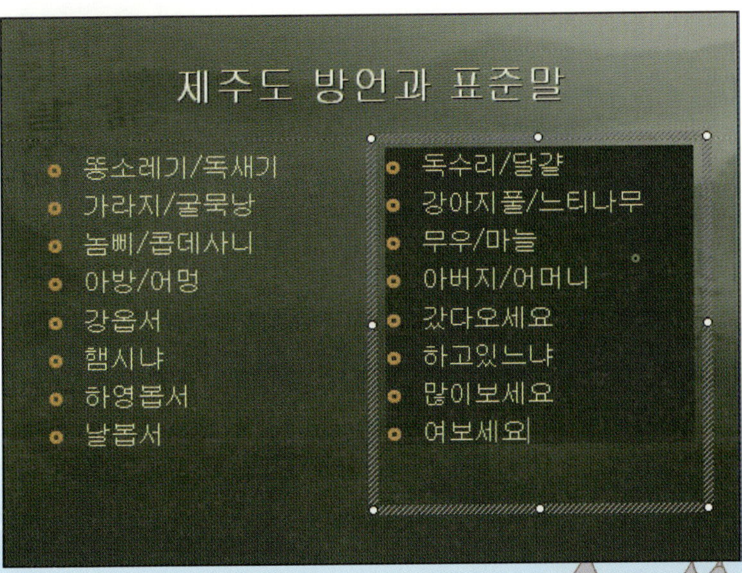

03. 글꼴 서식 변경하기

1 첫 번째 슬라이드로 이동하고 제목을 클릭한 후 제목 입력란의 테두리를 한 번 더 클릭하여 제목 입력란 전체를 선택합니다.

2 서식 도구 모음에서 '글꼴'의 내림 단추를 클릭한 후 'MD아롱체'를 선택합니다. 만약 'MD아롱체'가 없다면 마음에 드는 다른 글꼴을 선택합니다.

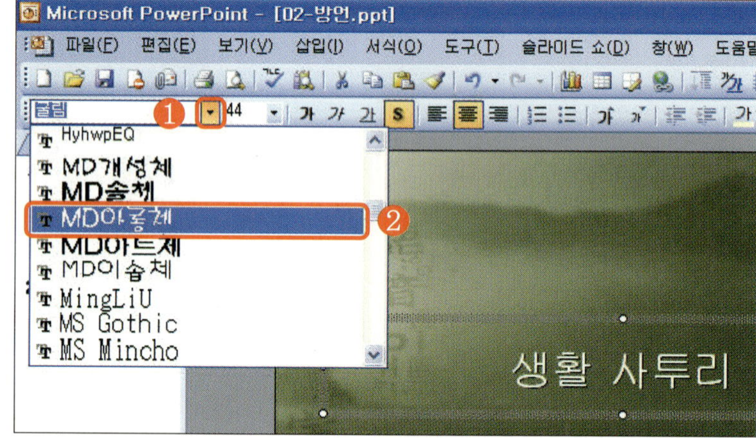

3 이번에는 글꼴 크기의 내림 단추를 클릭한 후 '80'을 선택합니다.

 **글자 서식 한 번에 바꾸기**

[서식]–[글꼴]을 클릭하면 표시되는 [글꼴] 대화 상자를 이용하면 글꼴, 크기, 글자색, 글꼴 효과와 같은 서식을 한 번에 변경할 수 있습니다.

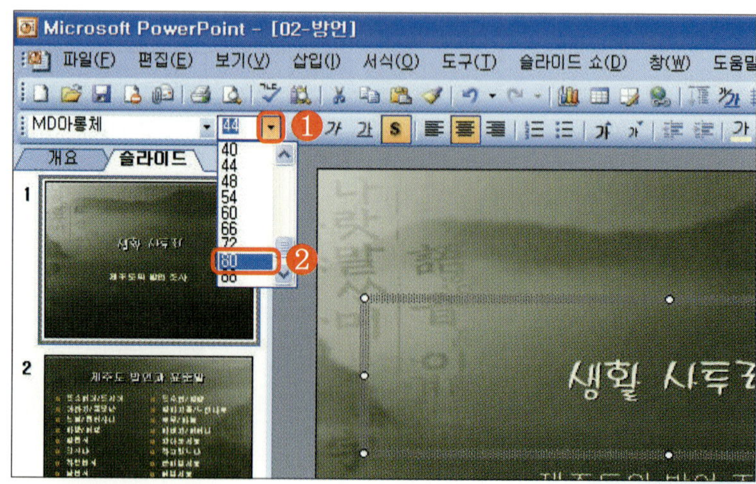

4 제목의 글꼴과 크기가 변경되었습니다. 서식 도구 모음에서 [굵게] 아이콘(가)을 클릭하여 제목을 굵게 변경합니다.

5 같은 방법으로 부제목 입력란을 선택한 후 글꼴을 '휴먼엑스포', 글자 크기를 '30'으로 변경합니다.

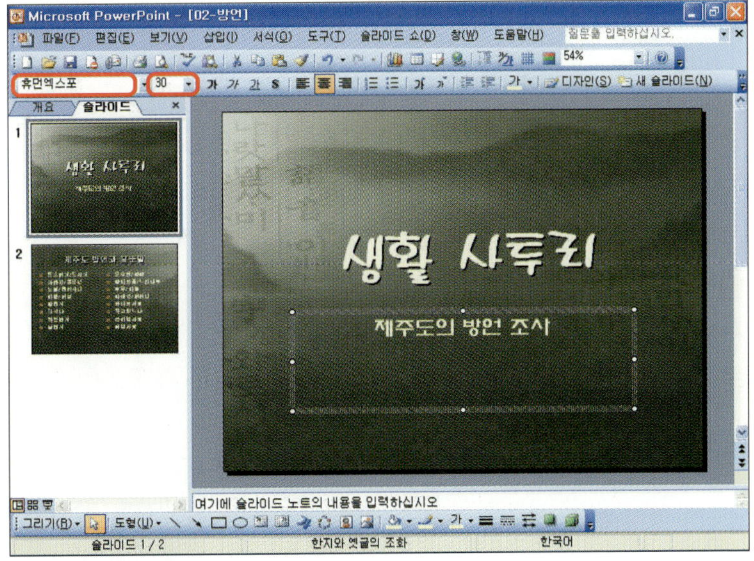

6 두 번째 슬라이드로 이동하고 제목 입력란을 클릭합니다. '제주도 방언과'를 블록으로 설정한 후 'MD아롱체'로 변경합니다.

텍스트 서식 바꾸기

제목 입력란이나 부제목 입력란 전체를 선택하고 서식을 변경하면 모든 글자의 서식이 변경되고, 블록을 설정한 경우에는 해당 글자의 서식만 변경됩니다.

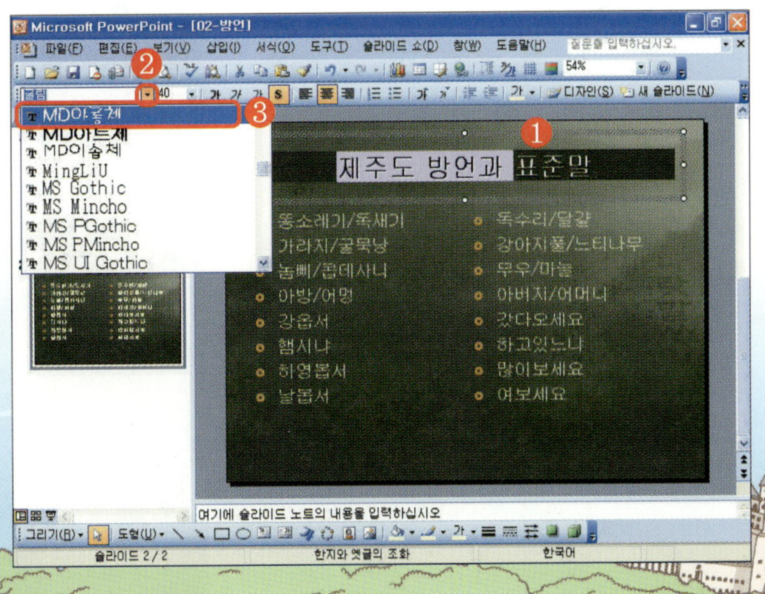

7 '표준말'을 블록으로 설정하고 글꼴을 '휴먼엑스포'로 변경합니다. 그리기 도구 모음에서 [글꼴 색] 아이콘(가▼)의 내림 단추를 클릭한 후 '텍스트와 선 색 적용'을 선택합니다.

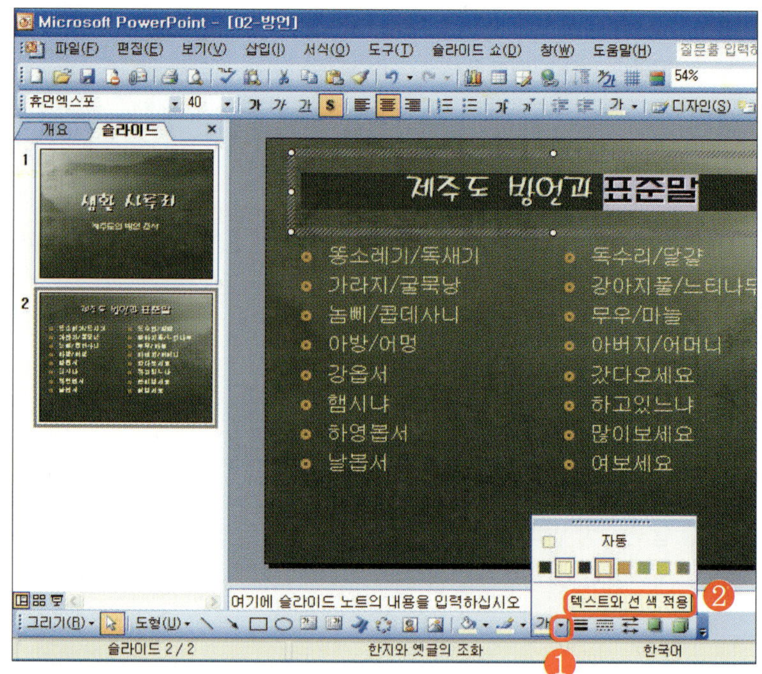

8 글자 색이 변경되면 블록을 해제하고 제목 입력란 전체를 선택한 후 [굵게] 아이콘(가)을 클릭합니다.

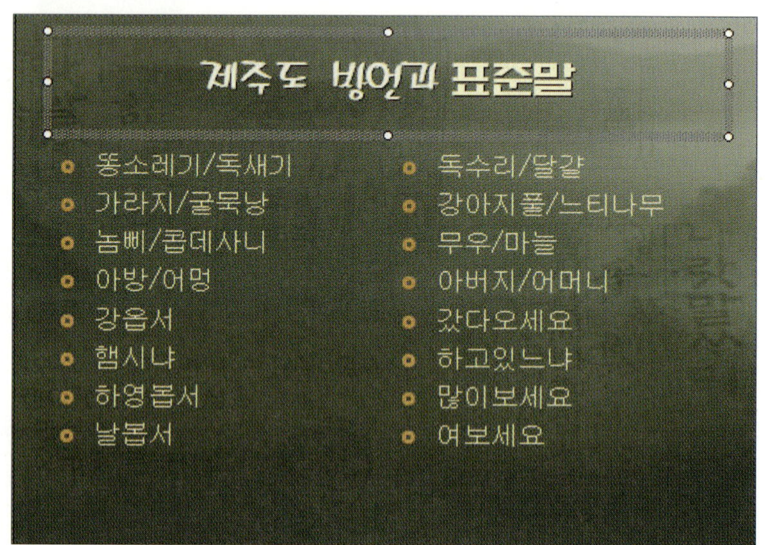

9 같은 방법으로 아래의 텍스트 입력란에 있는 글자의 글꼴을 '휴먼엑스포'로 변경하고 글자색은 지시선의 내용대로 변경한 후 '02-방언 완성.ppt'로 저장합니다.

혼자 수련하기

1. 고구려의 후예

휴먼옛체, 60pt, 굵게, 왼쪽 맞춤, 제목 텍스트 색 적용

굵게, 강조/하이퍼링크 색 적용

왼쪽 맞춤

굵게, 강조 색 적용

굴림, 24pt

휴먼옛체, 36pt, 그림자, 채우기 색 적용

강조/하이퍼링크 색 적용

기울임꼴, 그림자 색 적용

① '02-고구려.ppt' 파일 열기
② 디자인 서식 파일을 '클립과 메모지'로 선택하고 지정된 지시 사항을 수행
③ '02-고구려 완성.ppt'로 저장

굵게, 강조 색 적용

HY엽서M, 28pt

밑줄

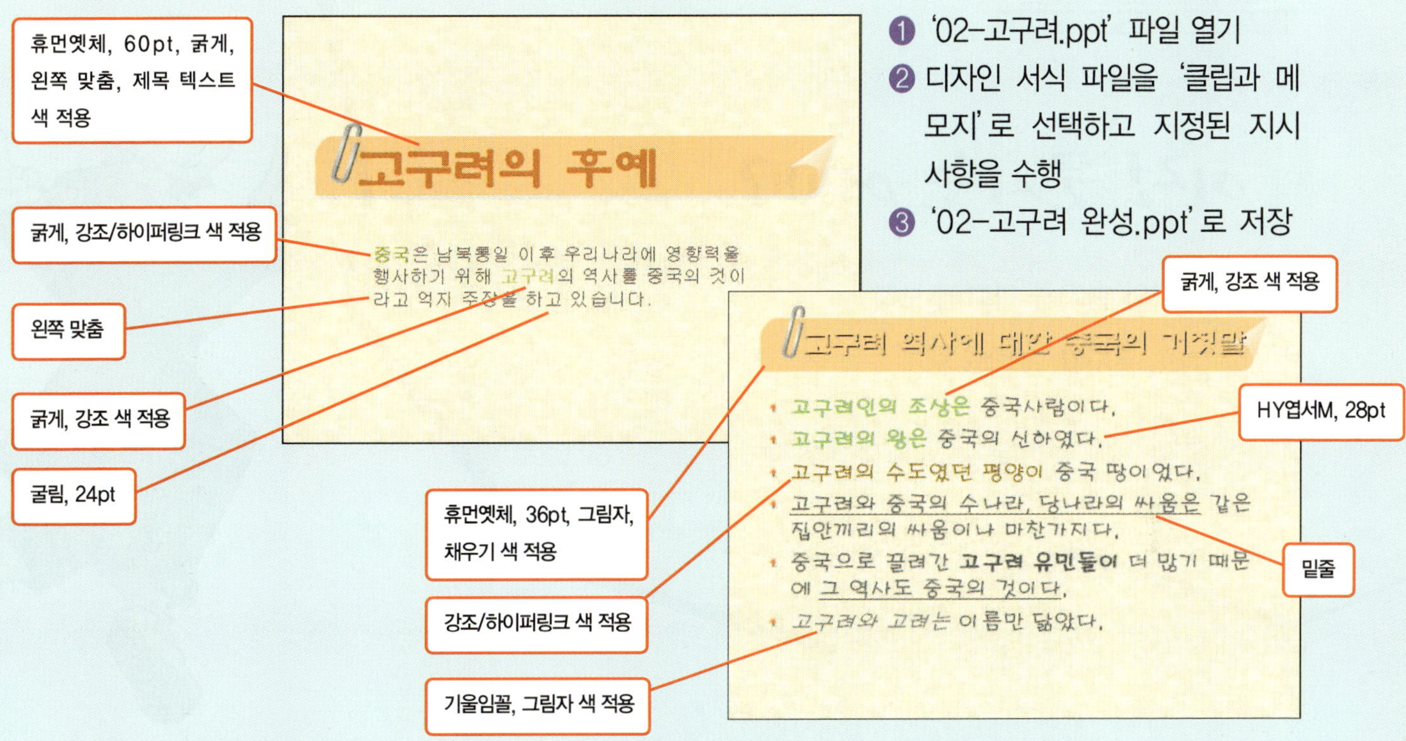

2. 내가 부모가 되면

휴먼편지체, 46pt, 굵게, 그림자, 강조 색 적용

휴먼편지체, 32pt

휴먼편지체, 32pt, 강조/하이퍼링크 색 적용

휴먼편지체, 32pt, 굵게, 강조 색 적용, 텍스트 방향 변경

휴먼편지체, 28pt, 텍스트 방향 변경

① '02-육아.ppt' 파일 열기
② 디자인 서식 파일을 '캡슐 구성'으로 선택하고 지정된 지시 사항을 수행
③ '02-육아 완성.ppt'로 저장

휴먼편지체, 42pt, 굵게, 그림자, 강조 색 적용

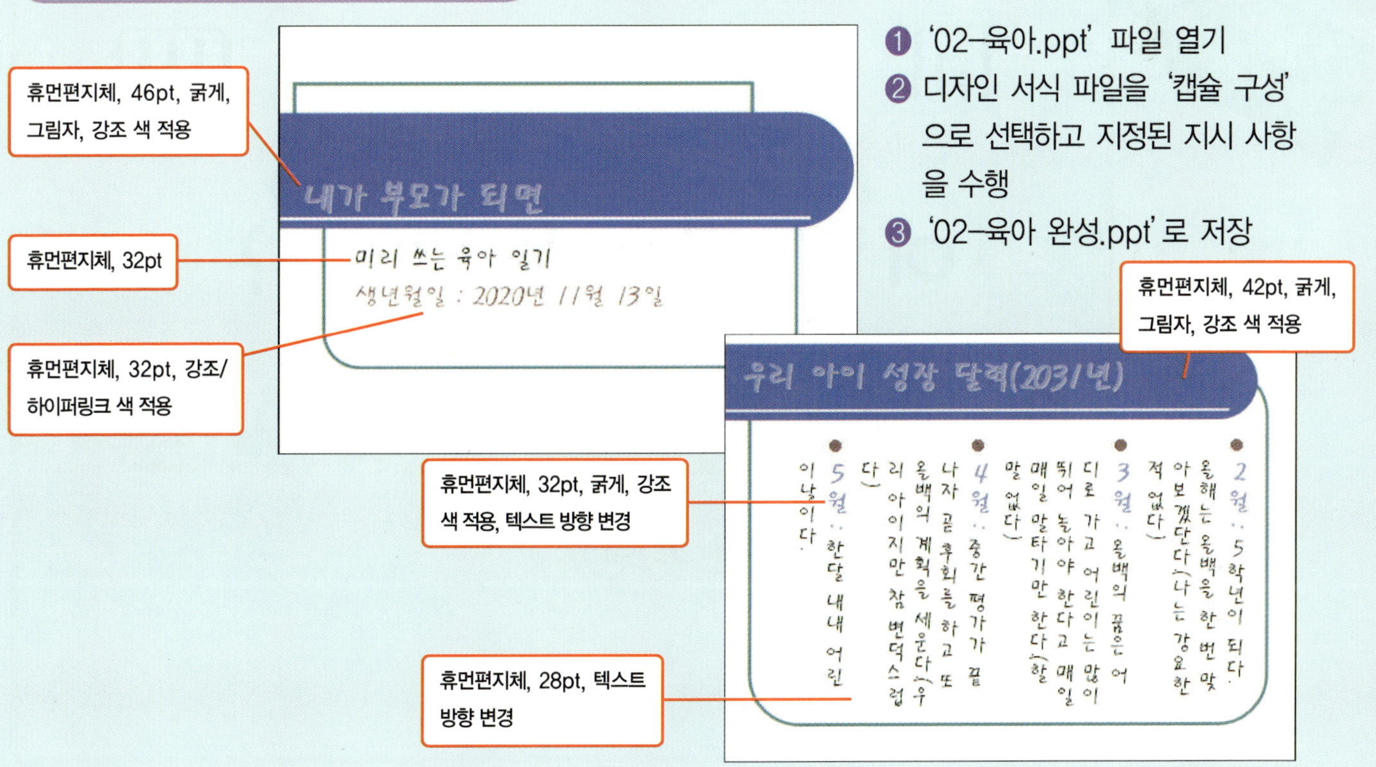

프레젠테이션 문서를 작성하다 보면 한글뿐만 아니라 영어, 한자, 특수 기호 등을 입력해야 하는 경우가 많습니다. 파워포인트에서는 여러 종류의 언어를 쉽게 입력하고 변환할 수 있습니다. 글자 앞에는 글머리 기호를 붙이는데 글머리 기호를 다른 모양으로 바꾸거나, 아예 글머리 기호를 표시하지 않을 수도 있습니다.

이런 문자는 어때?

- 영어와 한자를 입력해 보자.
- 기호 문자를 입력해 보자.
- 글머리 기호를 변경해 보자.

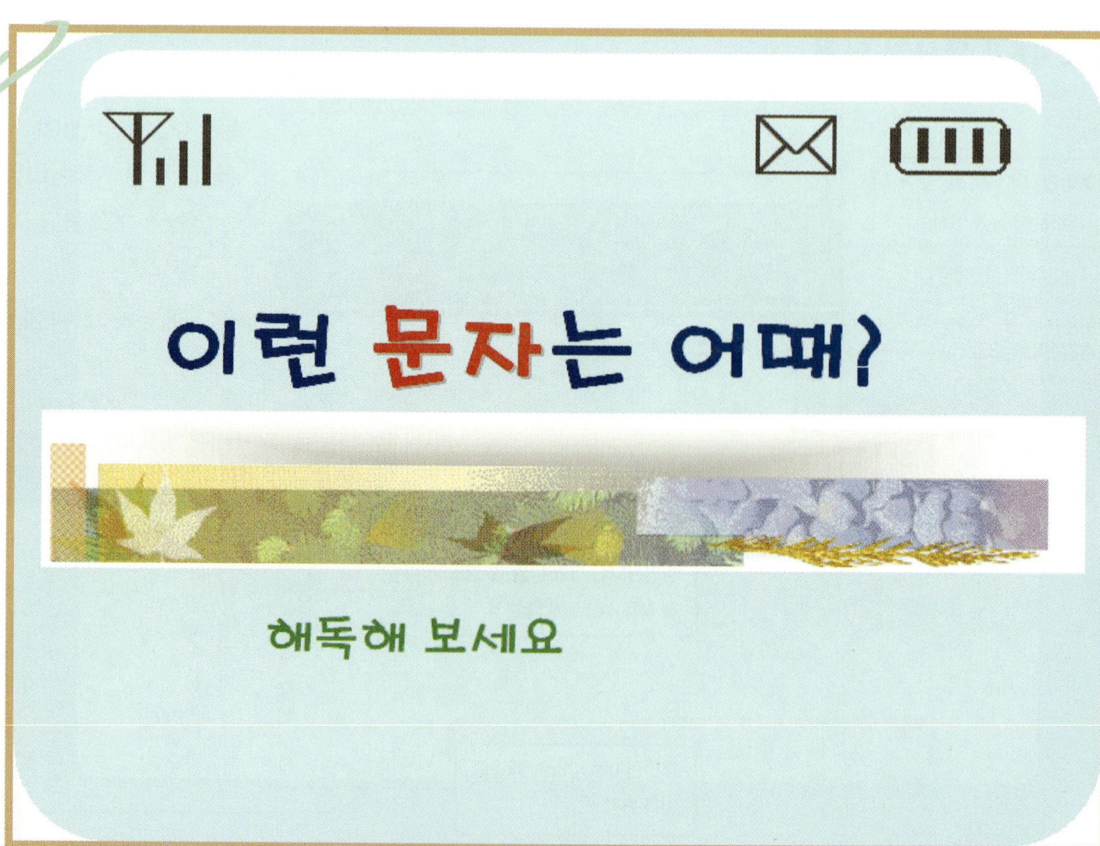

01. 한자 입력하기

 표준 도구 모음에서 [열기] 아이콘(📂)을 클릭하고 [내 문서]-[파워포인트2003]-[3강] 폴더에서 '03-문자.ppt' 파일을 연 후 두 번째 슬라이드로 이동합니다.

영어 입력하기

영어는 키보드에서 ⟨한/영⟩을 누른 후 입력하면 됩니다.

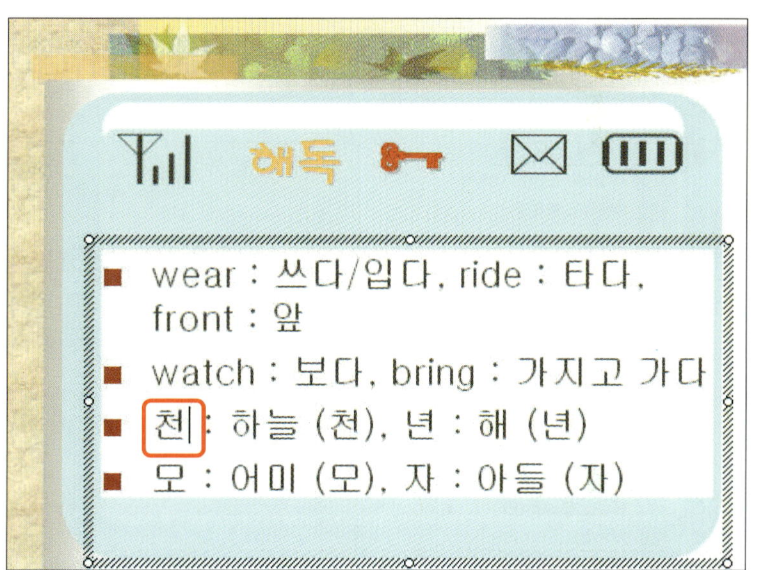 화면과 같이 내용을 입력하고 첫 글자인 '천' 뒤에 커서를 위치시킨 후 키보드에서 ⟨한자⟩를 누릅니다.

[한글/한자 변환] 대화 상자에서 '天'을 선택하고 입력 형태를 확인한 후 [변환]을 클릭합니다.

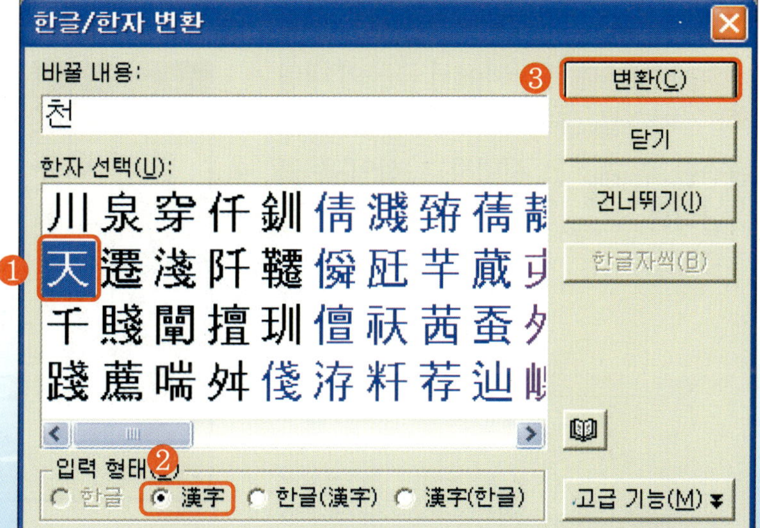

❹ 선택한 글자가 한자로 바뀝니다. 같은 방법으로 '년', '모', '자' 도 한자로 변경합니다.

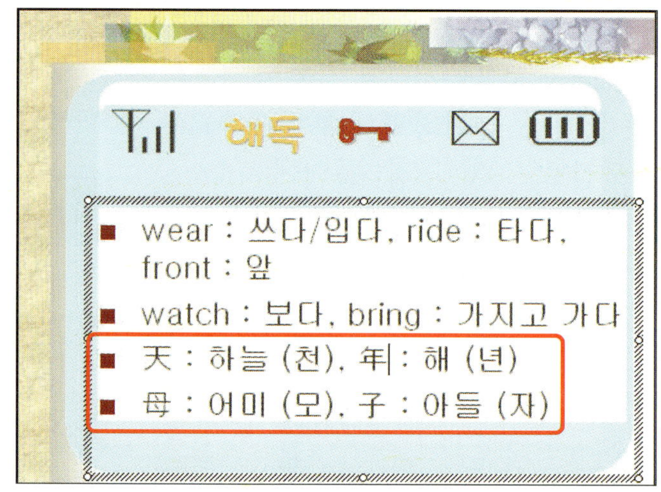

02. 기호 문자 입력하기

❶ 세 번째 슬라이드로 이동한 후 텍스트 입력란을 클릭하고 [삽입]-[기호]를 선택합니다.

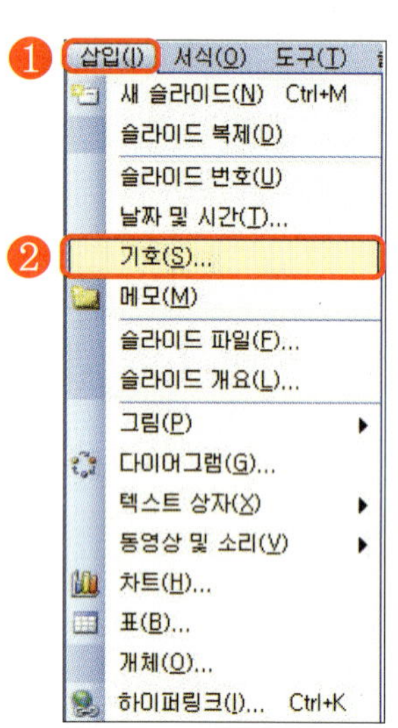

❷ [기호] 대화 상자에서 글꼴의 내림 단추를 클릭하여 'Wingdings' 로 변경한 후 기호를 선택하고 [삽입]을 클릭합니다.

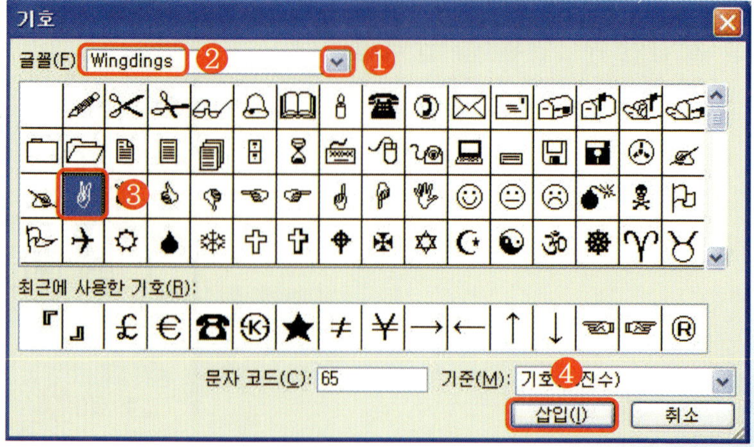

3 텍스트 상자에 선택한 기호 문자가 입력됩니다. [기호] 대화 상자를 닫은 후 '천'을 입력한 후 한 자로 변경합니다.

4 같은 방법으로 다른 문자들도 입력합니다.

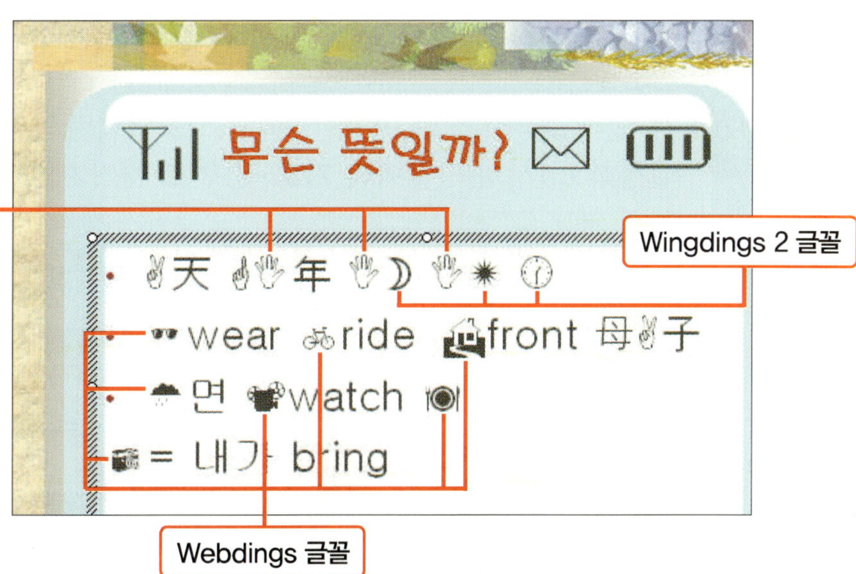

자주 사용하는 기호

자주 사용하는 기호는 Webdings, Wingdings, Wingdings 2, Wingdings 3 글꼴에 있습니다.

03. 글머리 기호 바꾸기

1 두 번째 슬라이드로 이동합니다. 텍스트 입력란을 클릭하고 테두리에서 다시 한 번 클릭하여 텍스트 입력란 전체를 선택합니다.

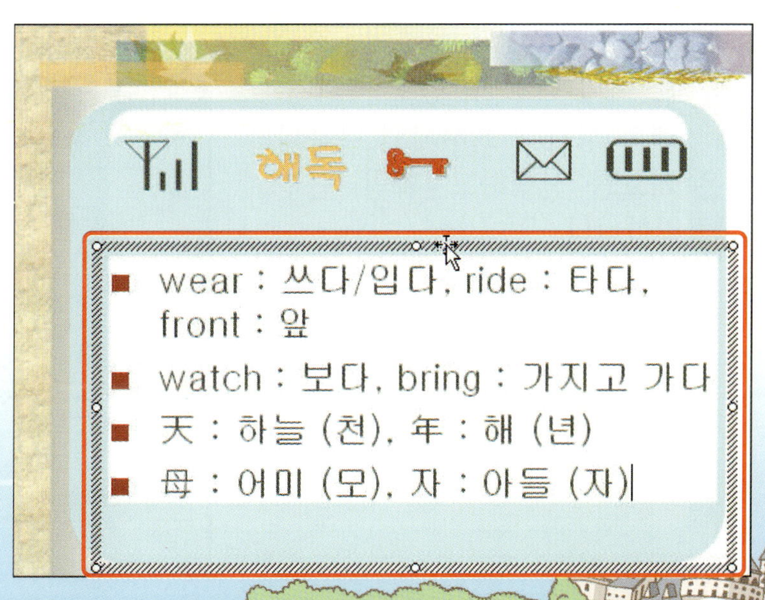

② 서식 도구 모음에서 [번호 매기기] 아이콘( )을 클릭하면 글머리 기호가 번호로 바뀝니다.

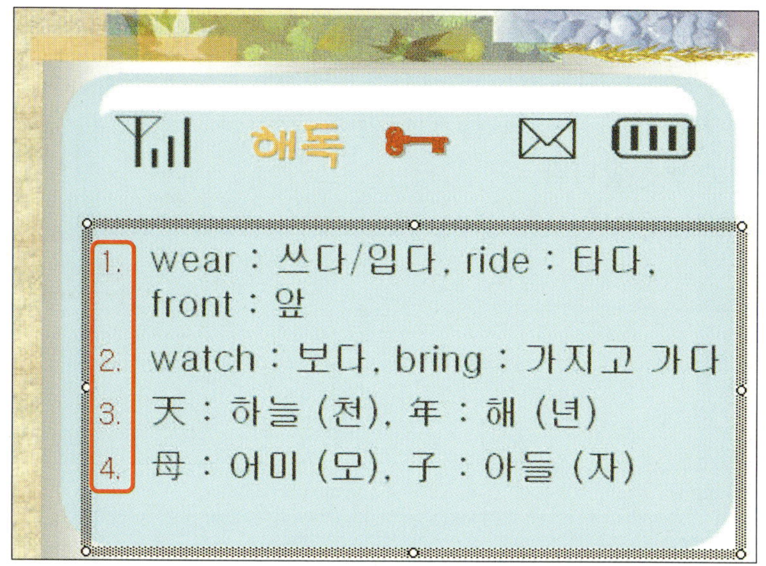

③ 세 번째 슬라이드로 이동한 후 텍스트 입력란의 첫 번째 줄에서 세 번째 줄까지 블록으로 설정하고 [서식]–[글머리 기호 및 번호 매기기]를 클릭합니다.

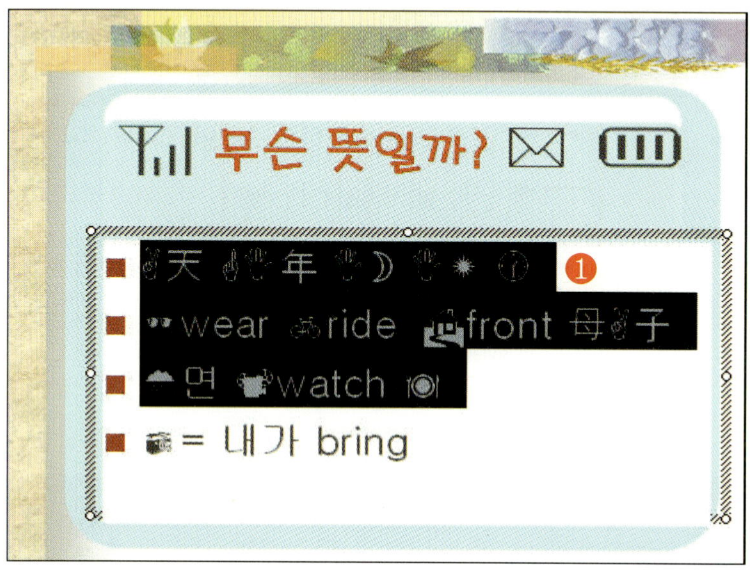

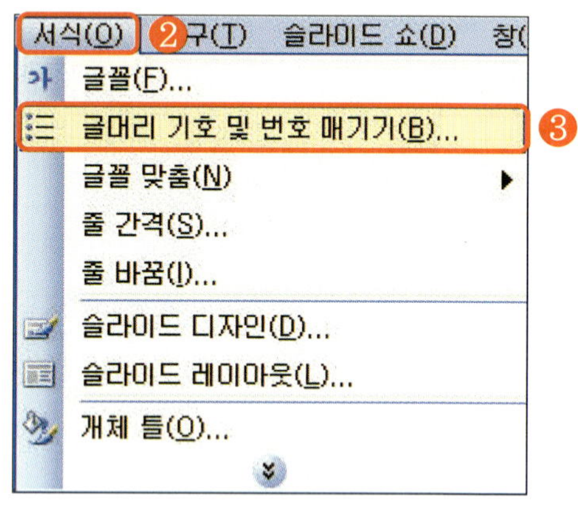

④ [글머리 기호 및 번호 매기기] 대화 상자가 표시되면 다음과 같은 기호를 선택하고 [확인] 단추를 클릭합니다.

[그림]을 클릭해서 그림을 글머리 기호로 선택할 수 있습니다.

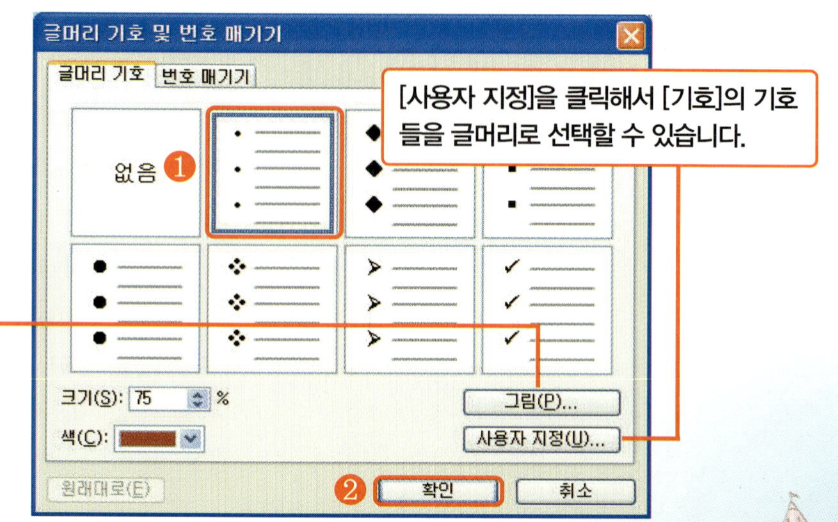

5 선택한 텍스트의 글머리 기호가 변경됩니다.

본문 해석

2006년 5월 5일 1시 30분
선글라스를 쓰고 자전거 타고 집 앞에서 모이자
비오면 영화보고 밥먹자
카메라는 내가 가져갈게

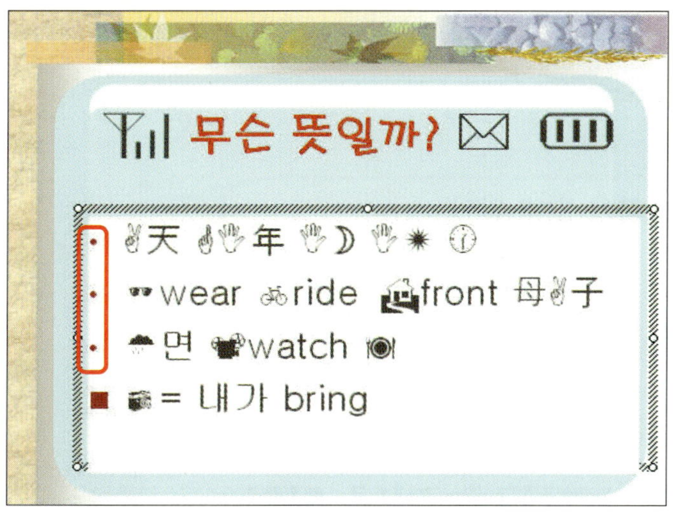

6 텍스트 상자의 마지막 줄에 커서를 위치시키고 서식 도구 모음의 [글머리 기호] 아이콘(⋮☰)을 클릭합니다.

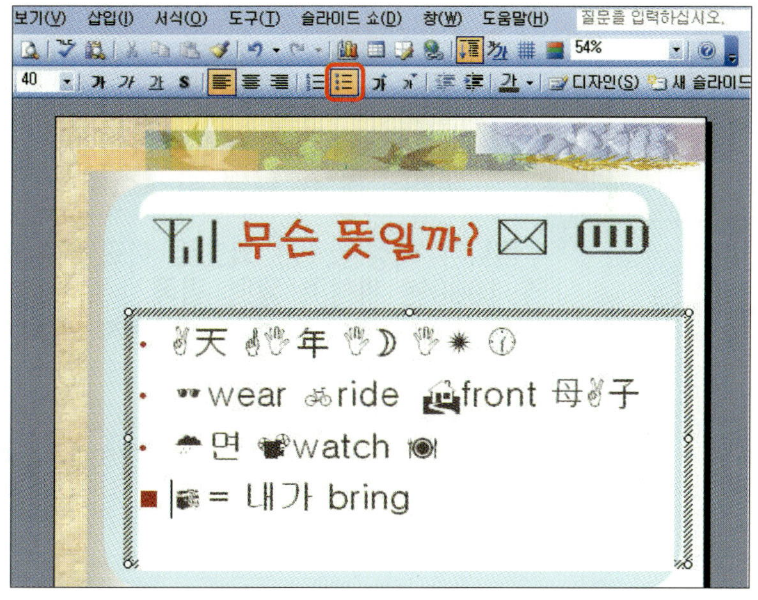

7 글머리 기호가 사라집니다. 작성한 파일을 '03-문자 완성.ppt'로 저장합니다.

글머리 기호 표시하기

글머리 기호를 다시 표시하려면 서식 도구 모음에서 [글머리 기호] 아이콘(⋮☰)을 클릭합니다.

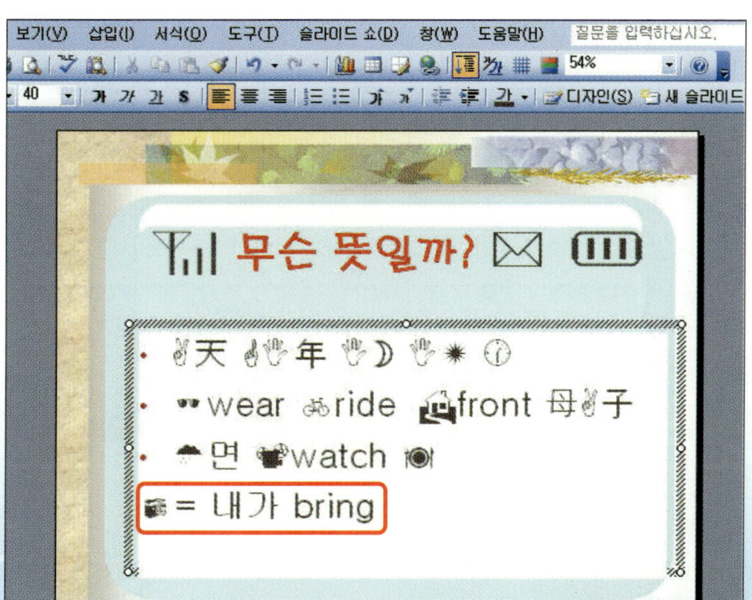

혼자 수련하기

1. 한국을 빛낸 위인

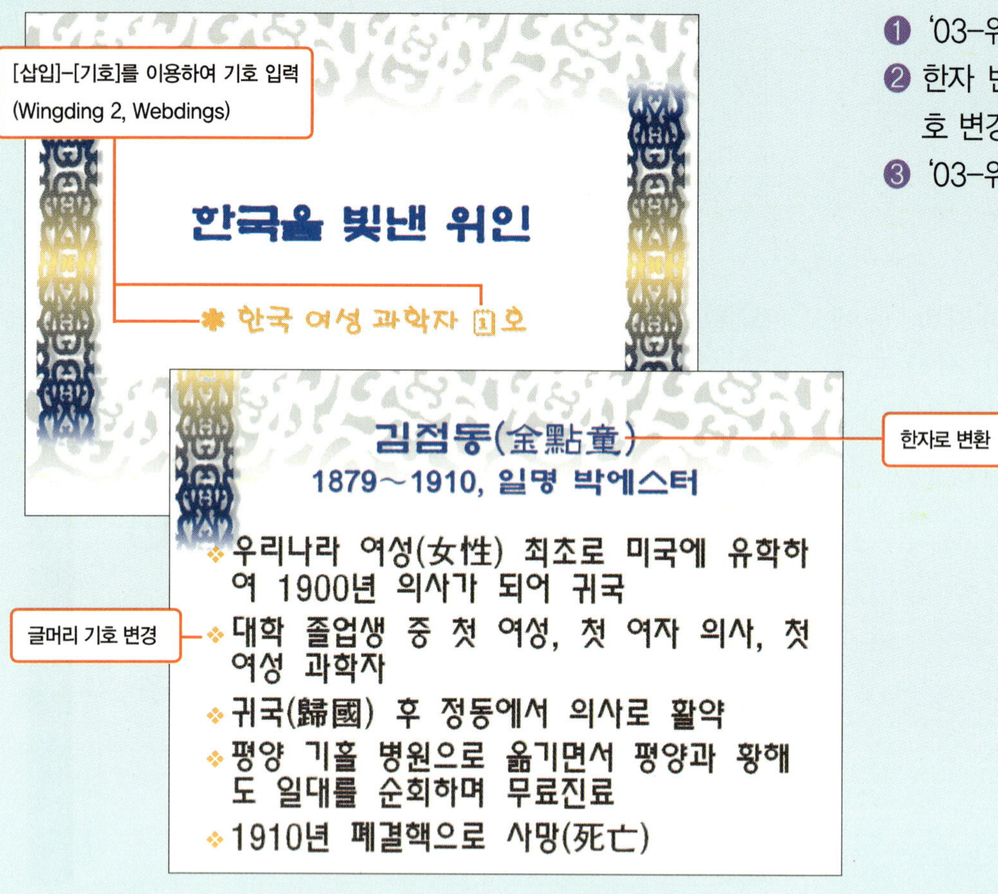

❶ '03-위인.ppt' 파일 열기
❷ 한자 변환, 기호 입력, 글머리 기호 변경 지시 사항을 수행
❸ '03-위인 완성.ppt'로 저장

2. 여행을 떠나자

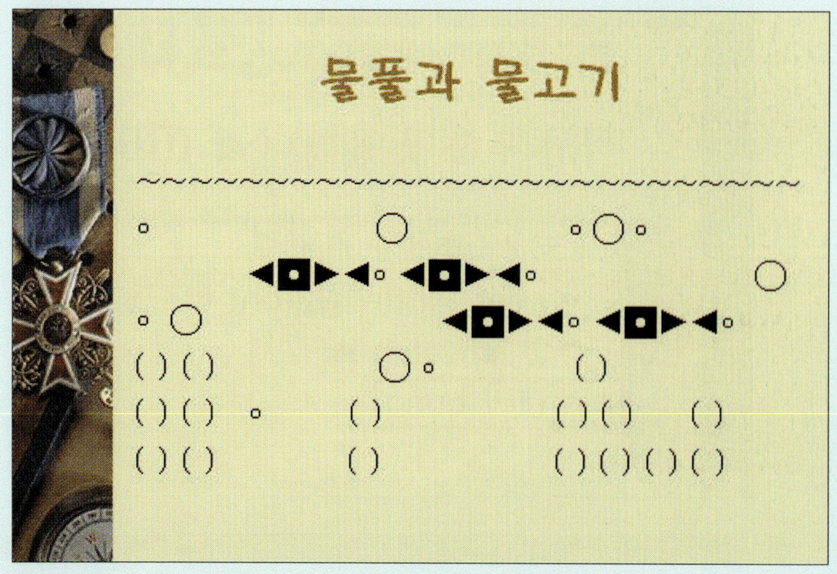

❶ '03-여행.ppt' 파일 열기
❷ 제시된 바와 같이 문자와 기호를 이용하여 그림 그리기(기호 글꼴 : 굴림)
❸ '03-여행 완성.ppt'로 저장

04

무엇이 무엇이 똑같을까?

- 디자인 서식 파일을 적용해 보자.
- 복사해 둔 내용을 붙여 넣어보자.
- 줄과 줄 사이의 간격을 설정해 보자.

똑같아요 ♪

무엇이 무엇이 똑같을까

젓가락 두 짝이 똑같아요

무엇이 무엇이 똑같을까

윷가락 네 짝이 똑같아요

01. 디자인 서식 파일을 적용하여 작업하기

1 파워포인트를 실행한 후 화면 오른쪽의 [시작] 작업창에서 내림 단추를 눌러 [슬라이드 디자인]을 선택합니다.

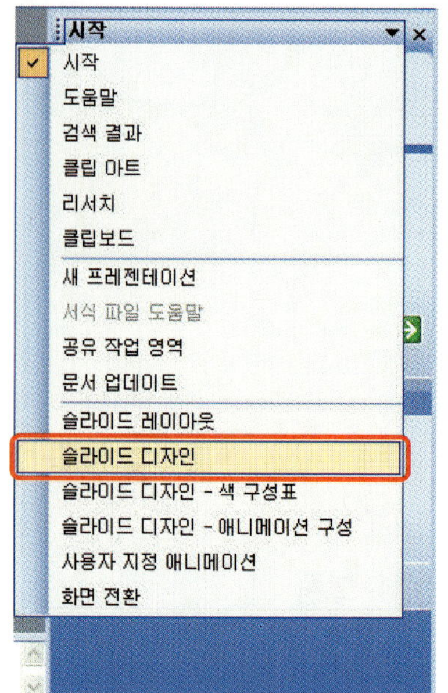

2 [슬라이드 디자인] 작업창에서 '네모의 미.pot'를 선택합니다.

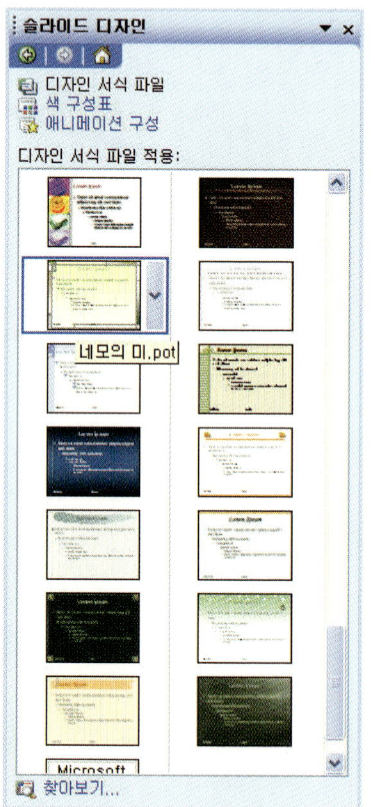

 **새로운 프레젠테이션 작성하기**

파워포인트 사용 도중 [파일]-[새로 만들기]를 클릭하면 [새 프레젠테이션] 작업창이 나타나 언제라도 새로운 프레젠테이션을 작성할 수 있습니다. 또한 표준 도구 모음에서 [새로 만들기] 아이콘(   )을 클릭하면 새로운 프레젠테이션 창이 바로 표시됩니다.

③ 디자인 서식이 적용된 새로운 슬라이드가 표시됩니다. 다음과 같이 제목과 부제목을 입력한 후 글꼴을 'HY목각파임B'로 변경합니다.

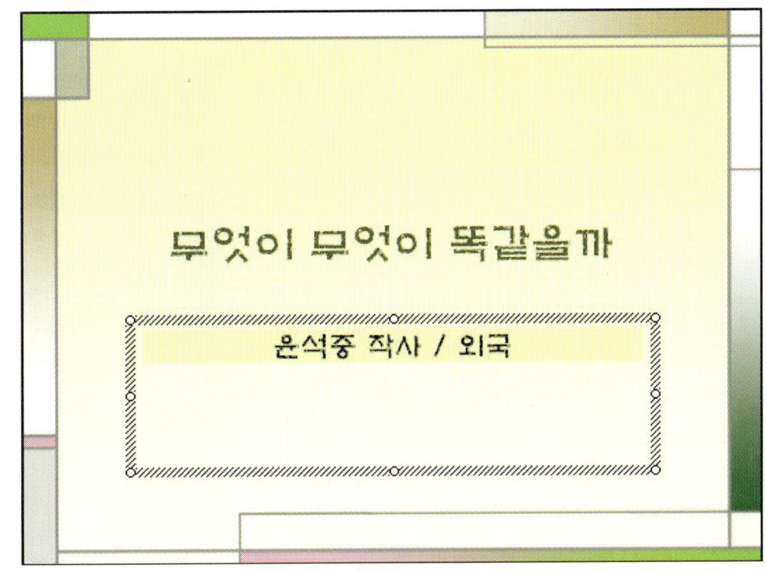

02. 복사와 붙여넣기

① 표준 도구 모음에서 [새 슬라이드] 아이콘(새 슬라이드(N))을 클릭하고 [슬라이드 레이아웃] 작업창을 닫습니다.

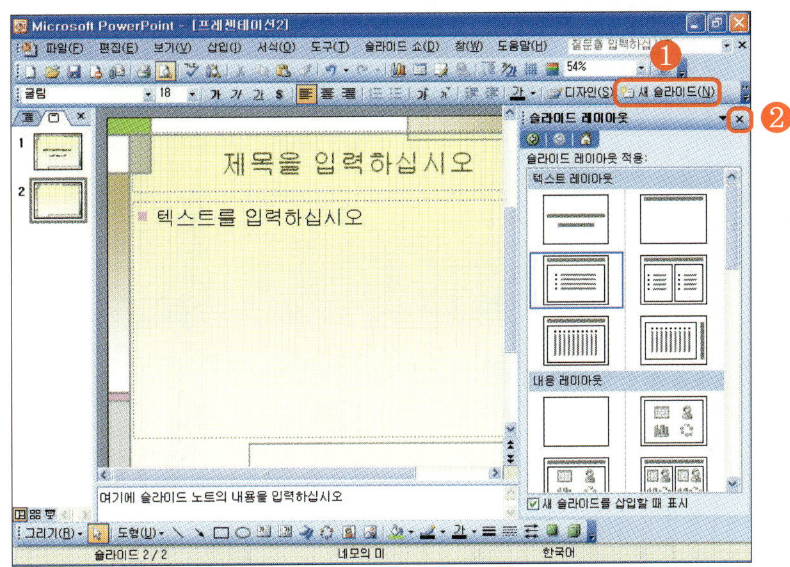

② 새로운 슬라이드에 다음 내용을 입력합니다. '♪'은 [삽입]-[기호](굴림 : 여러 가지 딩뱃 기호)를 이용하여 입력합니다. 글자체는 'MD개성체'로 변경하며 [가운데 정렬] 아이콘(≡)과 [글머리 기호] 아이콘(≣)을 클릭하여 가운데로 정렬하고 글머리 기호를 없앱니다.

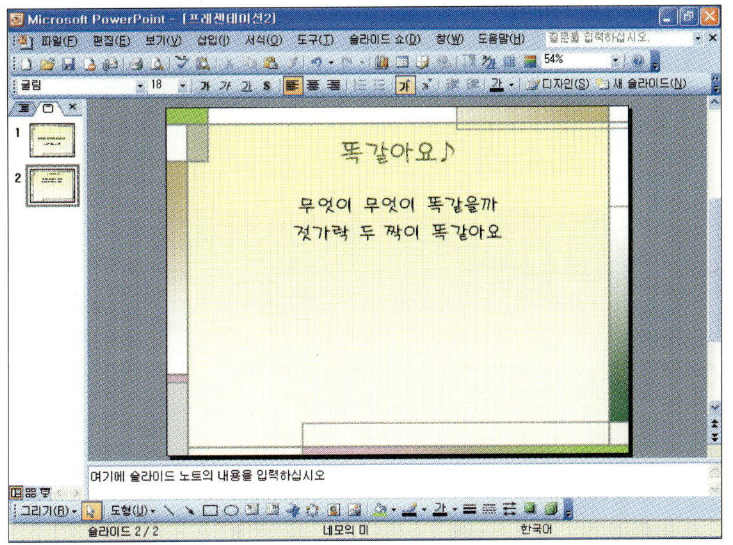

 다음과 같이 두 줄을 블록으로 설정하고 [복사] 아이콘(📋)을 클릭하거나 [편집]-[복사]를 선택합니다.

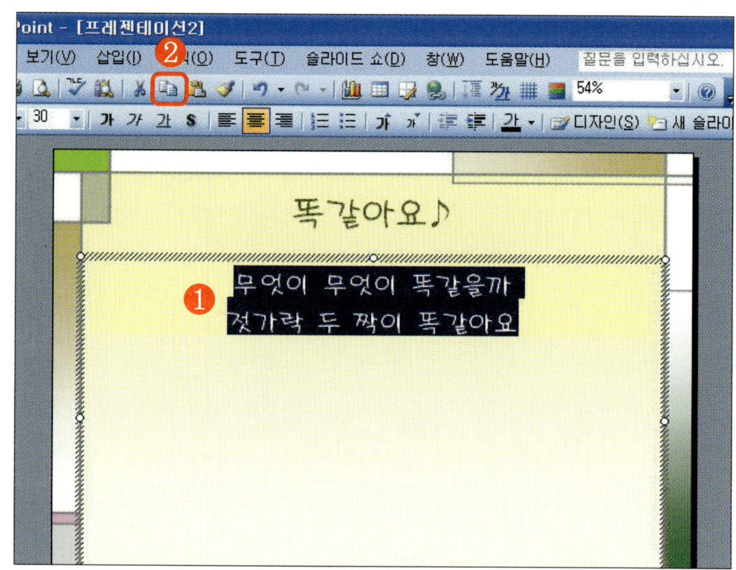

 키보드에서 Esc를 눌러 블록을 해제하고 두 번째 줄 끝에서 Enter를 눌러 커서를 세 번째 줄에 위치시킵니다. [붙여넣기] 아이콘(📋)을 클릭하거나 [편집]-[붙여넣기]를 선택합니다.

잘라내기와 붙여넣기

다른 곳으로 이동시키려면 [잘라내기] 아이콘(✂)을 클릭한 후 [붙여넣기] 아이콘(📋)을 클릭합니다.

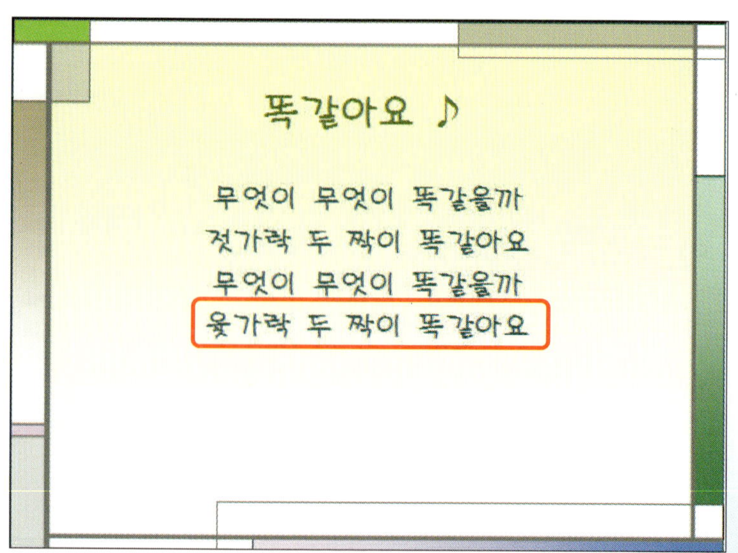 복사했던 내용이 표시되면 세 번째 줄은 그대로 두고 네 번째 줄을 다음과 같이 수정합니다.

복사와 붙여넣기

복사와 붙여넣기 기능은 글자뿐만 아니라 도형, 그림, 차트 등의 다른 개체에도 사용할 수 있습니다.

03. 줄 간격 설정하기

1 네 줄을 모두 블록으로 설정한 후 [서식]–[줄 간격]을 선택합니다.

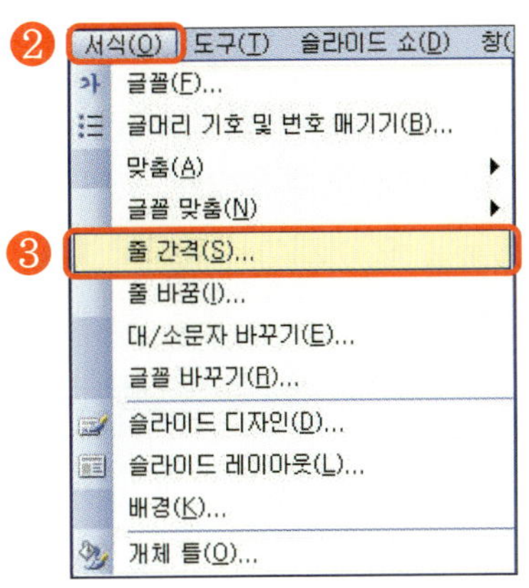

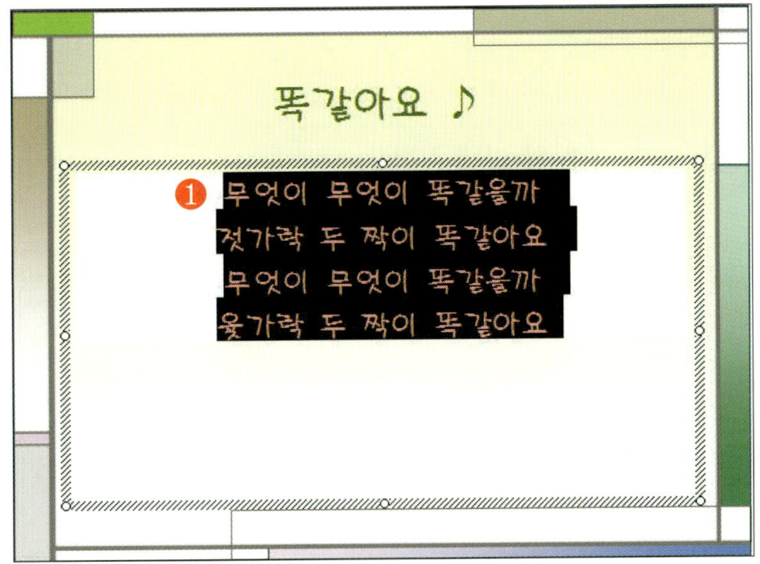

2 [줄 간격] 대화 상자가 표시되면 줄 간격에 '1.7'을 입력하고 [확인] 단추를 클릭합니다.

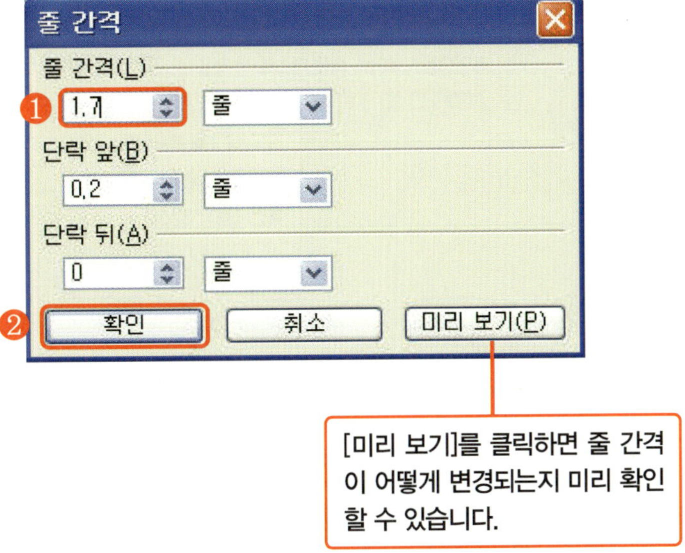

줄 간격 설정하기

[줄 간격] 입력란에 직접 숫자를 입력하거나 입력란 오른쪽의 화살표(⬍)를 클릭하여 숫자를 조절할 수 있습니다.

[미리 보기]를 클릭하면 줄 간격이 어떻게 변경되는지 미리 확인할 수 있습니다.

3 줄과 줄 사이의 간격이 넓어졌습니다. Esc를 눌러 블록을 해제하고 '04-똑같아요 완성.ppt'로 저장합니다.

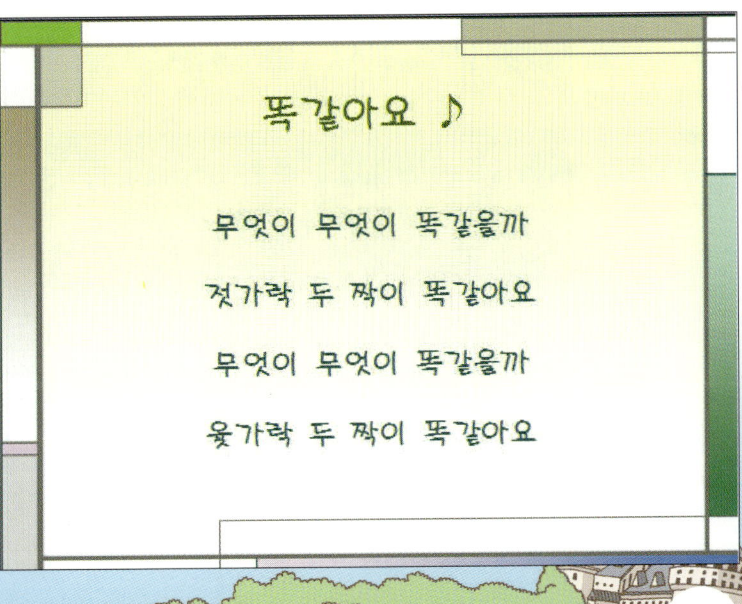

혼자 수련하기

1. 쾌지나 칭칭 나네

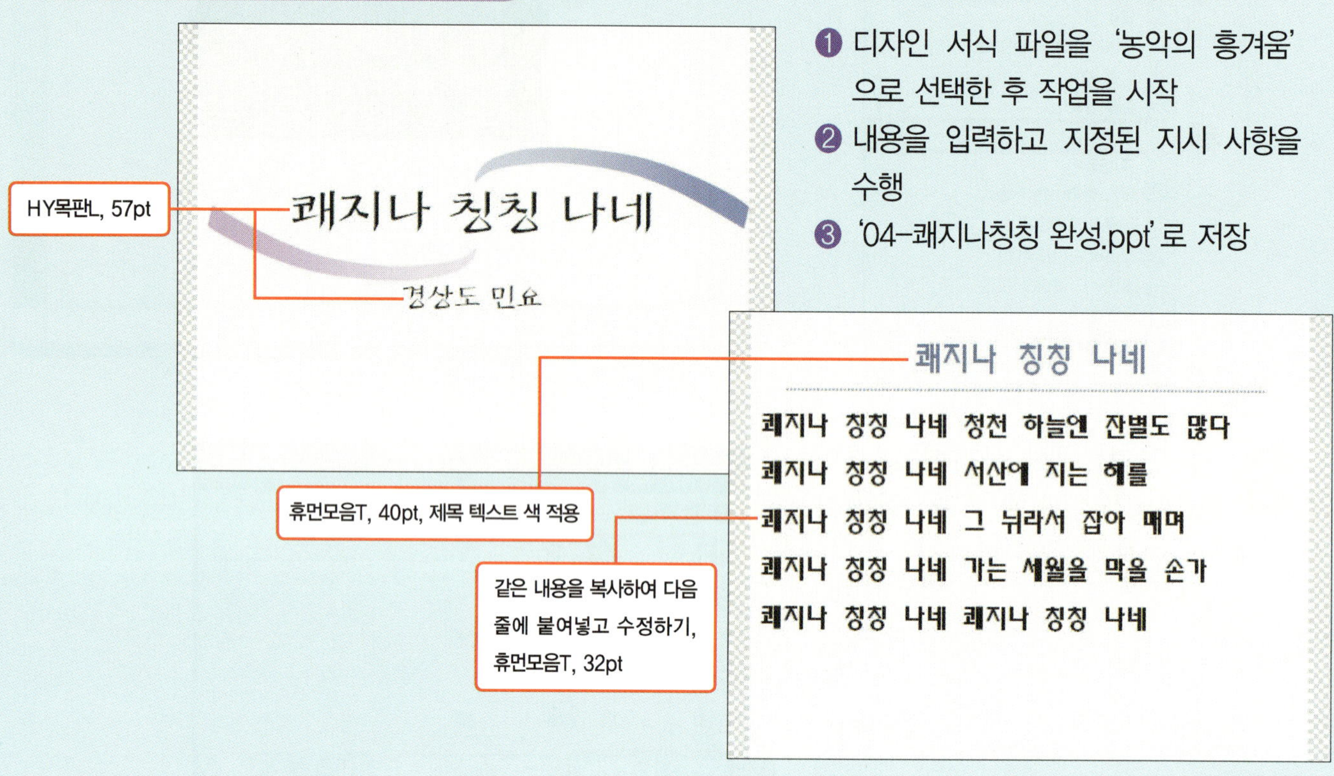

❶ 디자인 서식 파일을 '농악의 흥겨움'
으로 선택한 후 작업을 시작
❷ 내용을 입력하고 지정된 지시 사항을
수행
❸ '04-쾌지나칭칭 완성.ppt'로 저장

2. 재미있는 순 우리말

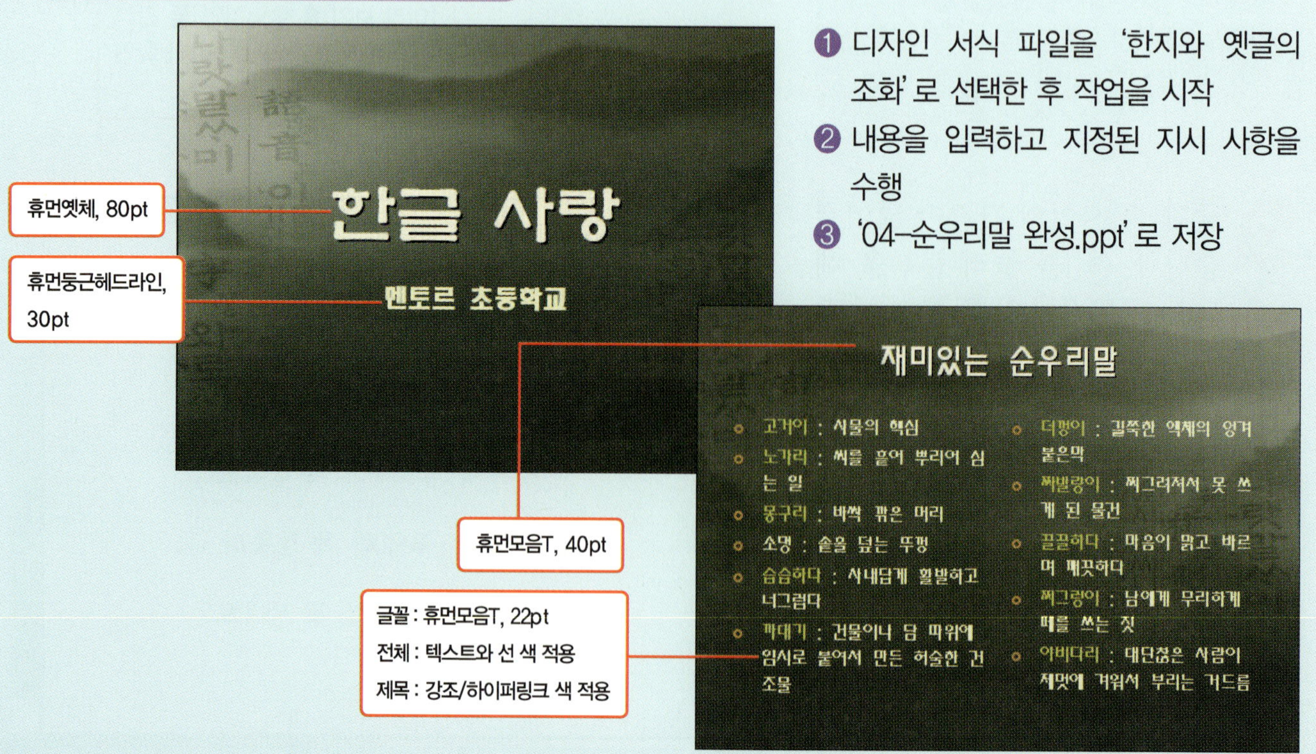

❶ 디자인 서식 파일을 '한지와 옛글의
조화'로 선택한 후 작업을 시작
❷ 내용을 입력하고 지정된 지시 사항을
수행
❸ '04-순우리말 완성.ppt'로 저장

디자인 서식 파일을 선택하면 슬라이드의 배경, 글자색 등 슬라이드 디자인에 관한 거의 모든 것이 한 번에 변경됩니다. 그렇다면 특정한 슬라이드 배경만 예쁘게 꾸미고 싶다면 어떻게 할까요? 이때는 〔서식〕-〔배경〕을 이용하면 슬라이드마다 다른 색이나 그림을 배경으로 설정할 수 있습니다.

여섯 빛깔 무지개??

- 슬라이드 배경으로 그라데이션을 채워 보자.
- 슬라이드 배경으로 그림을 설정해 보자.

01. 슬라이드 배경으로 그라데이션 설정하기

1 [열기] 아이콘(📂)을 클릭하여 [내 문서]-[파워포인트 2003]-[5강] 폴더에서 '05-무지개.ppt'를 열고 첫 번째 슬라이드에서 [서식]-[배경]을 클릭합니다.

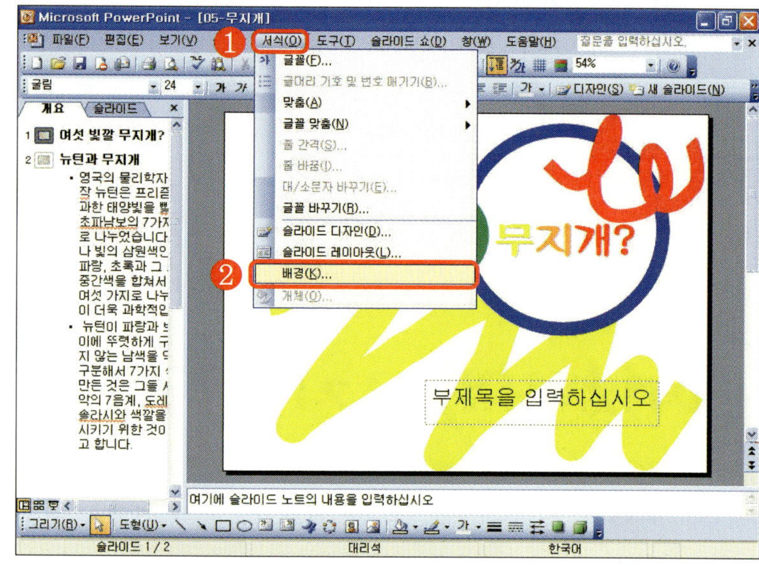

2 [배경] 대화 상자가 표시되면 색상의 내림 단추를 클릭한 후 [채우기 효과]를 선택합니다.

[다른 색]을 클릭하면 특정한 색상을 슬라이드의 배경색으로 선택할 수 있습니다.

3 [채우기 효과] 대화 상자가 표시되면 [그라데이션] 탭의 색에서 '기본 설정 색'을 '무지개 Ⅱ'로, 음영 스타일은 '모서리에서'를, 적용은 첫 줄 오른쪽 항목을 선택하고 [확인] 단추를 클릭합니다.

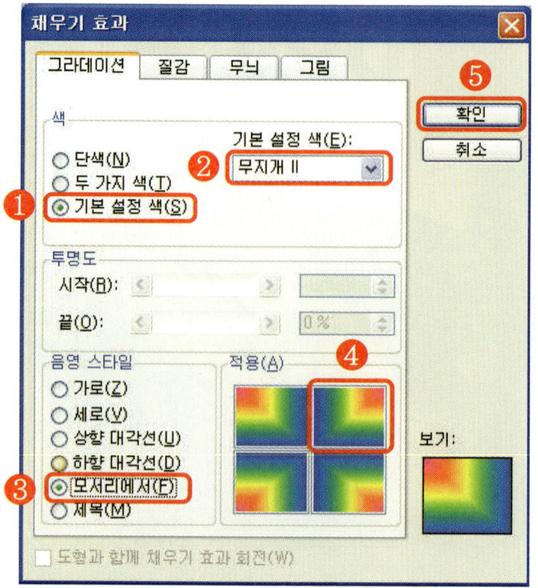

4 [배경] 대화 상자로 돌아오면 이 슬라이드의 배경색만 바꾸기 위해 [적용] 단추를 클릭합니다.

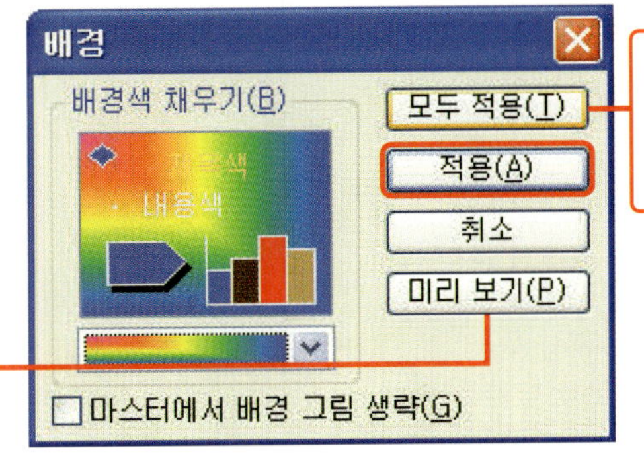

[모두 적용]을 클릭하면 모든 슬라이드의 배경색이 한 번에 변경됩니다.

[미리 보기]를 클릭하면 선택한 배경색이 적용된 슬라이드를 미리 볼 수 있습니다.

5 다음과 같이 선택한 그라데이션이 배경색으로 적용됩니다. 부제목으로 자신의 학년, 반, 이름을 입력합니다.

02. 슬라이드 배경으로 그림 설정하기

1 두 번째 슬라이드에서 [서식]–[배경]을 클릭합니다. 색상의 내림 단추를 클릭한 후 [채우기 효과]를 선택합니다.

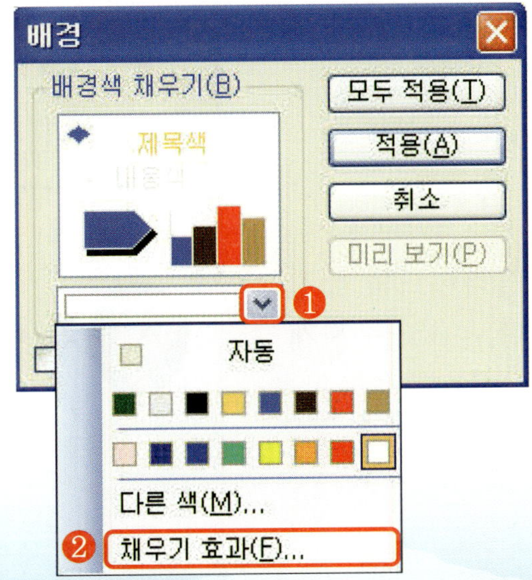

작업 취소하기

방금 수행했던 작업을 취소하고 원래의 상태로 또는 되돌리려면 Ctrl+Z를 누릅니다.

 [채우기 효과] 대화 상자가 표시되면 [그림] 탭으로 전환한 후 [그림 선택]을 클릭합니다.

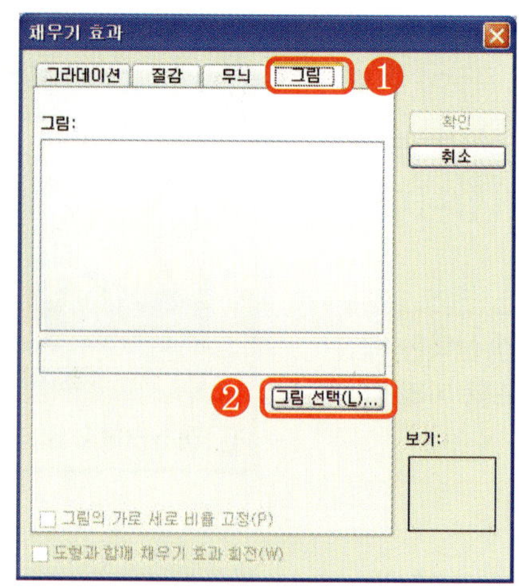

질감과 무늬

[질감] 탭에서는 파워포인트에서 제공하는 질감으로 슬라이드의 배경을 선택할 수 있습니다. [무늬] 탭에서는 여러 가지 무늬를 슬라이드의 배경으로 선택할 수 있습니다.

[그림 선택] 대화 상자가 표시되면 [5강] 폴더에서 '무지개.gif'를 선택하고 [삽입] 단추를 클릭합니다. [채우기 효과] 대화 상자가 표시되면 [확인] 단추를 클릭합니다.

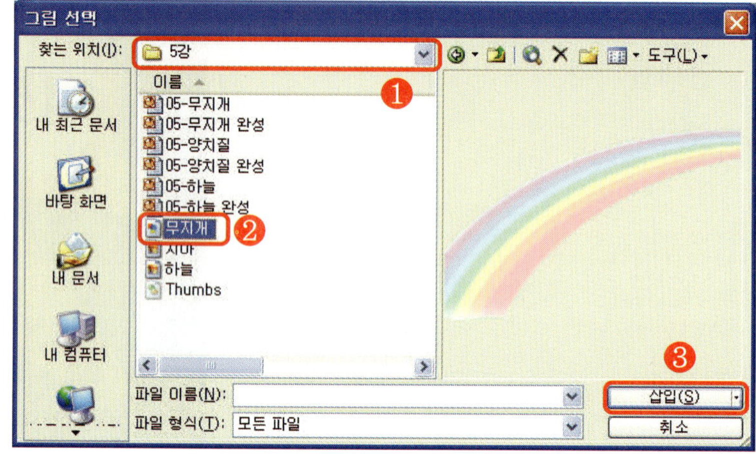

[배경] 대화 상자로 돌아오면 두 번째 슬라이드에만 배경으로 사용하기 위해 [적용] 단추를 클릭합니다.

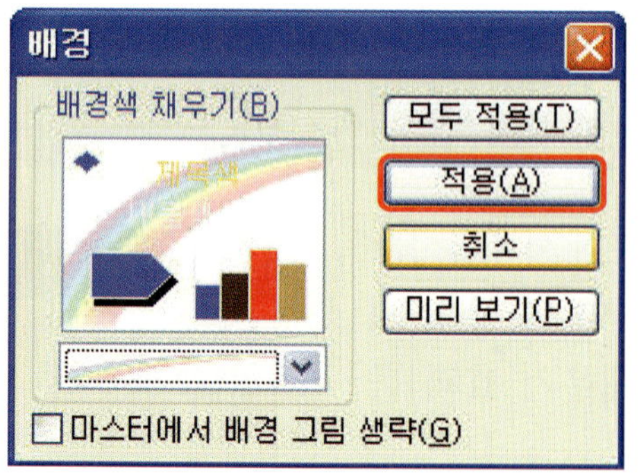

다음과 같이 슬라이드의 배경이 변경됩니다. '05-무지개 완성.ppt'로 저장합니다.

혼자 수련하기

1. 하늘은 왜 파랄까?

① '05-하늘.ppt' 파일 열기
② 지정된 지시 사항을 수행
③ '05-하늘 완성.ppt' 로 저장

태양빛의 달리기 경주

- 태양빛을 프리즘에 통과시켜 보면 여러 가지 색으로 구성되어 있음을 알 수 있습니다. 그 중 빨간색이 가장 큰 걸음을 걸을 수 있고 보라색 쪽으로 갈 수록 폭이 좁아집니다.
- 태양빛이 지구에 와서 공기 분자에 부딪혔을 때 빨간색은 큰 걸음으로 잘 통과할 수 있지만 보라색 쪽으로 갈 수록 반대로 잘 넘어집니다. 이런 현상을 산란이라고 합니다.
- 많이 넘어진 보라색과 파란색 빛 중 우리 눈에 민감한 파란색이 주로 보여 하늘이 파랗게 보이는 것입니다.

[5강] 폴더의 '하늘.jpg' 를 배경 그림으로 지정

그라데이션으로 배경 채우기
- 색 : '두 가지 색'
  - 색1 : '배경색 적용'
  - 색2 : '사용자 지정' 에서 '하늘색' 을 선택
- 음영 스타일 : 상향 대각선
- 적용 : 두 번째 줄의 오른쪽 선택

2. 양치질은 333

① '05-양치질.ppt' 파일 열기
② 지정된 지시 사항을 수행
③ '05-양치질 완성.ppt' 로 저장

번호 매기기

바른 양치질 습관

1. 하루에 3번 닦는다
2. 식사 후 3분 이내에 닦는다
3. 3분 동안 닦는다

- 하루에 3번만 닦아야 하는 것이 아니라 최소한 3번은 닦아야 합니다.
- 저녁 양치질 이후에는 음식을 먹지 않습니다.

[5강] 폴더의 '치아.jpg' 를 배경 그림으로 지정

그라데이션으로 배경 채우기
- 색 : 단 색
  - 색1 : '채우기 색 적용'
  - 슬라이드 바를 '밝게' 쪽으로 이동
- 음영 스타일 : 모서리에서
- 적용 : 두 번째 줄의 왼쪽 선택

06

142857의 비밀

- □ 새로운 텍스트 상자를 추가하여 크기를 조절해 보자.
- □ 텍스트 상자에 채우기 색을 설정해 보자.
- □ 텍스트 상자와 슬라이드를 복사해 보자.

신기한 숫자 142857

• 142857에 1에서 6까지 곱해 보겠습니다.

```
142857 X 1 = 142857
142857 X 2 = 285714
142857 X 3 = 428571
142857 X 4 = 571428
142857 X 5 = 714285
142857 X 6 = 857142
```

142857이 자릿수만 바뀌어서 나타납니다.

01. 텍스트 상자의 크기 조절하기

1 [내 문서]–[파워포인트2003]–[6강] 폴더에서 '06-숫자.ppt'를 엽니다. '글머리 기호 목록' 형식의 새 슬라이드 아이콘( 새 슬라이드(N))을 클릭하여 '제목 및 텍스트' 슬라이드를 삽입합니다.

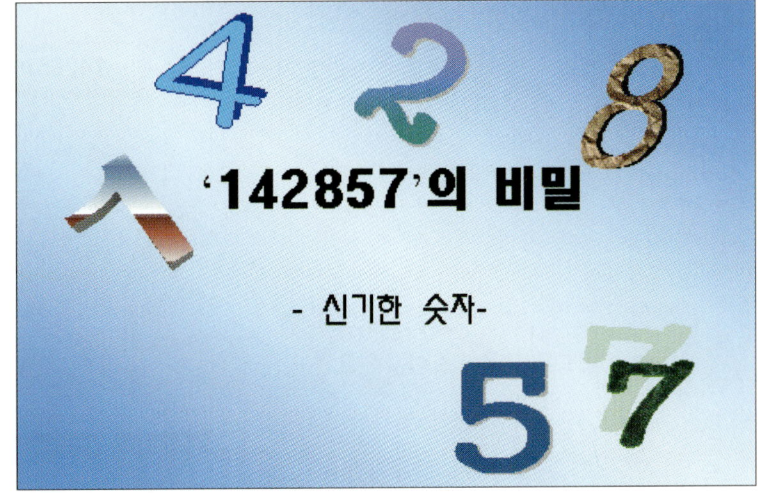

2 새로운 슬라이드에 다음 내용을 입력하고 제목의 글꼴은 '휴먼둥근헤드라인', 본문의 글꼴은 '휴먼모음T' 로 변경합니다.

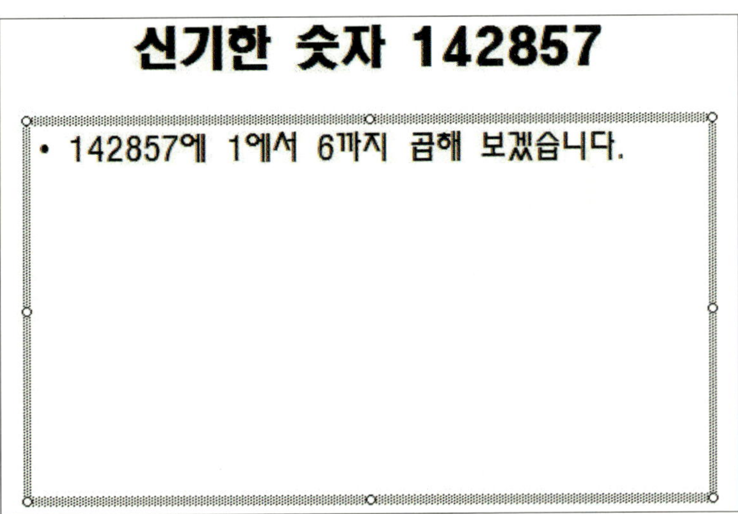

3 텍스트 상자의 크기를 줄이기 위해 텍스트 상자 전체를 선택한 상태에서 아래쪽 가운데 조절점에 마우스 포인터를 위치시킨 후 위쪽으로 드래그합니다.

조절점 사용하기

각 조절점에서 마우스를 드래그하면 텍스트 상자의 크기를 줄이거나 키울 수 있습니다.

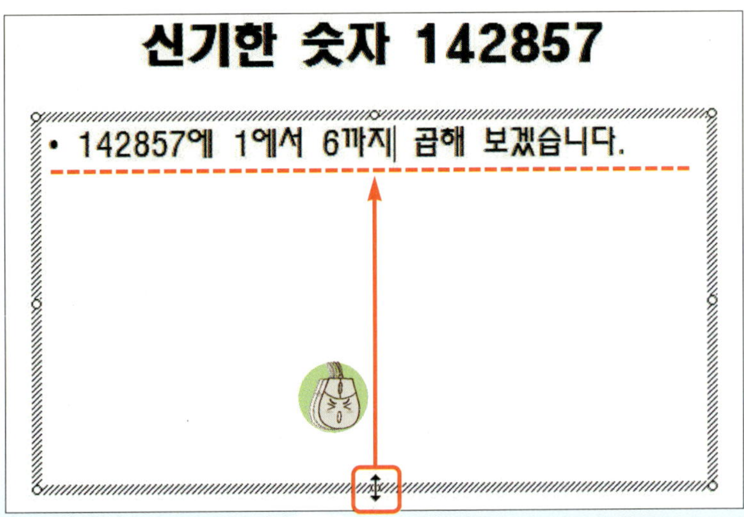

02. 텍스트 상자를 추가한 후 위치 조절하기

1️⃣ 새로운 텍스트 상자를 추가하기 위해 그리기 도구 모음에서 [텍스트 상자] 아이콘()을 클릭합니다.

그리기 도구 모음이 보이지 않으면

그리기 도구 모음이 화면에 보이지 않으면 [보기]-[도구 모음]-[그리기]를 클릭합니다.

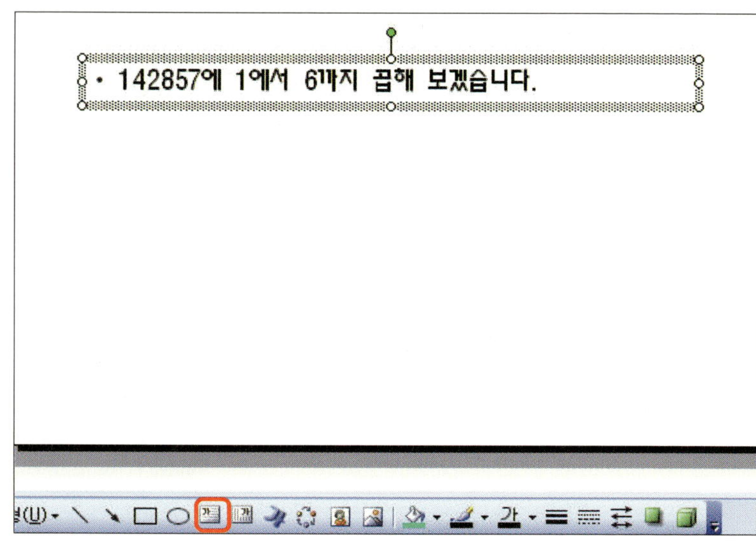

2️⃣ 슬라이드를 클릭하여 텍스트 상자가 나타나면 다음과 같은 텍스트를 입력합니다. 텍스트를 입력하면 텍스트 상자의 크기가 자동으로 늘어납니다.('X'는 영문 대문자로 입력)

3️⃣ 텍스트 상자의 오른쪽 조절점을 드래그하여 크기를 다음과 같이 키웁니다. 텍스트 상자의 테두리에 마우스 포인터를 위치시킨 후 위쪽으로 드래그하여 적당한 곳으로 이동시킨 후 [가운데 정렬] 아이콘(☰)을 클릭합니다.

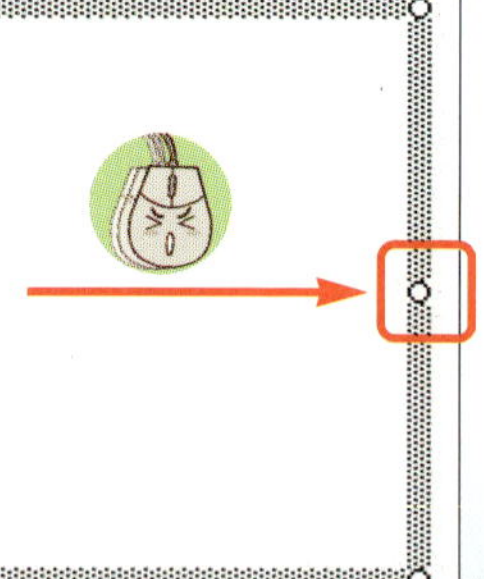

03. 텍스트 상자 복사하기

1 첫 번째 텍스트 상자를 선택한 후 Ctrl을 누른 채 아래쪽으로 드래그합니다.

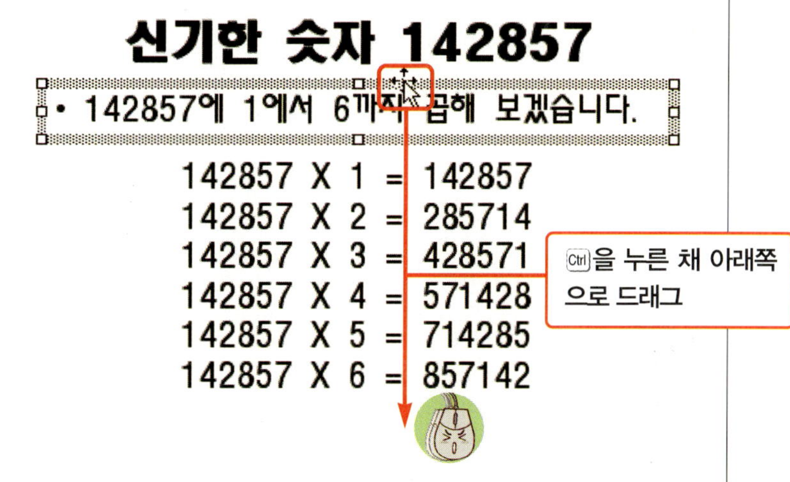

2 마우스 단추에서 손을 뗀 후 Ctrl에서 손을 떼면 다음과 같이 첫 번째 텍스트 상자가 그대로 복사됩니다.

 **텍스트 상자 복사하기**

Ctrl을 누른 채 텍스트 상자 테두리에 마우스 포인터를 위치시키면 마우스 포인터가 모양으로 변경됩니다. 이 때 드래그하면 텍스트 상자가 복사되며 반드시 마우스 단추에서 손을 먼저 떼어야 합니다.

3 [글머리 기호] 아이콘(▤)을 클릭하여 글머리 기호를 없앤 후 텍스트 상자의 내용을 수정합니다.

04. 텍스트 상자 채우기 색 설정하기

1 첫 번째 텍스트 상자를 선택한 후 Shift를 누른 채 두 번째 텍스트 상자와 세 번째 텍스트 상자를 클릭합니다.

Shift 사용하기

여러 개의 텍스트 상자를 한 번에 선택할 때는 Shift를 누른 채 텍스트 상자를 클릭합니다.

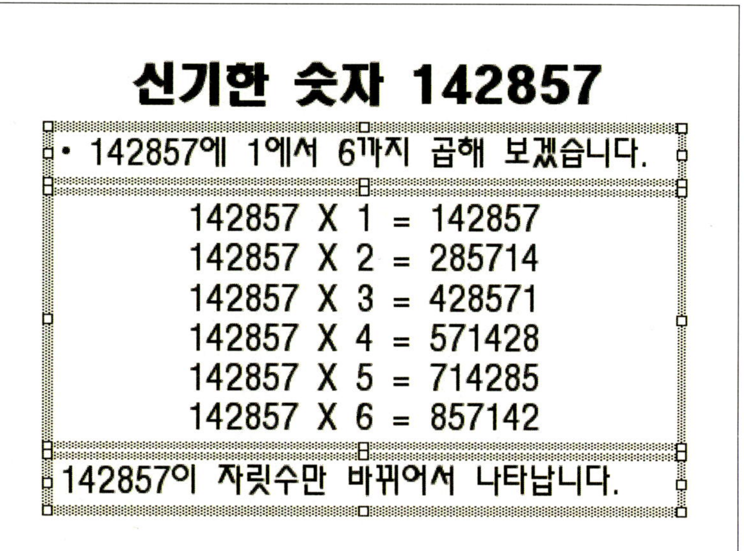

2 텍스트 상자가 선택된 상태에서 그리기 도구 모음에서 [채우기 색] 아이콘(　)의 내림 단추를 클릭한 후 '하늘색'을 선택합니다.

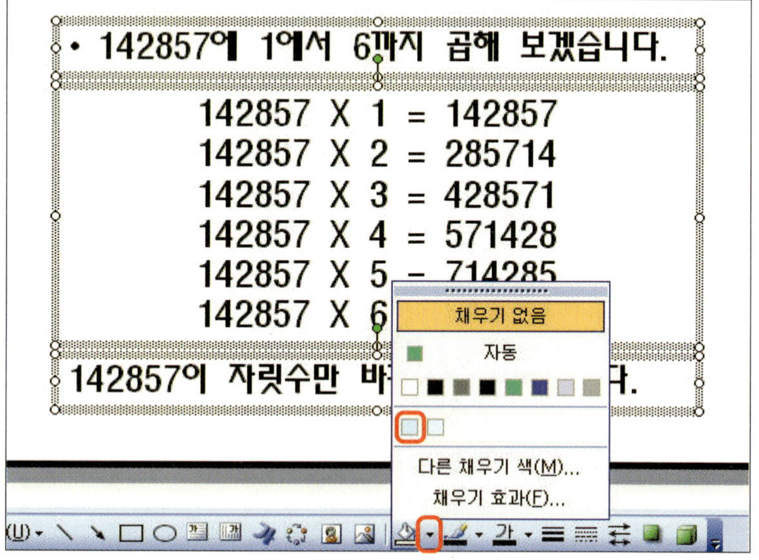

3 다음과 같이 세 개의 텍스트 상자의 채우기 색이 모두 변경됩니다.

05. 슬라이드 복사하기

1 화면 아래쪽에서 [여러 슬라이드 보기] 아이콘(▦)을 클릭하여 여러 슬라이드 보기 상태로 화면을 전환합니다.

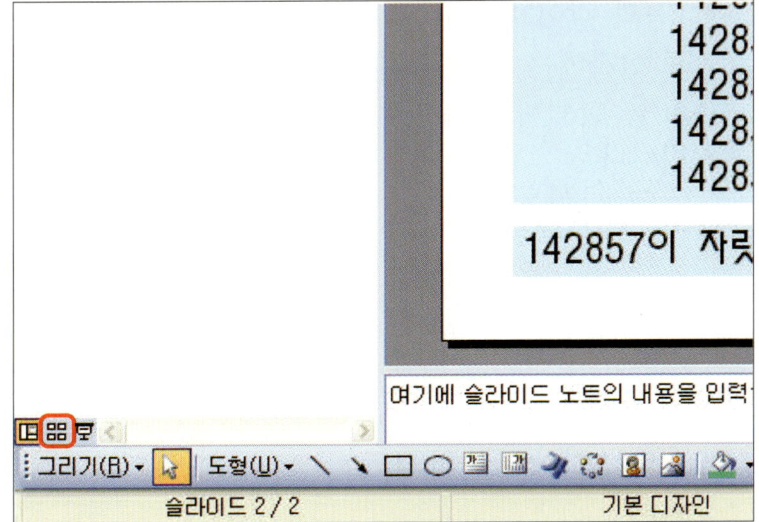

2 두 번째 슬라이드를 선택한 상태에서 [편집]-[복제]를 클릭합니다.

슬라이드 복제하기

슬라이드 복제는 선택한 슬라이드를 그대로 복사하여 똑같은 슬라이드를 하나 더 만드는 기능입니다.

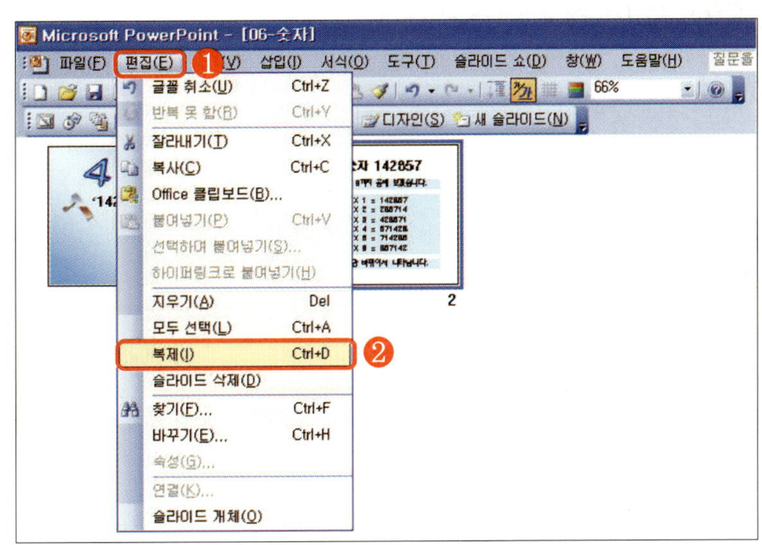

3 두 번째 슬라이드가 복사되어 세 번째 슬라이드가 만들어집니다. 화면 아래쪽에서 [기본 보기] 아이콘(▤)을 클릭하여 기본 보기 상태로 전환합니다.

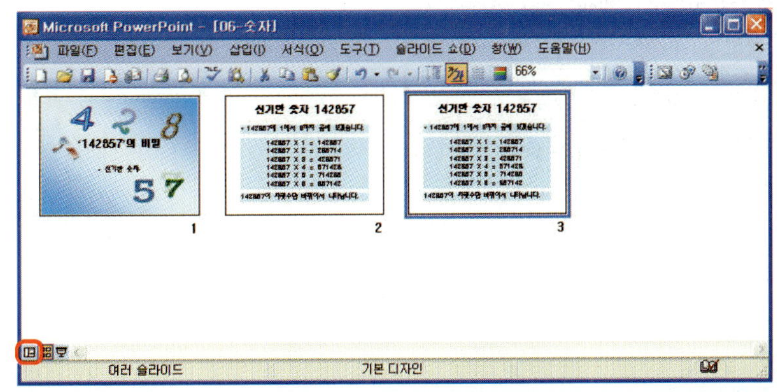

4 세 번째 슬라이드의 내용을 다음과 같이 수정한 후 세 번째 텍스트 상자에는 [글머리 기호] 아이콘(≡)을 클릭하여 글머리 기호를 표시합니다.

신기한 숫자 142857

- 142857에서 7을 곱해 보겠습니다.

  142857 X 7 = 999999

- 142857을 쪼개서 더해 보겠습니다.

5 두 번째 텍스트 상자를 선택하고 Ctrl을 누른 채 세 번째 텍스트 상자의 아래쪽으로 드래그하여 복사합니다.

신기한 숫자 142857

- 142857에 7을 곱해 보겠습니다.

  142857 X 7 = 999999

- 142857을 쪼개서 더해 보겠습니다.

6 다음과 같이 텍스트 상자의 내용을 수정한 후 '06-숫자완성.ppt'로 저장합니다.

신기한 숫자 142857

- 142857에서 7을 곱해 보겠습니다.

  142857 X 7 = 999999

- 142857을 쪼개서 더해 보겠습니다.

  14 + 28 + 57 = 99
  142 + 857 = 999

 **텍스트 상자 삭제하기**

삭제할 텍스트 상자를 선택하고 Delete를 누르면 텍스트 상자가 삭제됩니다.

혼자 수련하기

1. Welcome to Korea

HY얇은샘물M, 60pt, 강조
/하이퍼링크 색 적용

HY얇은샘물M, 28pt, 질감(꽃다발) 적용

❶ '06-외국인.ppt' 파일 열기
❷ 내용을 입력하고 지시 사항을 수행
❸ 텍스트 상자를 추가한 후 내용을 입력하고 지시 사항을 수행
❹ 배경에 '점선 눈금 무늬' 설정
❺ '06-외국인 완성.ppt' 로 저장

2. 사오정 나라 유머

MD개성체, 32pt

❶ '06-사오정.ppt' 파일 열기
❷ 텍스트 상자를 추가한 후 내용을 입력하고 지시 사항을 수행
❸ '06-사오정 완성.ppt' 로 저장

나대로 만화

- ☐ 클립 아트를 검색하여 삽입해 보자.
- ☐ 클립 아트를 웹 모음에서 이동하고 크기를 조절해 보자.

01. 클립 아트 검색하여 삽입하기

 '07-만화.ppt'를 열고 그리기 도구 모음에서 [클립 아트 삽입] 아이콘을 클릭합니다.

클립 아트란?

클립 아트는 파워포인트에서 제공되는 그림을 말합니다. 파워포인트에서는 그림뿐만 아니라 소리나 동영상도 클립 아트에 포함됩니다.

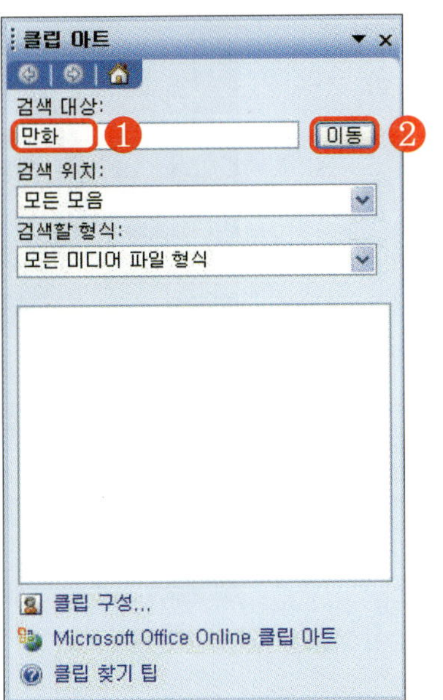

② [클립 아트] 작업창이 표시되면 검색 대상을 '만화'로 입력하고 [이동] 단추를 클릭합니다.

③ 만화와 연관있는 클립 아트들이 검색됩니다. 표시된 클립 아트 중 마음에 드는 클립 아트를 골라 마우스로 클릭합니다.

4 선택한 클립 아트가 슬라이드
에 삽입됩니다.

5 삽입된 클립 아트를 선택하고
조절점을 드래그하여 크기를
적당하게 키운 후 위치를 다음과 같
이 이동시킵니다.

 **웹에서 클립 아트 다운로드 하기**

클립 아트의 웹 모음을 이용하면 더욱 다양하고 예쁜 클립 아트를 삽입할 수 있으며, 더 많은 클립 아트를 원할 때는 마이
크로 소프트 홈페이지에서 다운로드해서 사용할 수 있습니다.

02. 클립 구성에서 클립 아트 삽입하기

 [클립 아트] 작업창에서 [클립 구성]을 클릭합니다.

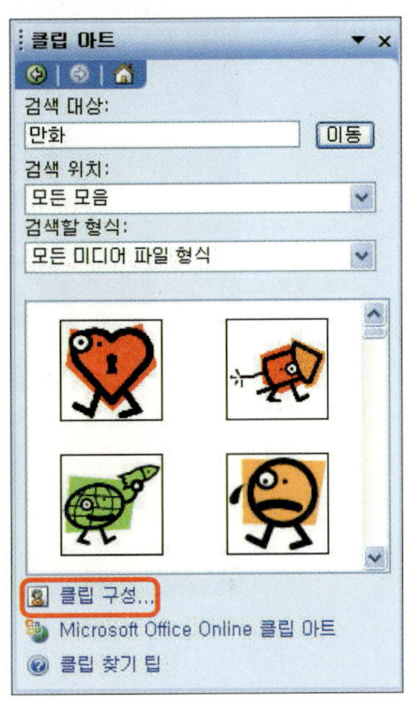

클립 추가

[클립 구성]을 클릭하였을 때 [클립 추가] 대화 상자가 표시됩니다. 지금 클립 아트를 추가하지 않을 때는 [나중] 단추를 클릭합니다.

 [즐겨찾기-Microsoft Clip Organizer] 대화 상자가 표시되면 모음 목록에서 [Office 모음]-[특별한 행사]를 클릭합니다.

클립 아트 찾기

여러 종류의 클립 아트를 찾을 때는 검색어를 이용하여 찾는 것이 편리합니다.

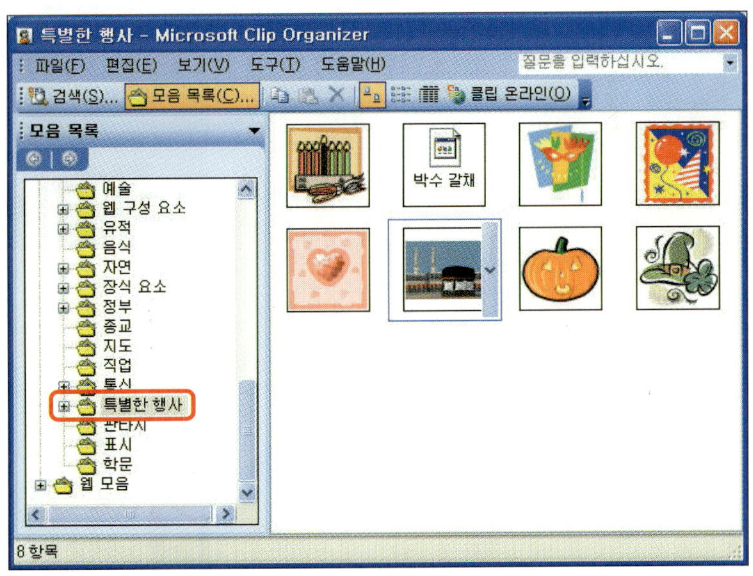

‘모자’ 모양 클립 아트를 선택하고 바로 가기 메뉴에서 [복사]를 클릭합니다.

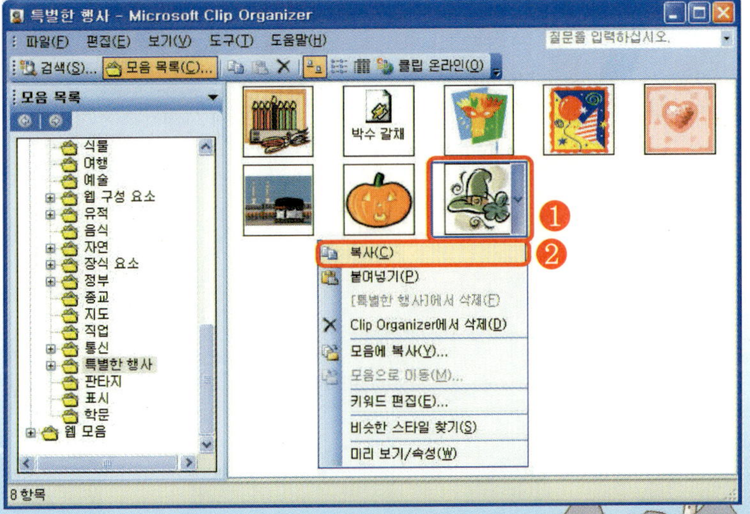

4 클립 아트를 슬라이드에 [붙여넣기]를 하고 크기와 위치를 조절합니다.

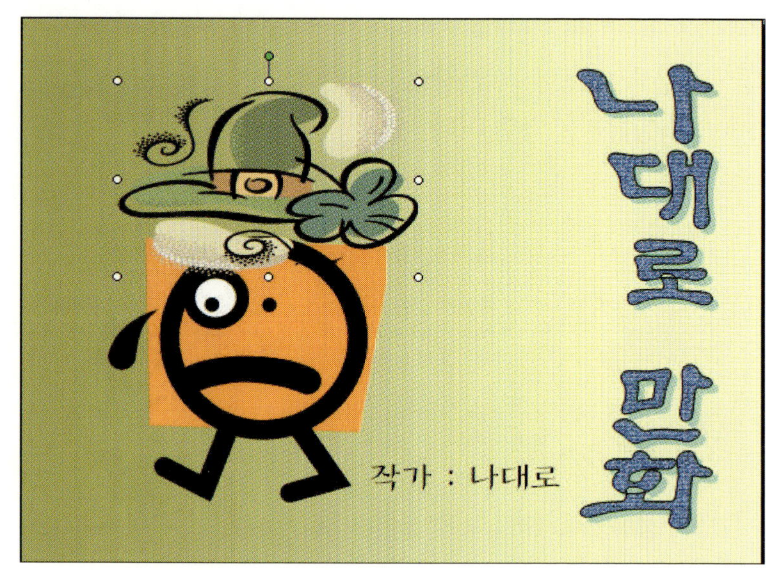

03. 웹 모음에서 클립 아트 삽입하기

1 두 번째 슬라이드로 이동한 후 그리기 도구 모음에서 [클립 아트 삽입] 아이콘(🖼)을 클릭합니다.

2 [클립 아트] 작업창에서 검색 대상으로 '태양'을 입력하고 검색 위치의 내림 단추를 눌러 '웹 모음'을 선택한 후 [이동] 단추를 클릭합니다.

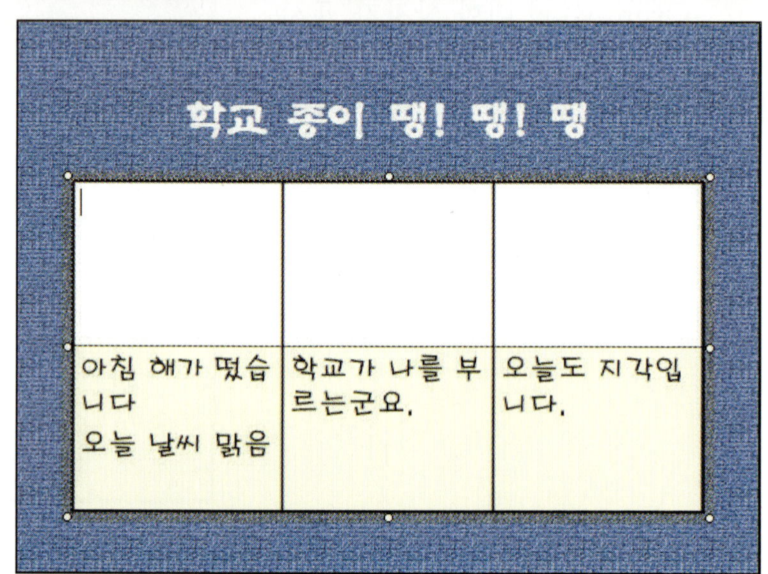

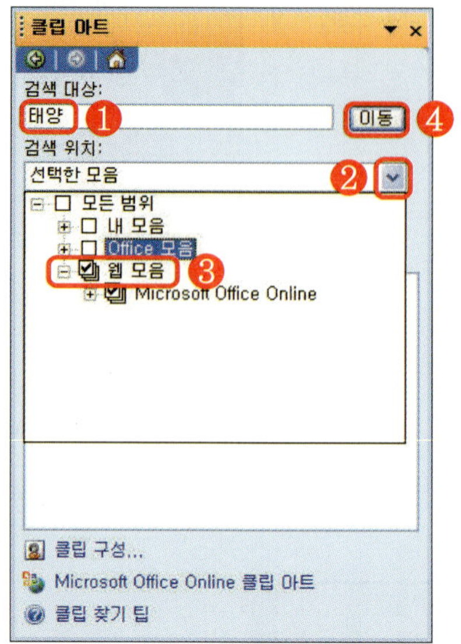

3 태양 모양의 클립 아트들이 표시되면 알맞은 클립 아트를 클릭하여 삽입합니다.

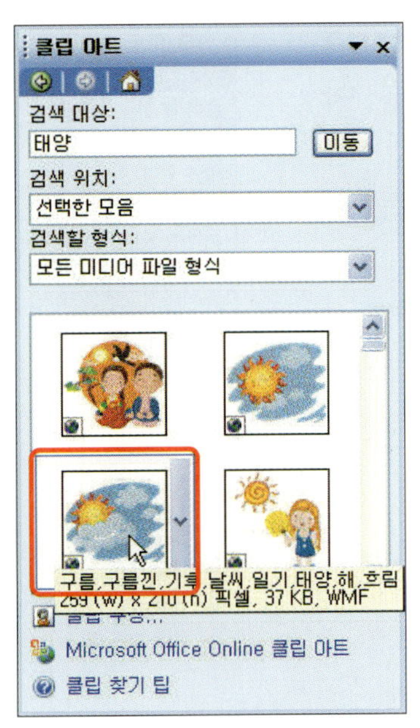

클립 아트 삽입

원하는 클립 아트를 마우스 오른쪽 단추로 클릭하고 [삽입]을 선택해도 클립 아트가 삽입됩니다.

4 다음과 같이 클립 아트의 위치와 크기를 조절합니다.

5 [클립 아트] 작업창에서 검색 대상으로 '학교'를 입력하고 [이동] 단추를 클릭합니다. 클립 아트가 표시되면 스크롤 바를 내려 원하는 클립 아트를 삽입합니다.

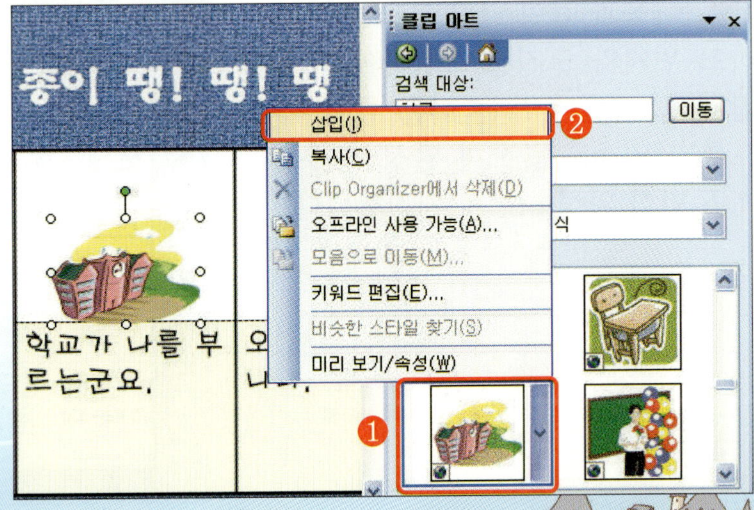

6 삽입된 클립 아트의 위치와 크기를 조절한 후, [클립 아트] 작업창에서 검색 대상으로 '사람'을 입력하고 [이동] 단추를 클릭합니다.

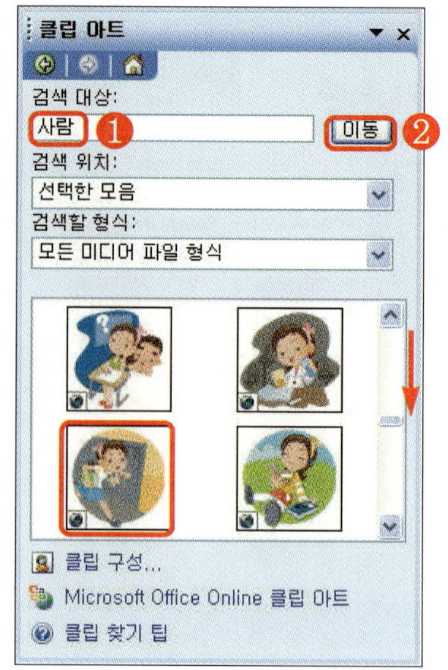

7 '사람'에 대한 클립 아트가 검색되면 스크롤 바를 내려 원하는 클립 아트를 삽입하고 위치와 크기를 조절합니다.

8 세 번째 슬라이드로 전환한 후 다음과 같이 클립 아트를 삽입하고 위치와 크기를 조절하여 완성합니다. 마음에 드는 다른 클립 아트를 삽입해도 좋으며 완성 후에는 '07-만화 완성.ppt'로 저장합니다.

혼자 수련하기

1. 우리 가족 일기 예보

❶ '07-일기예보.ppt' 파일 열기
❷ 내용을 입력하고 지시 사항을 수행
❸ '07-일기예보 완성.ppt' 로 저장

휴먼매직체, 40pt

클립 아트 삽입(검색 위치 : 모든 모음, 첫 번째와 세 번째 클립 아트의 검색어는 "날씨", 두 번째 클립 아트의 검색어는 "가족")

휴먼편지체, 32pt, 텍스트 상자의 크기와 위치 조절

2. 태양의 가족

강조 색

채우기 색

❶ '07-태양.ppt' 파일 열기
❷ 두 번째 슬라이드에 내용을 입력하고 지시 사항을 수행
❸ '07-태양 완성.ppt' 로 저장

HY목판L, 40pt

MD개성체, 26pt

클립 아트 삽입(검색어 : 지구)

슬라이드에는 파워포인트에서 제공하는 클립 아트만 삽입할 수 있을까요? 그렇지 않습니다. 어떤 사진이나 그림 파일이라도 제한없이 삽입할 수 있습니다. 인터넷에서 다운로드한 사진, 디지털 카메라로 촬영한 사진을 슬라이드에 삽입하여 좀 더 생동감있는 슬라이드로 만드는 방법을 배워 보세요.

요리보고 조리보고

- □ 그림을 삽입해 보자.
- □ 그림을 이동하고 크기를 조절해 보자.

떡 피자 만들기

① 떡을 살짝 데쳐 접시에 깔고, 케첩, 후춧가루 뿌린다.
② 다진 야채와 베이컨을 올리고 모짜렐라 치즈를 올린다.
③ 오븐에서 치즈가 녹을 때까지 가열한다

• 재료 : 베이컨(1장), 스위트 콘(1/2줌), 피망(1/2줌), 양파(1/2줌), 올리브(2개), 다진 모짜렐라 치즈(1줌), 떡(2줌)

01. 그림 삽입하기

1 '08-요리.ppt'를 열고 첫 번째 슬라이드에 다음과 같은 내용을 입력합니다.

2 제목의 글꼴을 'MD개성체'로, 글자 크기를 '60'으로 변경한 후 [그림자] 아이콘(**S**)을 클릭합니다.

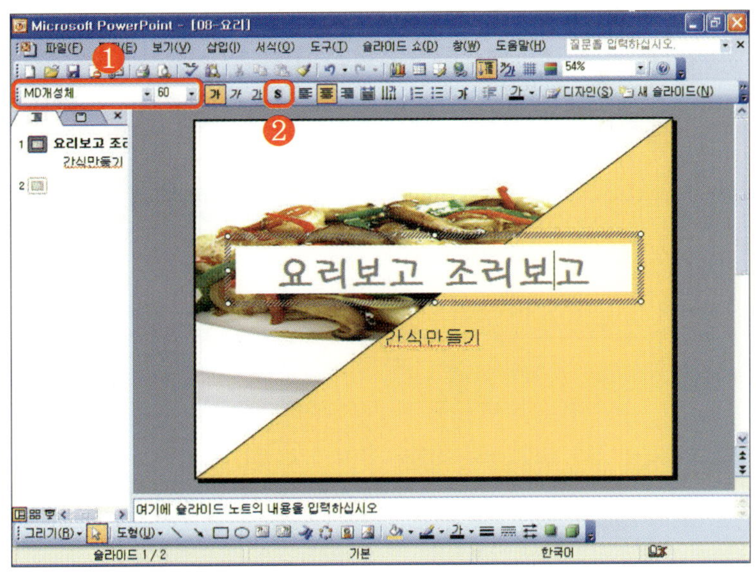

3 '요리보고'의 글자색은 '강조색 적용', '조리보고'의 글자색은 '강조/하이퍼링크 색 적용'으로 설정합니다.

4 다음과 같이 위치를 이동시킵니다.

5 부제목의 글꼴을 'MD개성체'로 변경한 후 다음과 같이 크기를 줄이고 위치를 이동시킵니다.

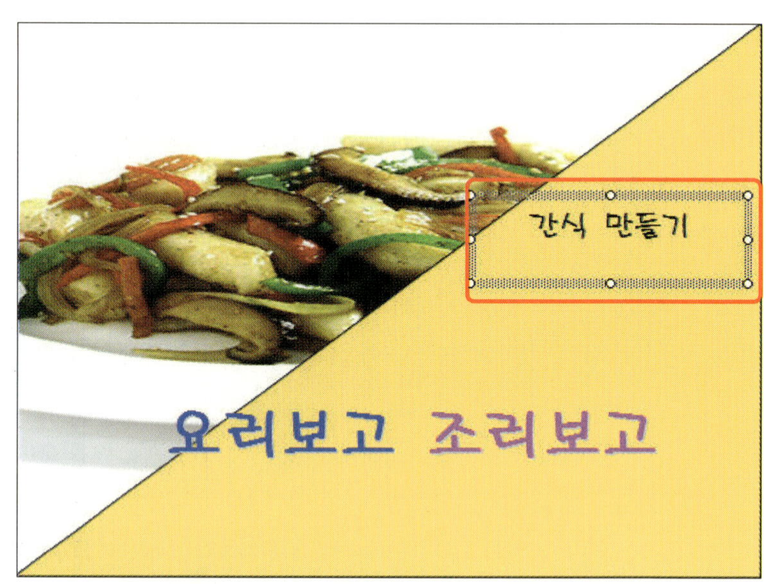

6 두 번째 슬라이드로 이동한 후 다음과 같이 제목을 입력하고 글꼴을 'HY엽서M'으로 변경합니다.

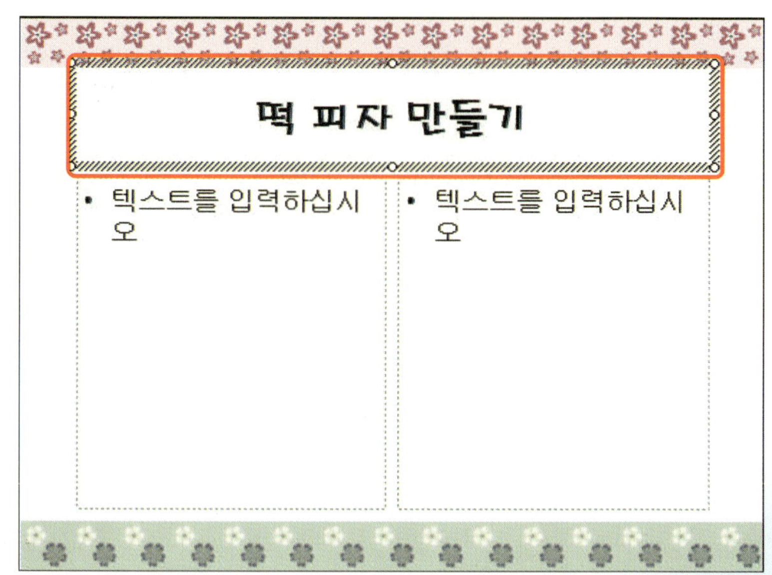

7 아래의 첫 번째 텍스트 상자를 선택하고 조절점을 아래로 드래그하여 크기를 다음과 같이 줄입니다.

8 그림을 삽입하기 위해 [삽입]-[그림]-[그림 파일]을 선택합니다.

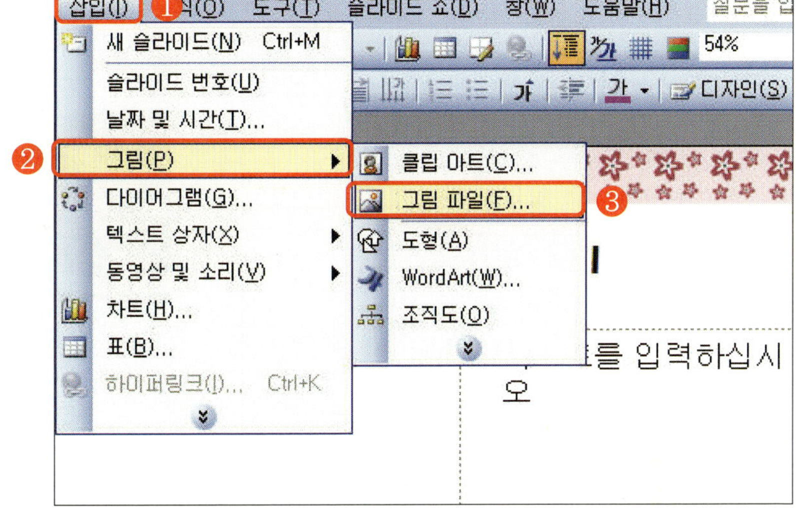

9 [그림 삽입] 대화 상자가 표시되면 [8강] 폴더에 있는 그림 중 '떡피자'를 선택하고 [삽입] 단추를 클릭합니다.

10 다음과 같이 선택한 그림이 삽입됩니다.

11 삽입된 그림을 클릭하여 선택하고 조절점을 드래그하여 크기를 줄입니다.

조절점

02. 그림의 서식 조절하기

1 그림을 선택한 상태에서 [그림] 도구 모음의 [자르기] 아이콘(⚑)을 클릭한 후, 마우스 포인터를 위쪽의 가운데 조절점에 위치시킵니다.

 **[그림] 도구 모음이 보이지 않으면**

[그림] 도구 모음이 자동으로 표시되지 않으면 그림을 선택한 상태에서 [보기]–[도구 모음]–[그림]을 클릭합니다.

 아래쪽으로 드래그하여 다음과 같이 테두리를 자릅니다.

그림 자르기

그림 자르기 상태에서는 조절점에 마우스를 위치시키면 마우스 포인터에 모양이 생깁니다.

 같은 방법으로 왼쪽, 오른쪽, 아래쪽 조절점을 드래그하여 나머지 테두리도 잘라냅니다.

그림 자르기

그림을 자를 때 실수하면 그림 자르기 상태에서 빠져 나가게 되며, 그림의 조절점에 마우스 포인터를 위치시켰을 때 포인터가 모양이 아니라 다른 모양이 됩니다. 이때는 [그림] 도구 모음에서 [자르기] 아이콘( )을 다시 클릭합니다.

4 그림을 클릭하여 그림 자르기 상태를 빠져 나온 후 그림 도구 모음에서 [선 스타일] 아이콘(≡)을 클릭하고 '1pt'를 선택합니다.

5 아래와 오른쪽 텍스트 상자에 다음과 같은 내용을 입력한 후 '08-요리 완성.ppt'로 저장합니다. ①, ②, ③은 [삽입]-[기호]를 이용하여 입력하고 글꼴은 'HY엽서M'으로 설정합니다.

혼자 수련하기

1. 세계 속의 우리 한글

1. '08-한글.ppt' 파일 열기
2. 두 번째 슬라이드에 [8강] 폴더에 있는 '세종대왕.gif'를 삽입하고 크기와 위치를 조절
3. 텍스트 상자의 글꼴 크기를 '24'로 변경하고 크기와 위치를 조절
4. '08-한글 완성.ppt'로 저장

2. 건빵 7개를 1분 안에 못 먹는다.

1. '08-건빵.ppt' 파일 열기
2. 두 번째 슬라이드에 [8강] 폴더에 있는 '건빵.gif'를 삽입하고 크기와 위치를 조절
3. 그림의 테두리를 자르고 '1pt'의 선을 표시
4. 텍스트 상자의 글꼴 크기를 '28'로 변경하고 크기와 위치를 조절
5. '08-건빵 완성.ppt'로 저장

내공 평가하기

① 숨쉬고 싶어요

클립 아트, 그림, 텍스트 상자 등을 이용하여 대기 오염에 관한 슬라이드를 작성하고 '종합1-대기 완성.ppt'로 저장하기

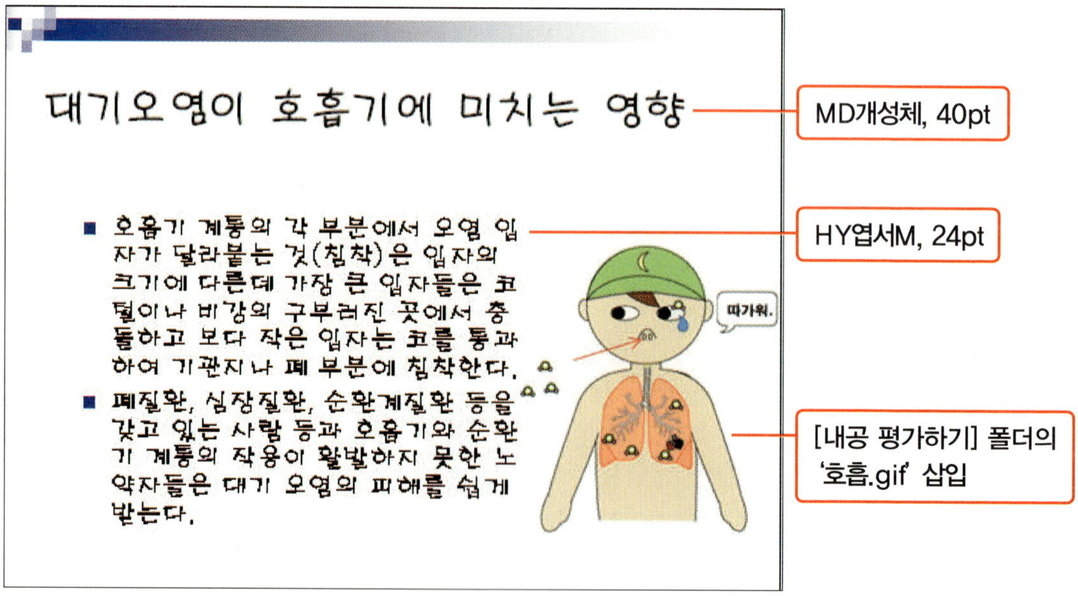

 획득 아이템

 풀이 시간 ① 분 ② 분

② 도레미 교실

클립 아트, 그림, 텍스트 상자 등을 이용하여 바장조의 주요 3화음에
관한 슬라이드를 작성하고 '종합1–도레미 완성.ppt'로 저장하기

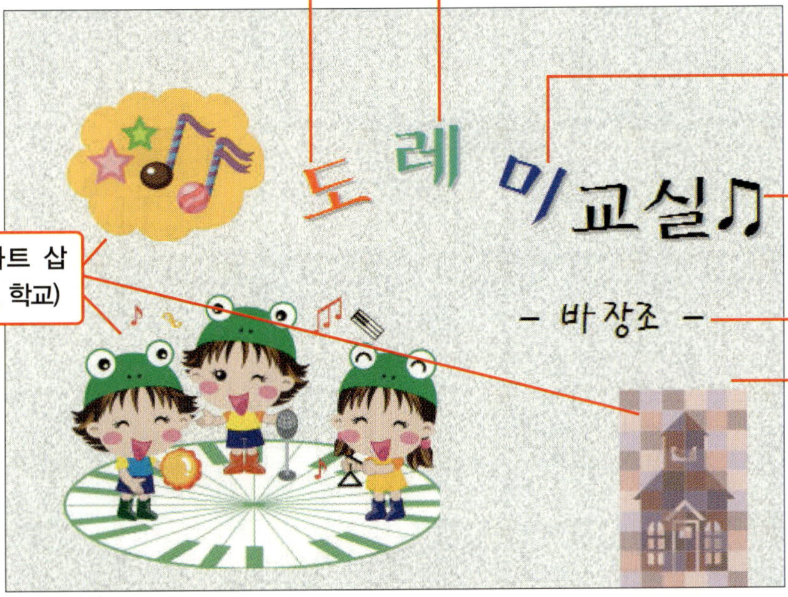

그림자, 빨간색, 텍스트 상자 345° 회전

그림자, 채우기 색 적용

강조 색 적용, 텍스트 상자 25° 회전

HY목판L, 66pt

클립 아트 삽입(음악, 학교)

휴먼편지체, 40pt

질감(신문용지)

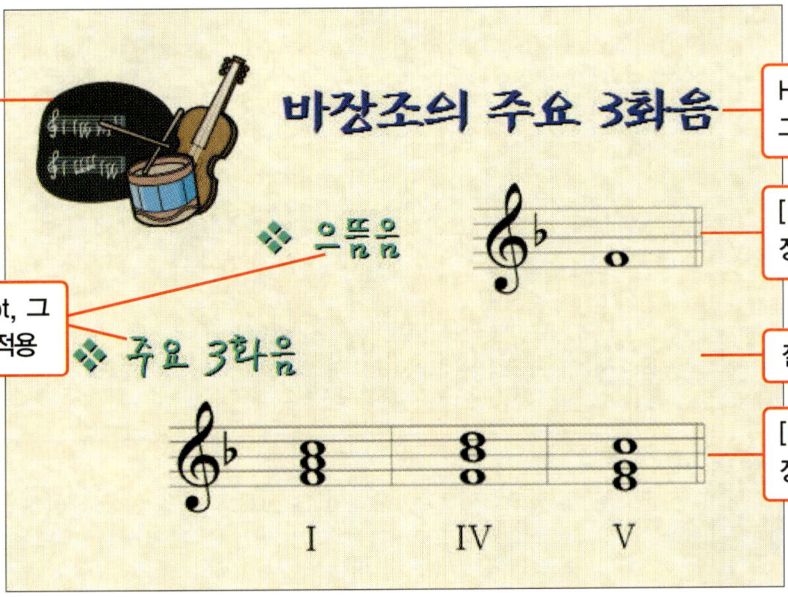

클립 아트 삽입(음악)

HY목판L, 44pt, 굵게, 그림자, 강조 색 적용

[내공 평가하기] 폴더의 '바장조으뜸음.gif' 삽입

휴먼편지체, 41pt, 그림자, 채우기 색 적용

질감(양피지)

[내공 평가하기] 폴더의 '바장조주요3화음. gif' 삽입

파워포인트 2003 기능 활용하기 ②

컴짱, 마법사 수업을 받다

근데요 마법사님..
그걸 배우면 뭐가 좋은건데요?
슬라이드에 여러가지 기능을 추가하면 프레젠테이션 자료가 좀더 알아보기 쉽고 재미있지! 결정적으로는 슬라이드가 아주 예뻐진다는것이다!
흠.흠. 좋아~
예쁘게 꾸며주세용~
슬라이드
생각보다 별거 아닌데요~ 나 참..예쁘게라니..
이익!
풉!
자~'컴짱 대신 공부하기 기능'을 추가하겠다~ 지금부터 나 대신 공부를 한다!
알겠습니다아.
발표자료가 알아보기 쉬워진다는 게 중요한 거라구! 자! 이 책 가지고 공부 좀 더 하거라! 2단계를 모두 통과해서 중급마법을 마스터하면 슬라이드에 여러 가지 기능을 추가할 수 있는 마법지팡이를 주려고 했더니! 요 녀석!
기능을 추가한다구? 그럼..하하
쾅!
아구~
립들은 거냐~!
슬라이드에 추가할 수 있다고!! 그런 기능은 없어!

09

물고기 왕눈이 그리기

- 도형의 위치와 크기를 조절해 보자.
- 도형의 채우기 색을 변경해 보자.
- 도형을 복사해 보자.
- 도형의 배치 순서를 변경해 보자.

01. 도형 그리기

1 '09-왕눈이.ppt'를 불러온 후 첫 번째 슬라이드에 다음과 같은 제목과 부제목을 'MD개성체'로 입력하고 다음과 같이 글꼴 서식을 변경합니다.

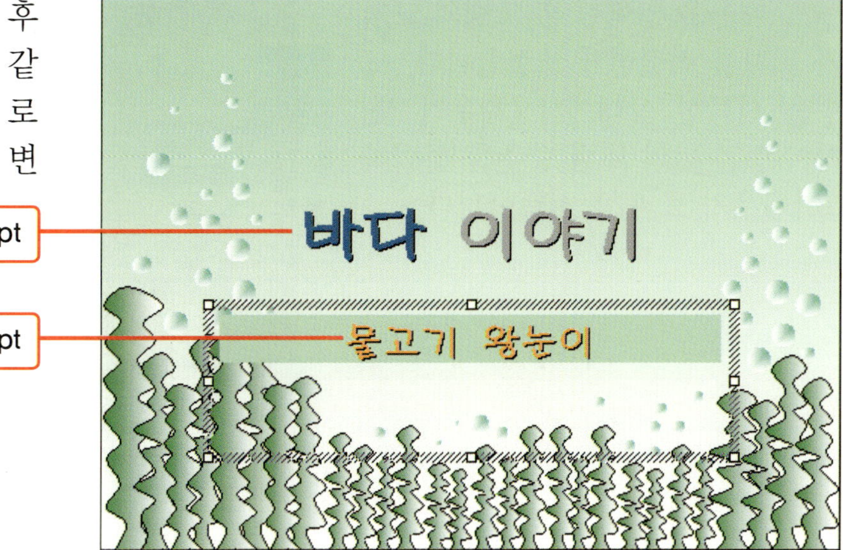

2 두 번째 슬라이드로 전환한 후 그리기 도구 모음에서 [도형]–[별 및 현수막]–[가로로 말린 두루마리 모양]을 선택한 후 다음과 같이 그리고 모양 변경점에 마우스 포인터를 위치시킵니다.

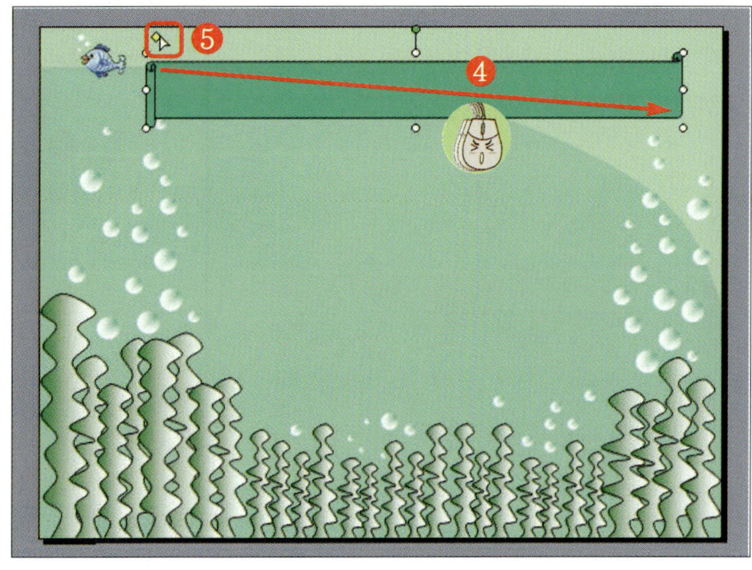

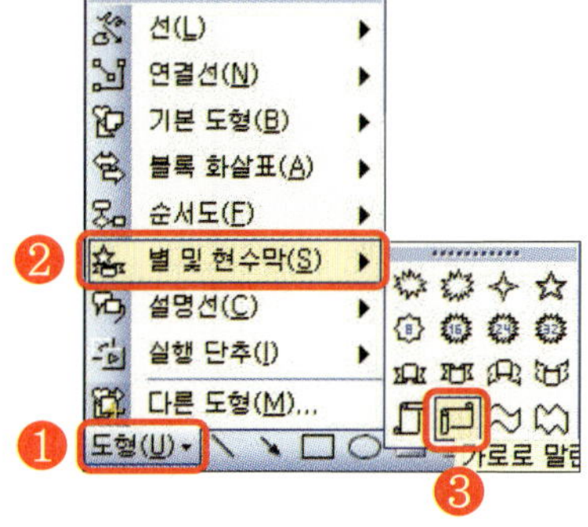

3 모양 변경점을 오른쪽으로 드래그하여 다음과 같이 도형의 모양을 변경합니다.

도형의 모양 변경하기

도형을 삽입한 후 노란 색의 모양 변경점이 나타나는 모든 도형은 모양을 변경할 수 있습니다. 모양 변경점에 마우스 포인터를 위치시키면 모양으로 변경되며 이 때 드래그하면 모양이 변경됩니다.

④ 도형을 선택하고 다음과 같은 내용을 입력한 후 도형의 크기와 위치를 적절하게 조절합니다. 도형을 선택한 상태에서 [채우기 색] 아이콘()의 내림 단추를 클릭하고 [채우기 효과]를 선택합니다.

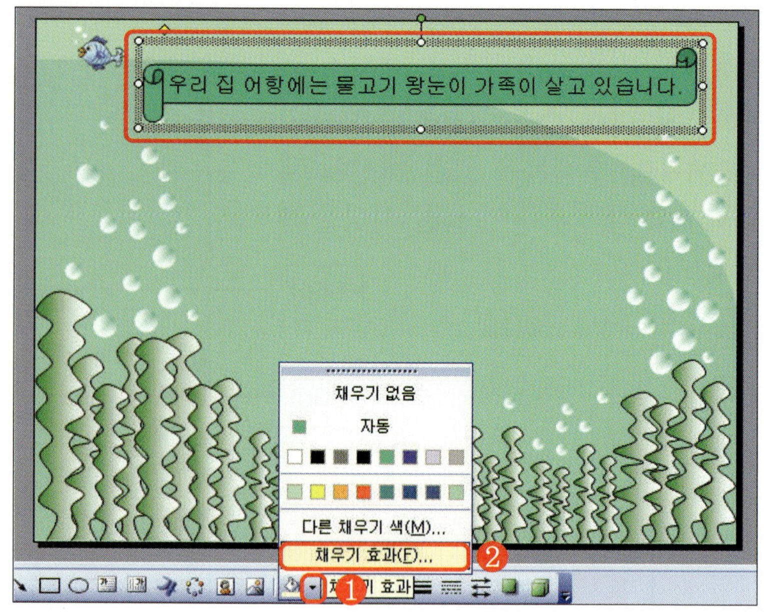

⑤ [채우기 효과] 대화 상자가 표시되면 오른쪽 그림과 같이 선택하고 [확인]을 클릭합니다.

그라데이션 밝기 조정

'단색'을 선택했을 때 '어둡게' 쪽을 선택하면 검은색과 선택 색상이 섞여 표시되고, '밝게' 쪽을 선택하면 흰색과 선택 색상이 섞여 표시됩니다.

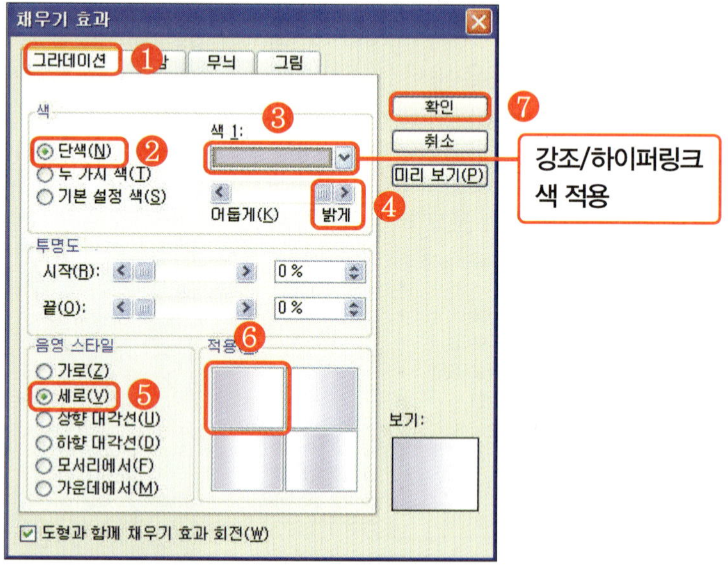

⑥ 다음과 같이 도형에 그라데이션이 적용되면 글꼴은 'MD개성체'를, 글자 속성은 '굵게'를 선택합니다.

02. 물고기 그리기

1 그리기 도구 모음에서 [도형]–[선]–[곡선]을 클릭합니다. 마우스를 옮기며 클릭하여 도형을 그리다가 다시 처음 출발점을 클릭하면 도형이 완성됩니다.

곡선 그리기

곡선으로 휘어지는 부분에서 클릭하면 마우스 움직임에 따라 곡선이 휘어집니다. 마우스를 드래그하여 그리려고 하면 어려우므로 주의합니다.

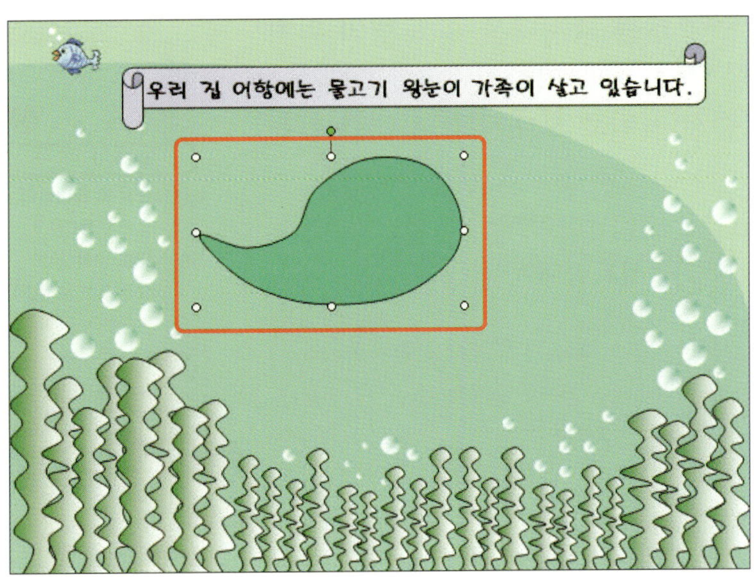

2 꼬리 지느러미를 그리기 위해 그리기 도구 모음에서 [도형]–[기본 도형]–[달]을 클릭하여 도형을 삽입합니다.

3 회전점을 드래그하여 다음과 같이 도형을 회전시킵니다.

도형 회전시키기

회전점에 마우스 포인터를 위치시키면 포인터가 🔄 모양으로 바뀝니다. 이때 원하는 방향으로 드래그하면 도형이 회전됩니다.

4 슬라이드를 클릭하여 회전 상
태를 빠져나온 후 도형의 위치
를 적절하게 이동시키고 [그리기]-
[순서]-[뒤로 보내기]를 선택합니다.

뒤로 보내기

도형이 여러 개 겹쳐 있을 때 선택한 도형을
바로 밑에 있는 도형의 뒤로 위치시키려면
[뒤로 보내기]를 선택합니다.

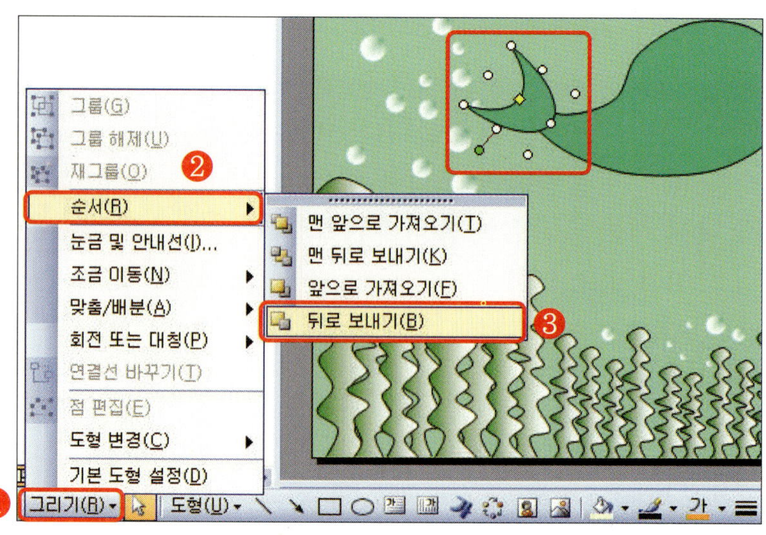

5 지느러미가 뒤로 보내졌습니
다. 이제 [도형]-[선]-[자유형]
을 클릭한 후 다음과 같은 다각형을
그립니다.

다각형 그리기

다각형은 마우스를 클릭한 후 꺾어지는 꼭지
점마다 클릭하고, 마지막으로 출발점에서 클
릭하면 완성됩니다.

6 등 지느러미처럼 보이게 하기
위해 작성한 다각형을 선택하
고 [그리기]-[순서]-[뒤로 보내기]
를 클릭합니다.

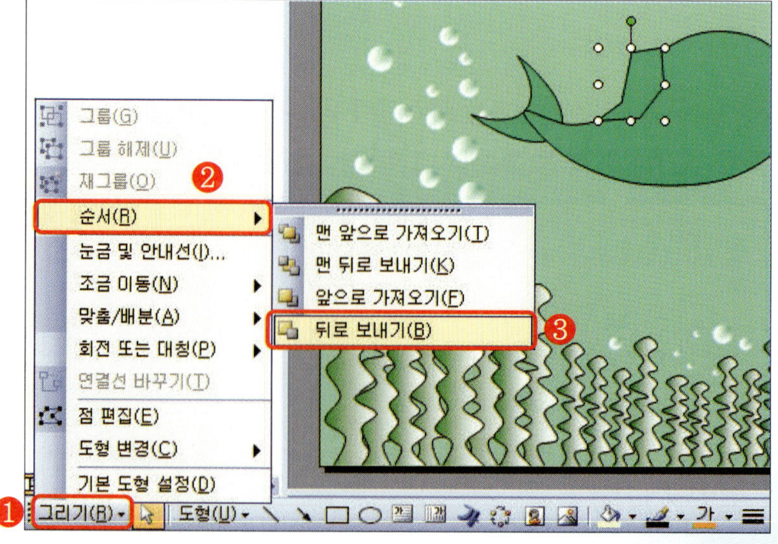

7 입을 그리기 위해 그리기 도구 모음에서 [타원] 아이콘(◯)을 선택해 원을 그린 후 회전점을 드래그하여 다음과 같이 도형을 회전시킵니다.

8 같은 방법으로 원을 하나 더 그린 후 [그리기]-[순서]-[뒤로 보내기]를 클릭합니다.

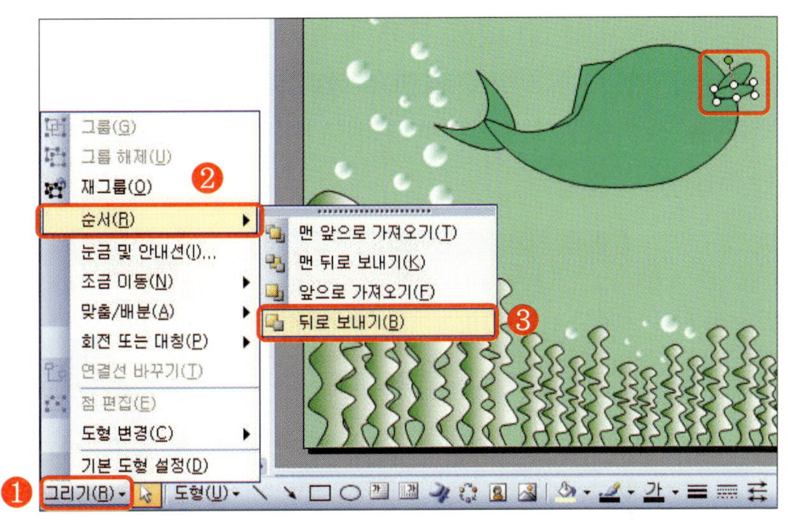

9 지금까지 작성한 도형의 채우기 색을 한 번에 변경하기 위해 빈 곳에서 시작하여 다음과 같이 마우스를 드래그합니다.

마우스 드래그로 도형 선택하기

마우스를 드래그했을 때 표시되는 점선의 사각형 안에 포함되는 도형은 모두 선택됩니다.

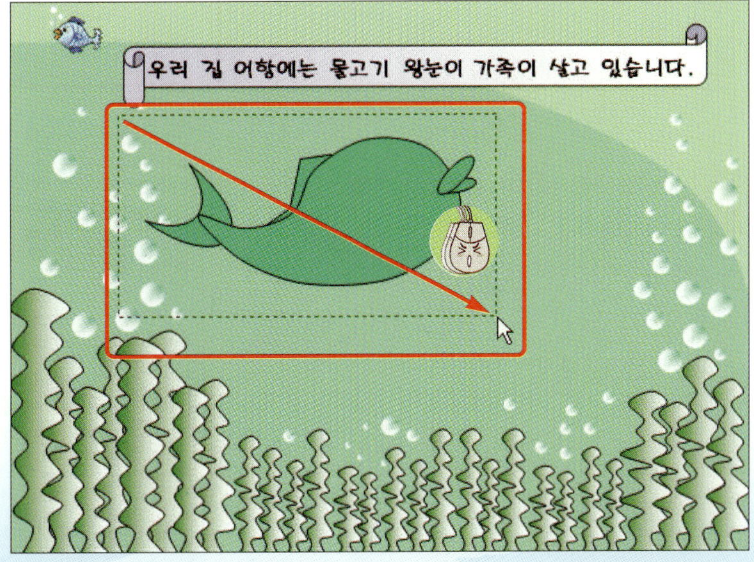

10 제목을 제외한 모든 도형이 한 번에 선택되면 [채우기 색] 아이콘(　)의 내림 단추를 클릭하고 [채우기 효과]를 클릭합니다.

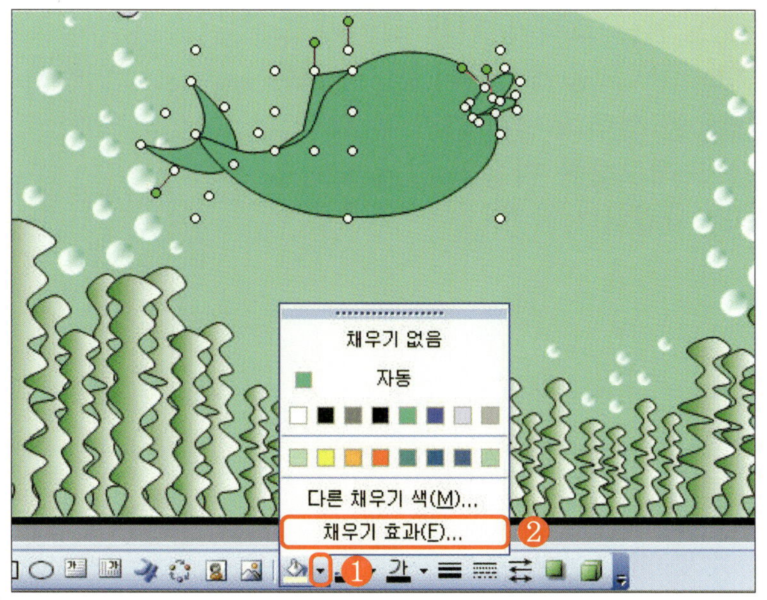

11 [채우기 효과] 대화 상자가 표시되면 [그라데이션] 탭에서 '두 가지 색'을 선택하고 '색 1' 의 내림 단추를 클릭한 후 [다른 색]을 선택합니다. [색] 대화 상자의 색상표가 표시되면 다음과 같은 '초록색'을 선택하고 [확인] 단추를 클릭한 후 [채우기 효과] 대화 상자에서 [확인] 단추를 클릭합니다.

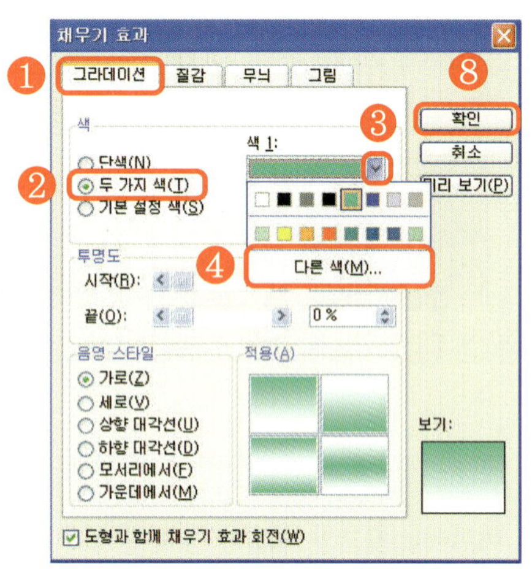
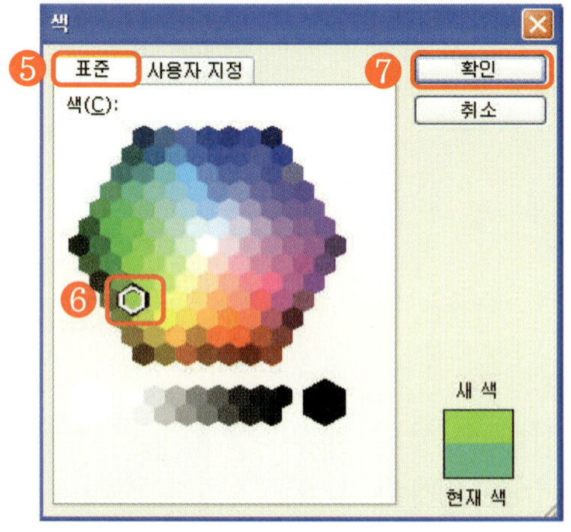

12 다음과 같이 그라데이션이 설정됩니다. 그리기 도구 모음에서 [타원] 아이콘(　)을 선택하고 다음과 같이 그린 후 드래그하여 두 개의 타원을 선택합니다.

13 [채우기 색] 아이콘(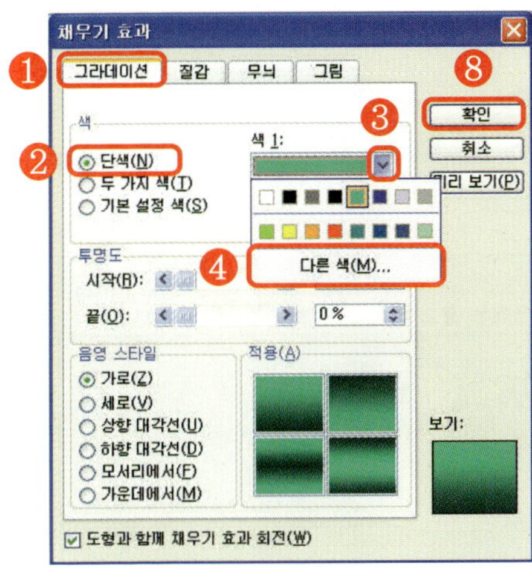)의 내림 단추를 클릭한 후 [채우기 효과]를 선택합니다. '단색'을 선택하고 '색 1'의 내림 단추를 클릭한 후 [다른 색]을 클릭합니다. [색] 대화 상자의 색상표에서 다음과 같은 '연노랑'을 선택합니다.

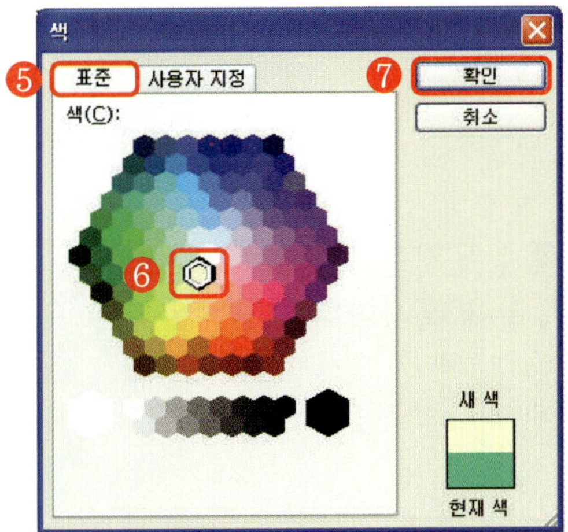

14 같은 방법으로 물고기의 바깥에서 두 개의 원을 그립니다. 작은 원의 채우기 색은 '배경색 적용', 큰 원의 채우기 색은 '텍스트와 선 색 적용'으로 설정합니다.

15 마우스로 드래그하여 두 개의 원을 선택한 후 [그리기]-[그룹]을 클릭합니다.

그룹 설정

그룹이란 선택한 개체를 하나의 개체로 묶는 것을 말합니다. 그룹으로 묶이면 마치 하나의 도형처럼 취급됩니다.

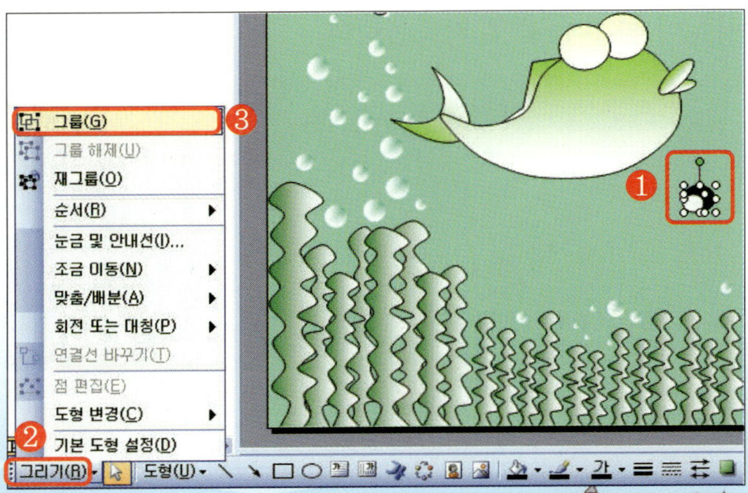

16 그룹으로 묶은 원의 크기를 줄여서 물고기의 눈동자 자리에 위치시킵니다.

17 Ctrl 을 누른 채 눈동자를 드래그하여 다른 쪽 눈에 복사합니다.

18 마우스를 드래그하여 물고기를 구성하는 모든 도형을 선택한 후 [그리기]-[그룹]을 클릭합니다. Ctrl 을 누른 채 물고기를 아래로 드래그하여 다음과 같이 복사하고 크기를 줄입니다.

19 같은 방법으로 여러 마리의 물고기를 그려 완성한 후 '09-왕눈이 완성.ppt'로 저장합니다.

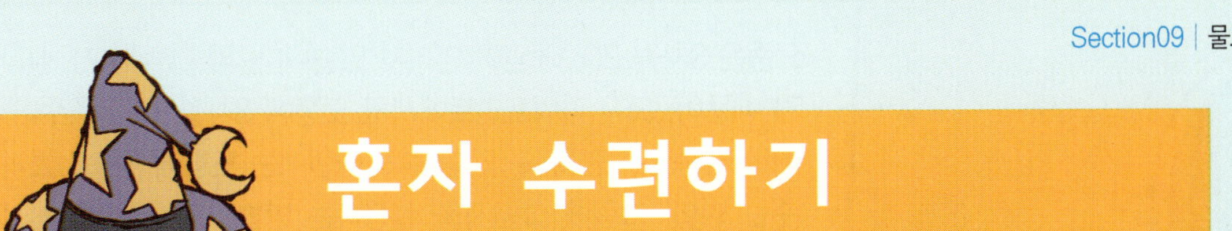

혼자 수련하기

1. 장난감 병정의 일기

❶ '09–장난감.ppt' 파일 불러오기
❷ 두 번째 슬라이드에 내용을 입력하고 지시 사항을 수행
❸ '09–장난감 완성.ppt'로 저장

MD개성체, 40pt, 굵게

휴먼편지체, 30pt

도형 그리기 기능을 이용하여 작성한 후 그룹으로 설정

2. 우리 마을을 소개합니다.

[도형]–[별 및 현수막]–[위로 구부러진 리본], 휴먼옛체, 36pt, 굵게, 그림자, 질감 설정(캔버스)

❶ '09–마을.ppt' 파일 불러오기
❷ 두 번째 슬라이드에 지시사항을 수행
❸ '09–마을 완성.ppt'로 저장

[도형]–[별 및 현수막]–[물결], 휴먼편지체, 24pt, 그라데이션 설정(임의 설정)

[도형]–[블록 화살표]–[오각형], 휴먼옛체, 24pt, 무늬 설정(벽돌 사선 무늬)

10

컬러박스 만들기

- 도형에 3차원 효과를 설정해 보자.
- 도형에 그림자 효과를 설정해 보자.
- 도형을 회전시켜 보자.

01. 3차원 효과 설정하기

1 '10-컬러박스.ppt'를 엽니다. 첫 번째 사각형을 선택하고 그리기 도구 모음에서 [3차원 스타일] 아이콘(▣)을 클릭한 후 '3차원 스타일 1'을 선택합니다.

2 이번에는 두 번째 사각형을 선택하고 그리기 도구 모음에서 [3차원 스타일] 아이콘(▣)을 클릭한 후 '3차원 스타일 10'을 선택합니다.

3 같은 방법으로 세 번째 사각형에는 '3차원 스타일 12', 네 번째 사각형에는 '3차원 스타일 9'를 적용합니다.

02. 그림자 효과 설정하기

1 '만'이 입력된 원을 선택하고 그리기 도구 모음에서 [그림자 스타일] 아이콘(▣)을 클릭한 후 '그림자 스타일 5'를 선택합니다.

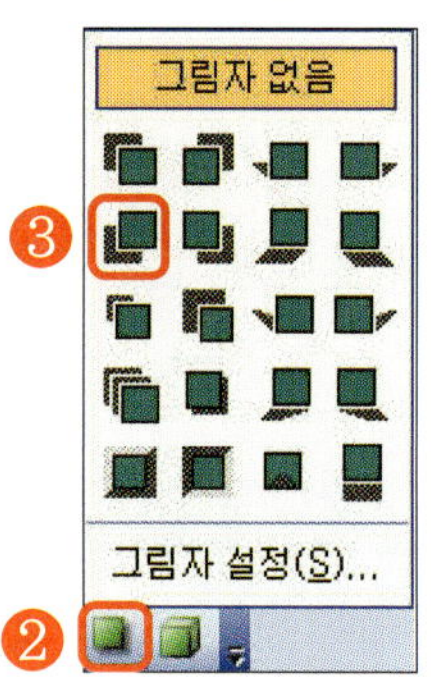

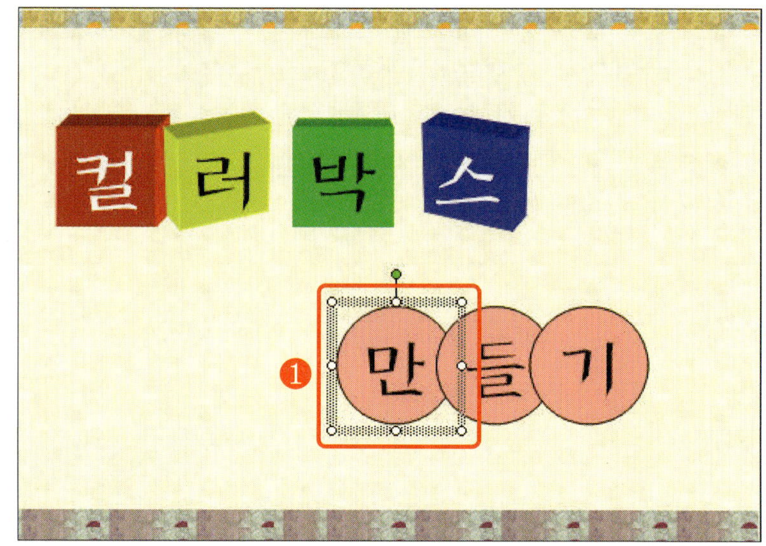

2 그림자에 관한 설정을 변경하기 위해 [그림자] 아이콘(▣)을 다시 클릭한 후 [그림자 설정]을 선택합니다.

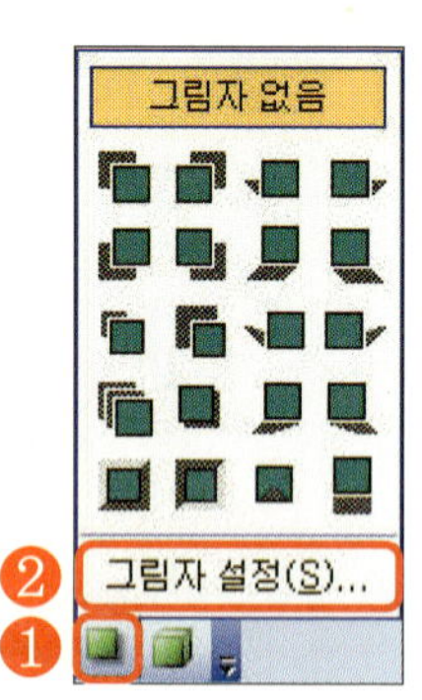

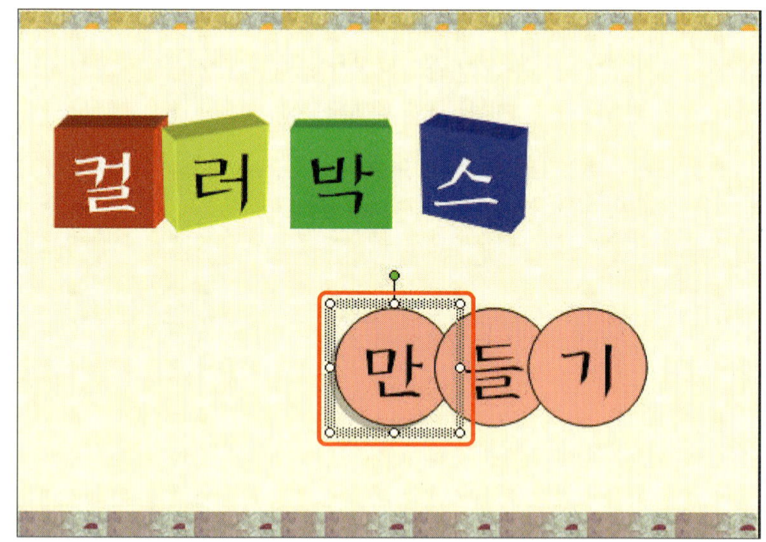

3 [그림자 설정] 도구 모음이 표시되면 [그림자를 아래로 이동] 아이콘(▣)을 여섯 번 연속 눌러 그림자를 아래로 더 길게 만듭니다.

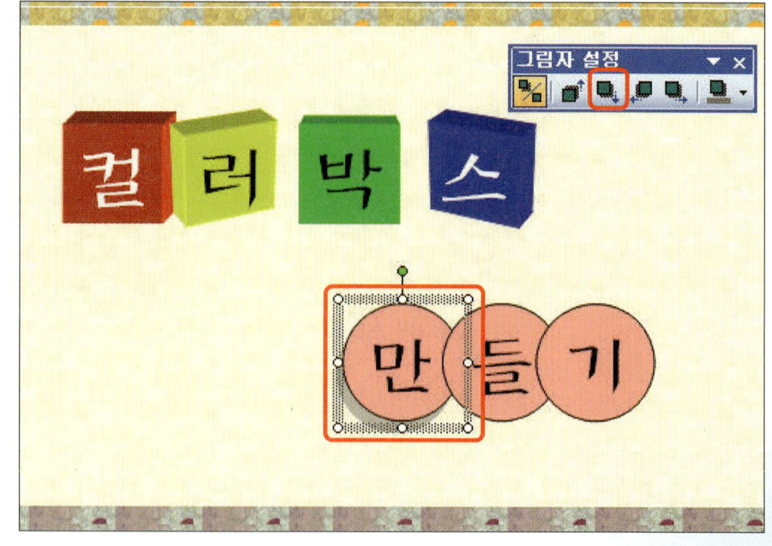

4 계속해서 [그림자를 왼쪽으로 이동] 아이콘(▣)을 여섯 번 연속 눌러 그림자를 왼쪽으로 더 길게 만든 후 [그림자 설정] 도구 모음을 닫습니다.

5 이번에는 서식 복사를 통해 첫 번째 원에 적용한 그림자 서식을 다른 원에도 적용해 봅니다. 첫 번째 원을 선택한 상태에서 [서식 복사] 아이콘(✔)을 더블 클릭합니다.

[서식 복사] 아이콘(✔) 클릭하기

[서식 복사] 아이콘을 클릭하면 서식을 한 번만 붙여 넣을 수 있고, 더블 클릭하면 Esc를 누를 때까지 계속 붙여 넣을 수 있습니다.

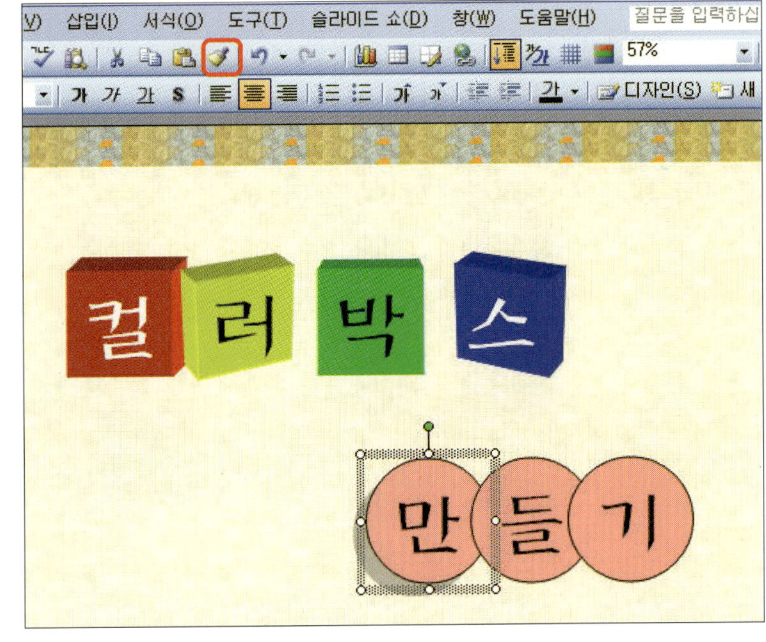

6 마우스 포인터의 모양이 으로 변경되었을 때 두 번째 원을 클릭하면 두 번째 원에도 그림자가 설정됩니다. 같은 방법으로 세 번째 원에도 그림자를 설정한 후 키보드에서 Esc를 눌러 서식 복사 상태를 해제합니다.

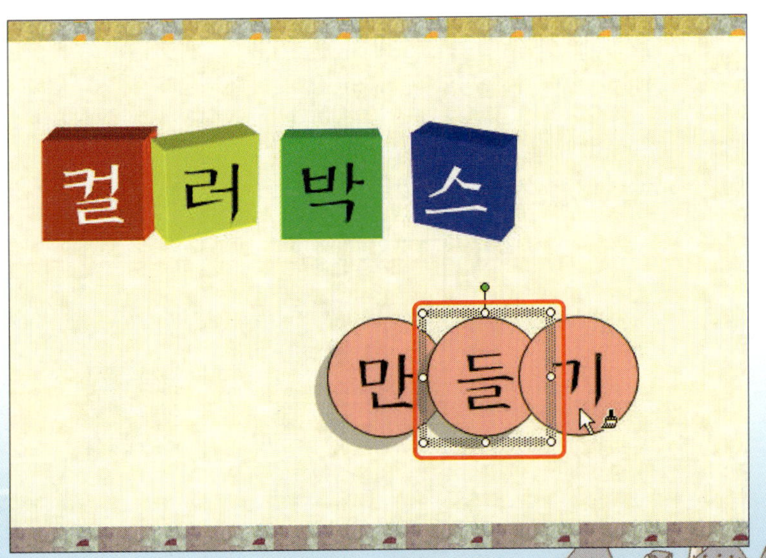

03. 3차원 설정 변경하기

① 두 번째 슬라이드로 이동한 후 ②를 복사하여 ③으로 수정합니다.

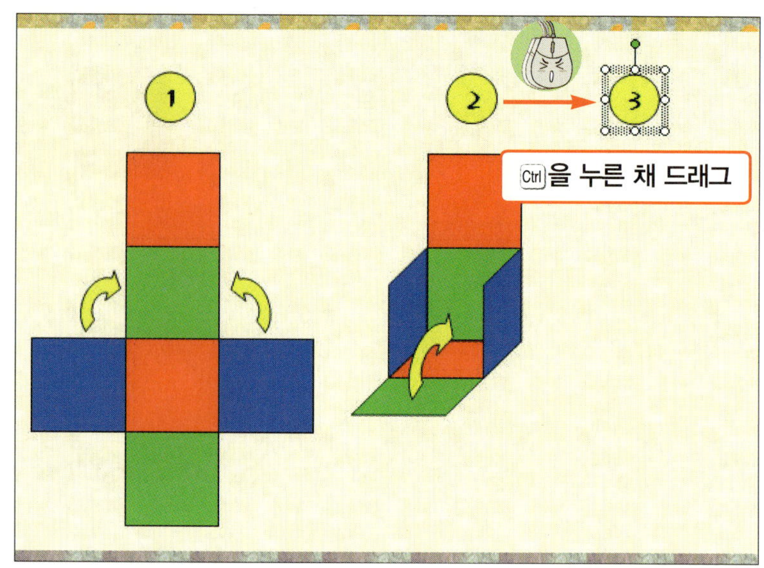

② 그리기 도구 모음에서 [직사각형] 아이콘(□)을 클릭한 후 Shift 를 누른 채 드래그하여 정사각형을 그립니다.

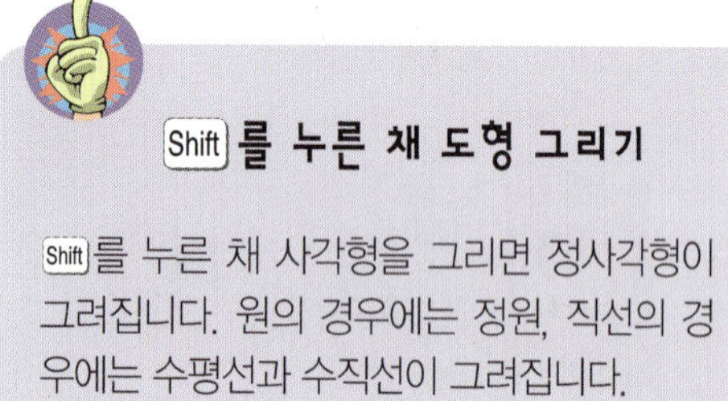

Shift 를 누른 채 도형 그리기

Shift 를 누른 채 사각형을 그리면 정사각형이 그려집니다. 원의 경우에는 정원, 직선의 경우에는 수평선과 수직선이 그려집니다.

③ 작성한 사각형을 선택하고 그리기 도구 모음에서 [3차원 스타일] 아이콘(▣)을 클릭한 후 '3차원 스타일 4'를 선택합니다.

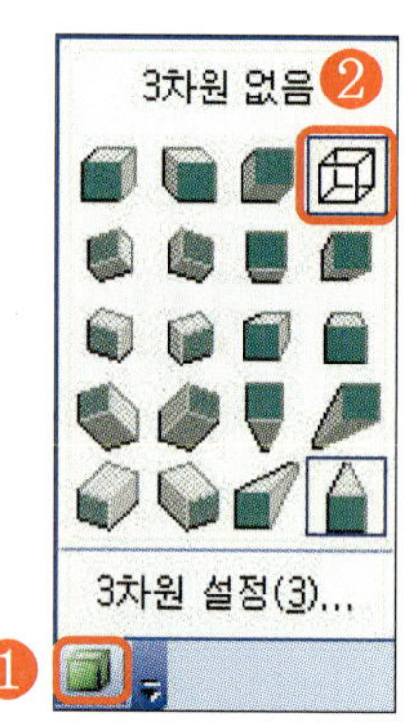

4 사각형이 테두리만 있는 3차원 사각형으로 변경됩니다. [3차원 스타일] 아이콘(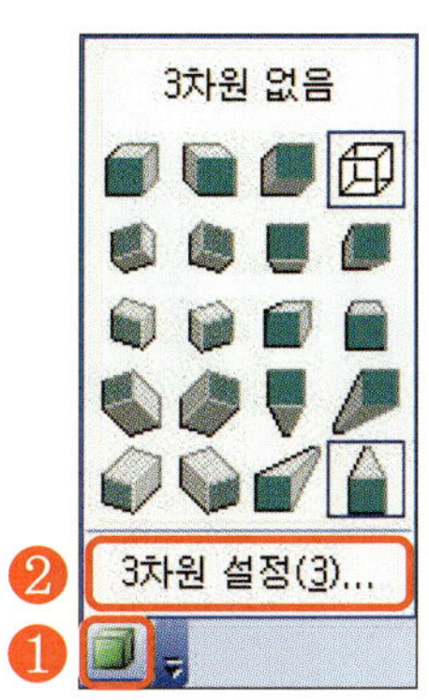)을 다시 클릭한 후 [3차원 설정]을 선택합니다.

5 [3차원 설정] 도구 모음이 표시됩니다. [깊이 조정] 아이콘( )을 클릭한 후 사용자 지정에 '100'을 입력하고 Enter를 누릅니다.

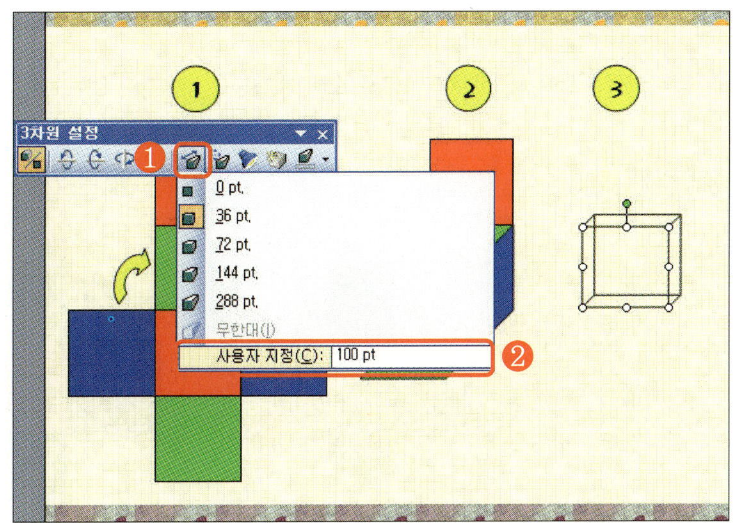

6 다음과 같이 3차원의 깊이가 변경되면 [3차원 설정] 도구 모음을 닫습니다.

7 그리기 도구 모음에서 [직사각형] 아이콘(▢)을 클릭한 후 다음과 같이 드래그하여 사각형을 그리고 채우기 색을 '연두색'으로 변경합니다.

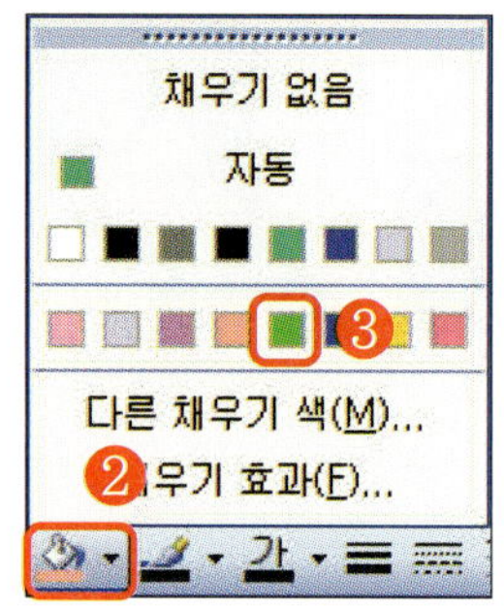

8 사각형을 뒤로 보내기 위해 사각형을 선택한 상태에서 [그리기]–[순서]–[뒤로 보내기]를 클릭합니다.

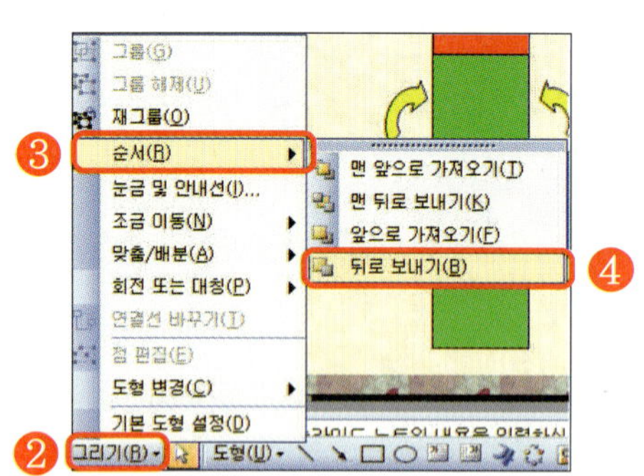

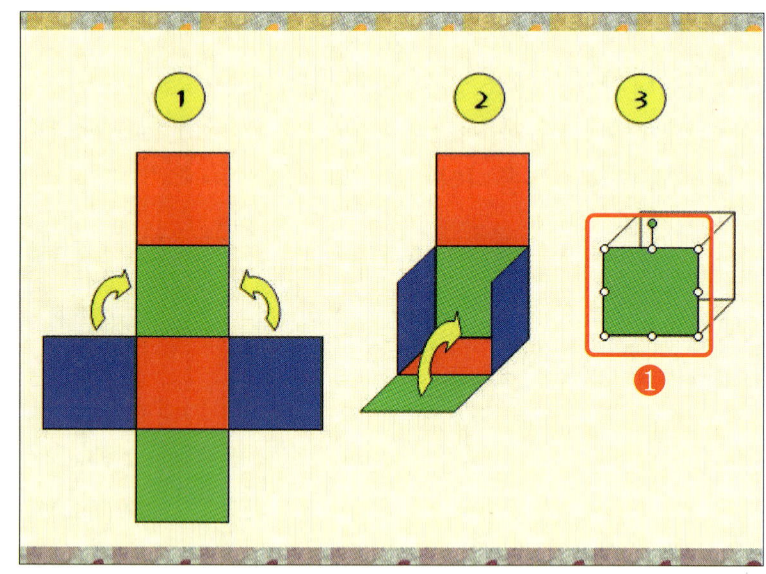

9 윗 변을 감싸는 사각형을 그리기 위해 [도형]–[기본 도형]–[평행 사변형]을 선택합니다.

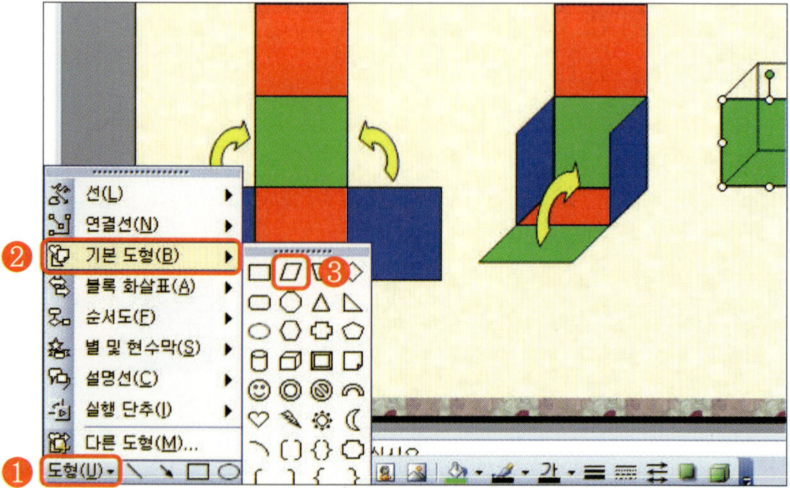

10 다음과 같이 드래그하여 크기와 모양을 조절한 후 색상을 '빨간색'으로 변경하고 [그리기]–[순서]–[뒤로 보내기]를 클릭합니다.

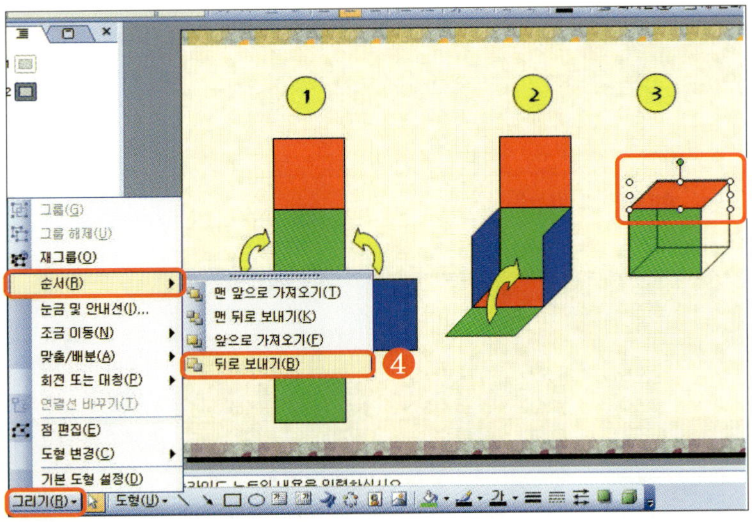

평행 사변형 모양 조절하기

평행 사변형은 일단 드래그하여 그린 후 모양 조절점을 드래그하여 정육면체에 맞도록 변경하는 것이 편리합니다.

11 같은 방법으로 오른쪽 변을 감싸는 평행 사변형을 '파란색'으로 그린 후 [그리기]–[순서]–[뒤로 보내기]를 클릭합니다.

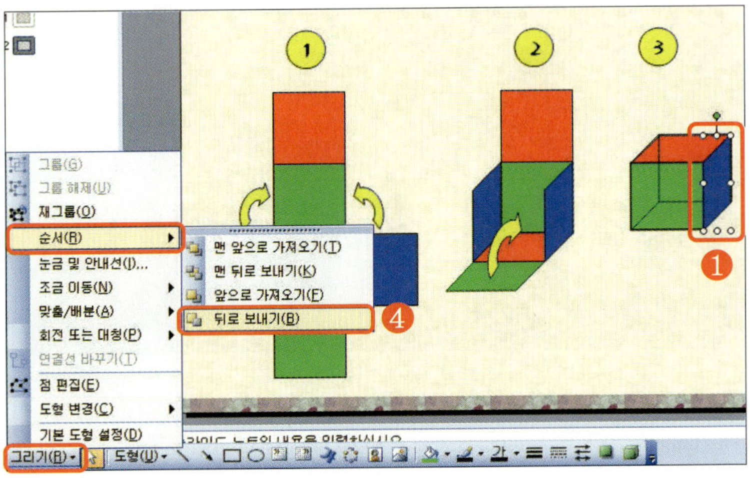

도형 대칭하기

도형을 그린 후 [그리기]–[회전 또는 대칭]에서 원하는 대칭 형태를 선택하면 도형이 대칭됩니다.

12 도형의 모양이 다음과 같이 완성되면 '10-칼라박스 완성.ppt'로 저장합니다.

혼자 수련하기

1. 앨범 꾸미기

❶ '10-앨범.ppt' 파일 열기
❷ 각 그림에 지정된 지시 사항을 수행
❸ '10-앨범 완성.ppt' 로 저장

2. 이런 박물관도 있어요

❶ '10-박물관.ppt' 파일 열기
❷ 두 번째 슬라이드에 지정된 지시 사항을 수행
❸ '10-박물관 완성.ppt' 로 저장

글자는 밋밋하기만 하다구요? 그렇지 않습니다. 워드아트 마법을 이용하면 글자를 화려하면서도 다채로운 그림 글자로 변신시킬 수 있습니다. 단순히 글자만 사용한 슬라이드에 워드아트를 사용하면 좀 더 예쁘면서도 사람들의 시선을 확 끌 수 있게 됩니다. 자! 그럼 워드아트의 매력 속으로 빠져볼까요?

오! 필승! 코리아

- 워드아트를 삽입해 보자.
- 워드아트에 서식을 설정해 보자.
- 워드아트에 3차원 스타일을 적용해 보자.

01. 워드아트 삽입하기

1 '11-오필승.ppt'를 불러 온 후 워드아트를 삽입하기 위해 [WordArt 삽입] 아이콘(🌠)을 클릭합니다.

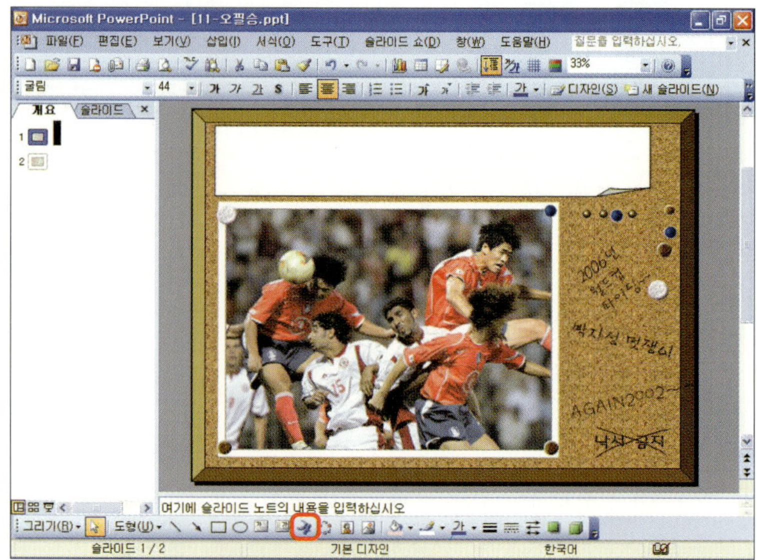

2 [WordArt 갤러리] 대화 상자가 표시되면 다음과 같은 WordArt 스타일을 선택하고 [확인] 단추를 클릭합니다.

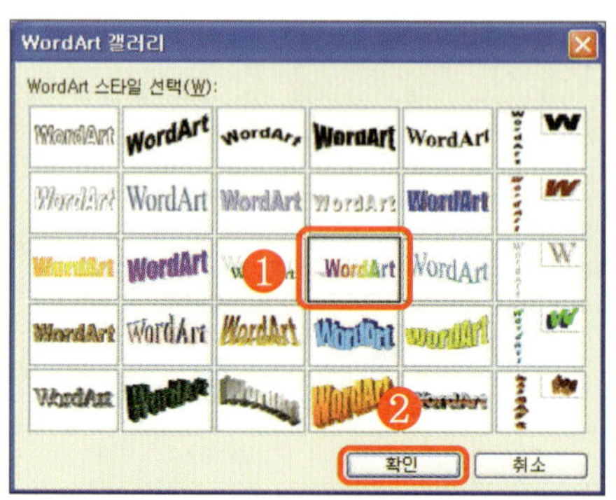

3 [WordArt 텍스트 편집] 대화 상자가 표시되면 글꼴은 'MD 이솝체'로 선택하고 '굵게'를 클릭한 후, "오!필승!코리아"를 입력하고 [확인] 단추를 클릭합니다.

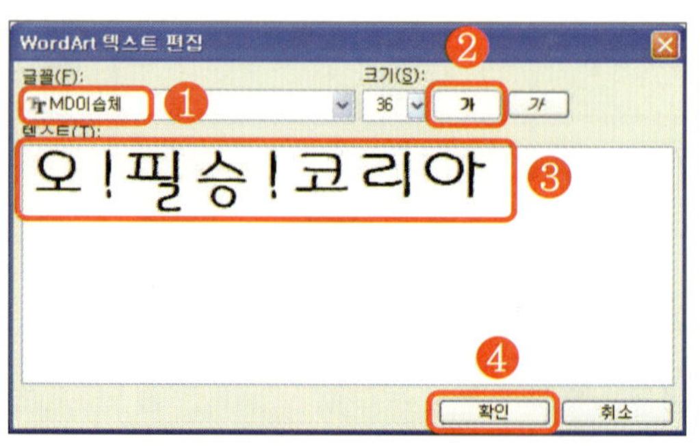

4 다음과 같이 워드아트가 삽입되고 [WordArt] 도구 모음이 자동으로 표시됩니다.

02. 워드아트 서식 설정하기

1 삽입된 워드아트를 마우스로 드래그하여 위치와 크기를 다음과 같이 조절한 후 모양을 변경하기 위해 [WordArt] 도구 모음에서 [WordArt 도형] 아이콘(가)을 클릭합니다.

2 스타일의 종류가 표시되면 '이중 물결 1'을 클릭합니다.

워드아트 모양 변경하기

워드아트를 선택했을 때 노란색의 모양 변경점이 표시된다면 이를 드래그하여 모양을 변경할 수 있습니다.

3 두 번째 슬라이드로 전환한 후 [WordArt 삽입] 아이콘(　)을 클릭합니다.

④ [WordArt 갤러리] 대화 상자에서 다음과 같은 WordArt 스타일을 선택하고 [확인] 단추를 클릭합니다.

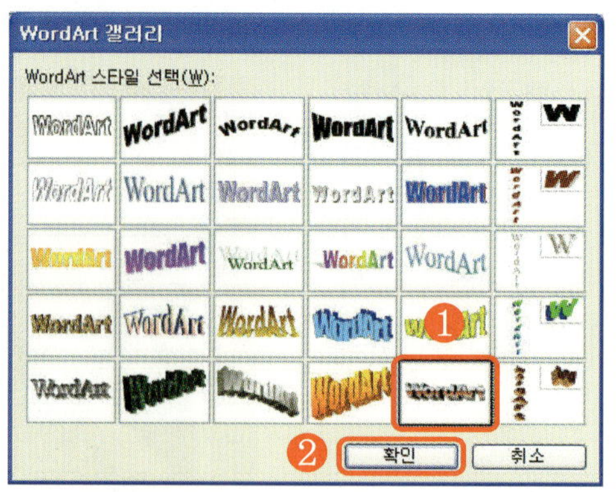

⑤ [WordArt 텍스트 편집] 대화 상자가 표시되면 글꼴은 'HY 얕은샘물M'으로 선택하고, 다음과 같은 내용을 입력한 후 [확인] 단추를 클릭합니다.

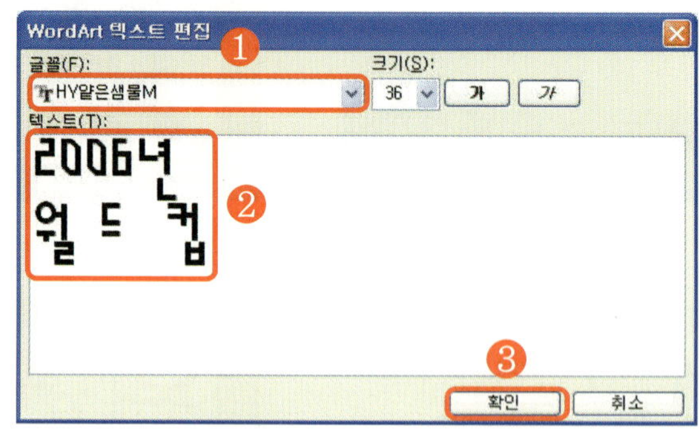

⑥ 워드아트가 삽입되면 위치와 크기를 다음과 같이 조절한 후 다시 [WordArt 삽입] 아이콘( )을 클릭합니다.

⑦ [WordArt 갤러리] 대화 상자에서 다음과 같은 WordArt 스타일을 선택하고 [확인] 단추를 클릭합니다.

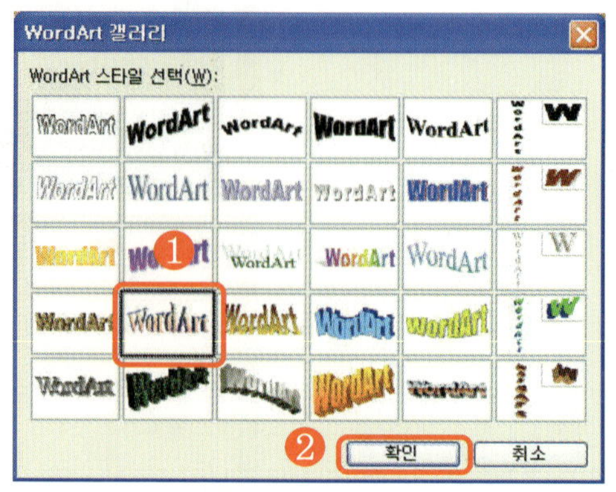

8 [WordArt 텍스트 편집] 대화 상자가 표시되면 글꼴은 'HY 엽서L'로 선택하고 '굵게'를 클릭한 후 다음과 같은 내용을 입력하고 [확인] 단추를 클릭합니다.

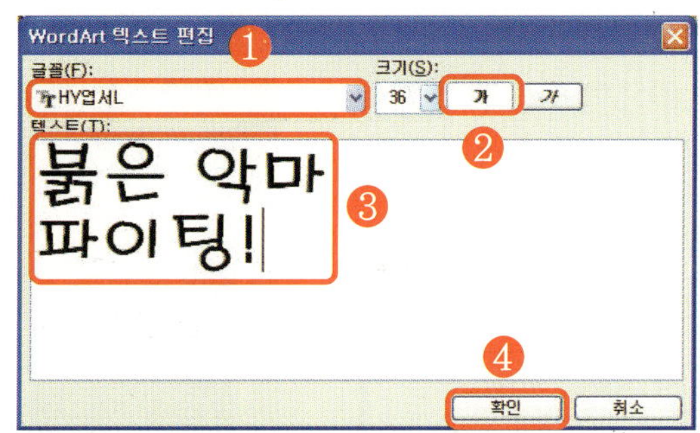

9 다음과 같이 삽입된 워드아트의 크기와 위치를 조절한 후 [WordArt 도형] 아이콘(가)을 클릭하고 [휘어 내려가기]를 클릭합니다.

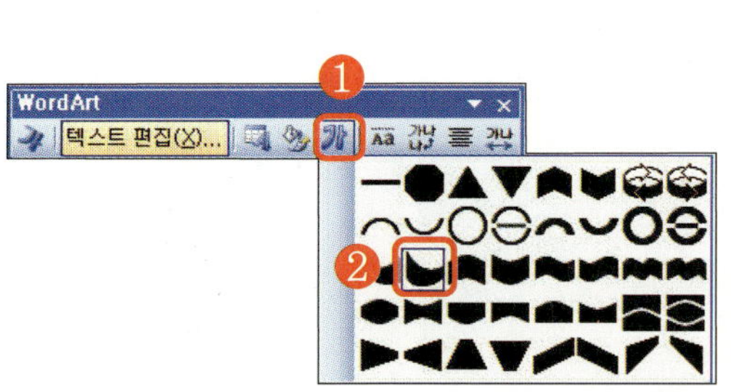

10 다음과 같이 워드아트의 모양이 변경됩니다.

실수 되돌리기

실수로 다른 도형이나 그림의 위치를 이동시켰다면 파워포인트의 실행 취소 기능을 이용하여 되돌릴 수 있습니다. 표준 도구 모음에서 [실행 취소] 아이콘(↺ ▾)을 클릭하면 작업이 취소되고 전단계로 돌아갑니다.

03. 워드아트에 3차원 스타일 적용하기

1 두 번째 슬라이드의 첫 번째 워드아트를 선택하고 [3차원 스타일] 아이콘(▣)을 클릭한 후 '3차원 스타일 15'를 선택합니다.

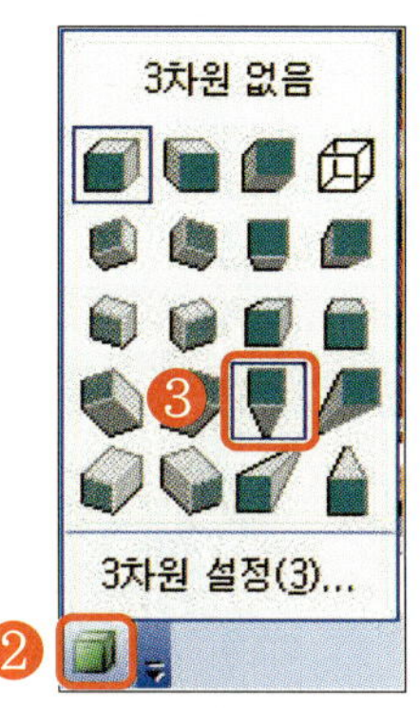

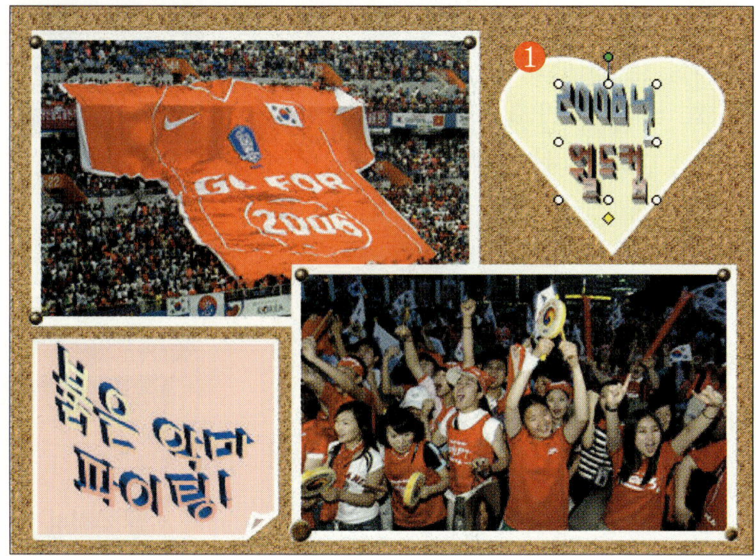

2 다음과 같이 워드아트에 선택한 3차원 스타일이 적용됩니다. '11-오필승 완성.ppt'로 저장합니다.

혼자 수련하기

1. 세계 7대 불가사의

워드아트 삽입, HY 목각파임B, 36pt

❶ '11-불가사의.ppt' 파일 열기
❷ 지정된 지시 사항을 수행
❸ '11-불가사의 완성.ppt' 로 저장

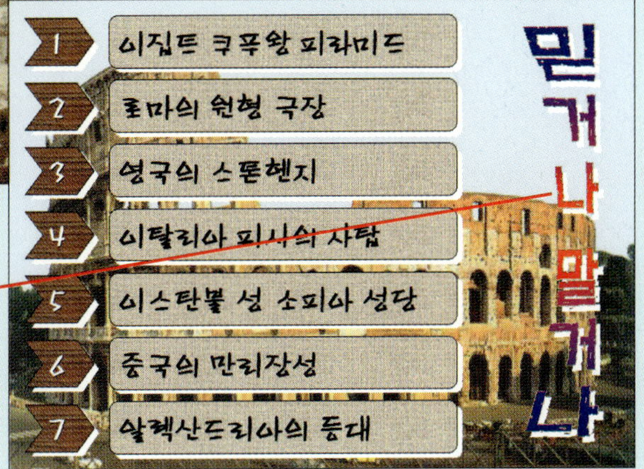

워드아트 삽입, HY목각파임B, 36pt, 그라데이션 효과(기본 설정 색 : 이른 해질녘), ▰ 모양, 그림자 스타일 6, 그림자 색 : 흰색

2. 호키 포키(Hocky Pocky)

워드아트 삽입, HY 엽서M, 36pt

워드아트 삽입, Elephant, 36pt

워드아트를 이용하여 A, B, C를 작성(Arial Rounded MT Bold, 36pt, 맨 뒤로 보내기)

❶ '11-호키포키.ppt' 파일 열기
❷ 지정된 지시 사항을 수행
❸ '11-호키포키 완성.ppt' 로 저장

12

이번 달은 이렇게 살아요

- 표를 삽입해 보자.
- 줄, 칸의 크기를 조절해 보자.
- 표 서식을 설정해 보자.

일	월	화	수	목	금	토
		❶	❷	❸	❹	❺
❻	❼	❽	❾	❿	⓫	⓬
⓭	⓮	⓯	⓰	⓱	⓲	⓳
⓴	㉑	㉒	㉓	㉔	㉕	㉖
㉗	㉘	㉙	㉚	㉛		

01. 슬라이드에 표 삽입하기

1 '12-계획.ppt'를 불러 온 후 [새 슬라이드] 아이콘(새 슬라이드(N))을 클릭하고 [슬라이드 레이아웃] 작업창이 열리면 '제목 및 표'를 선택합니다.

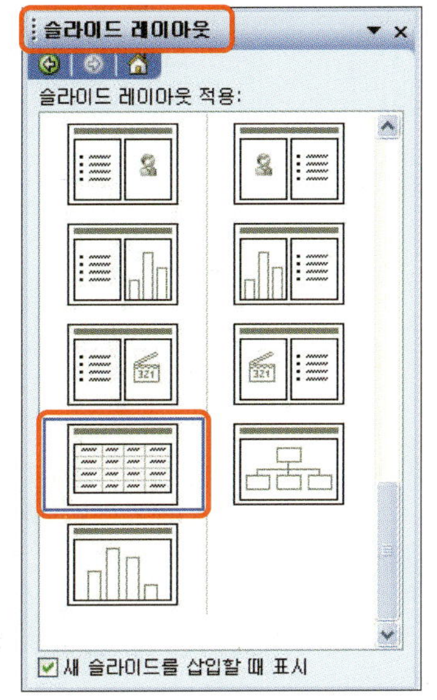

2 새로운 슬라이드가 삽입되면 제목을 입력하고 '표를 추가하려면 두 번 클릭하십시오'를 더블 클릭합니다. [표 삽입] 대화 상자가 표시되면 열 개수는 '7', 행 개수는 '6'을 지정하고 [확인] 단추를 클릭합니다.

3 7열 6행의 표가 삽입됩니다. 표가 삽입되면 자동으로 '표 그리기' 상태가 되므로 먼저 Esc를 눌러 표 그리기 상태를 해제합니다.

02. 표 이동과 줄 높이 조절하기

1 표를 좀 더 크게 만들기 위해 먼저 제목을 위로 드래그하여 이동시킨 후 표의 바깥쪽 테두리에 마우스 포인터를 위치시킵니다.

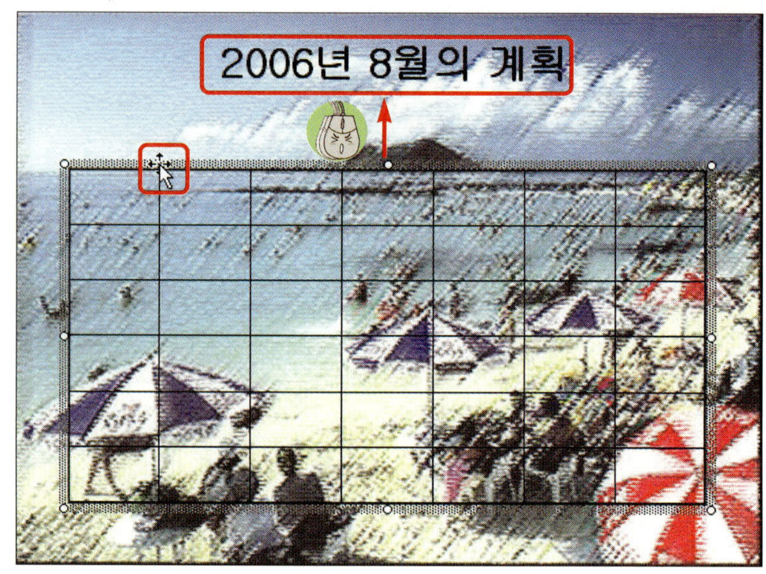

2 이때 드래그하면 표가 위쪽으로 이동됩니다.

3 표의 아래 조절점에 마우스 포인터를 위치시키고 아래로 드래그하여 표 전체의 행 높이를 조절합니다.

 **행 높이 조절하기**

각 행의 테두리에 마우스 포인터를 위치시키면 포인터가 ⬍ 모양으로 변경됩니다. 이때 드래그하면 행 높이를 줄이거나 늘릴 수 있습니다.

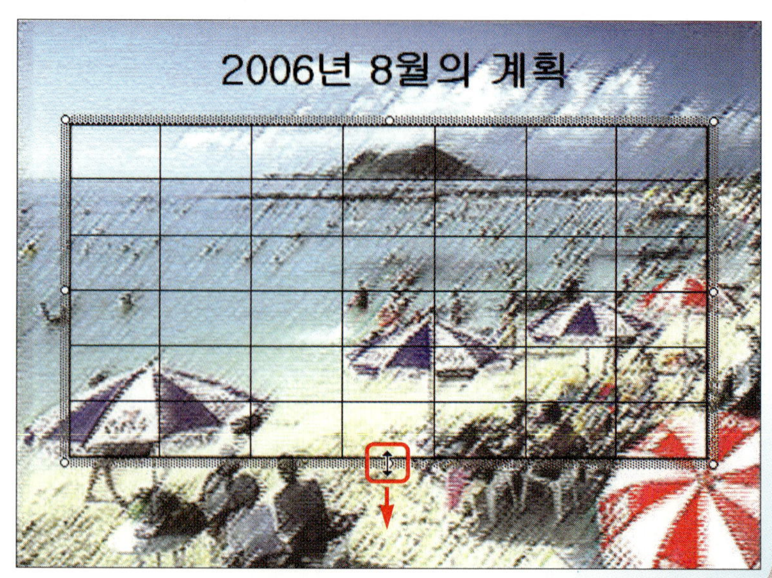

03. 표에 데이터 입력하기

다음과 같이 각 요일을 입력합니다. 각 셀에 데이터를 입력할 때는 방향키나 마우스를 이용하여 먼저 해당 셀을 선택하고 데이터를 입력합니다.

셀

행과 열이 만나서 생기는 사각형을 '셀'이라고 합니다.

마우스를 드래그하여 첫 번째 행을 모두 블록으로 설정한 후 글꼴을 'MD이솝체'로 변경하고 [굵게] 아이콘(**가**)을 클릭합니다.

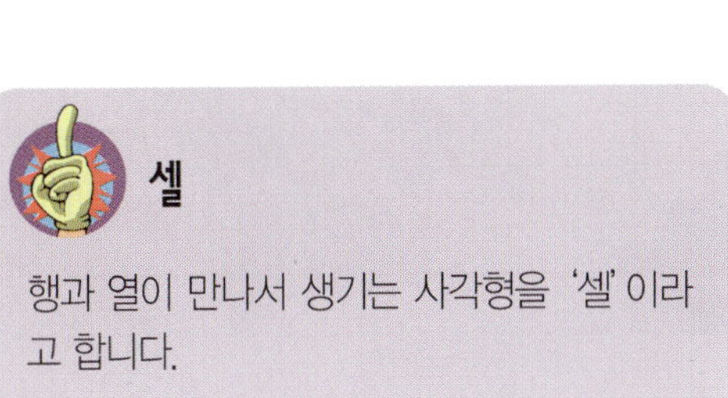

'일'이 입력된 셀만 블록으로 설정하고 글자색을 '빨강'으로 변경합니다. '토'가 입력된 셀의 글자색은 '파랑'으로 변경합니다.

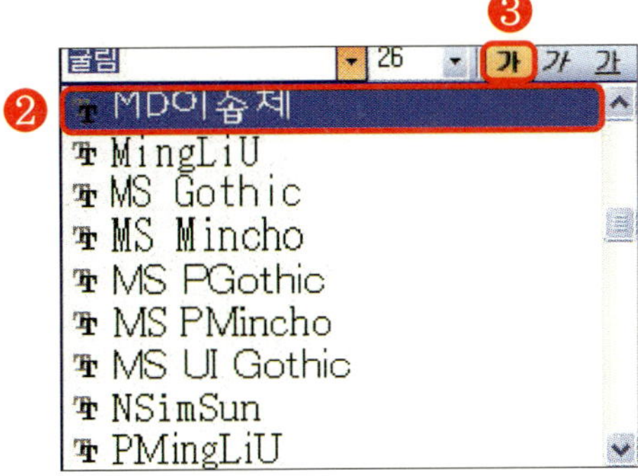

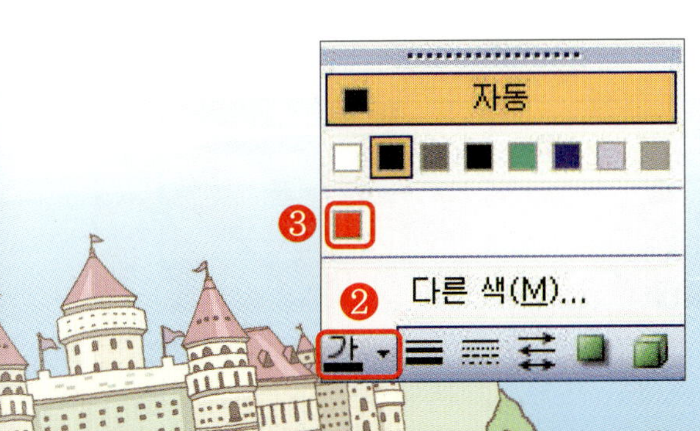

4 그리기 도구 모음에서 [타원] 아이콘(◯)을 클릭하여 Shift를 누른 채 드래그하여 정원을 그리고 채우기 색을 '텍스트와 선 색 적용' 으로 변경합니다.

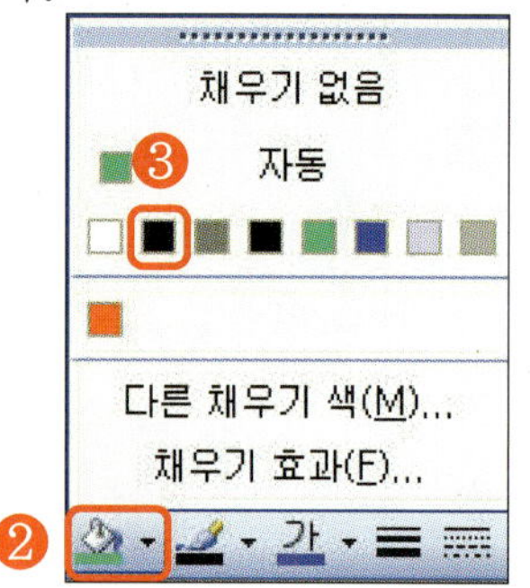

5 작성한 원을 선택한 상태에서 글꼴은 '굴림', 글자 크기는 '20', '굵게', 글자색은 '배경색 적용' 으로 변경하고 숫자 '1'을 입력합니다.

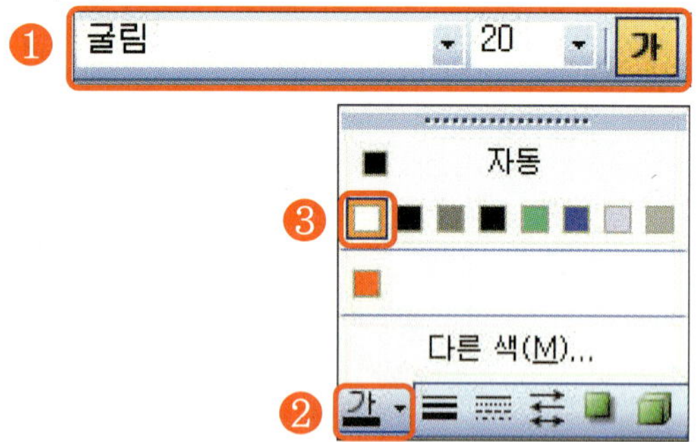

6 Ctrl을 누른 채 드래그하여 첫째 줄에 모두 복사합니다.

7 [Shift]를 이용하여 5개의 원을 선택한 후 [Ctrl]을 누른 채 아래 줄에 복사합니다. 같은 방법으로 마지막 줄의 네 번째 칸까지 복사합니다.

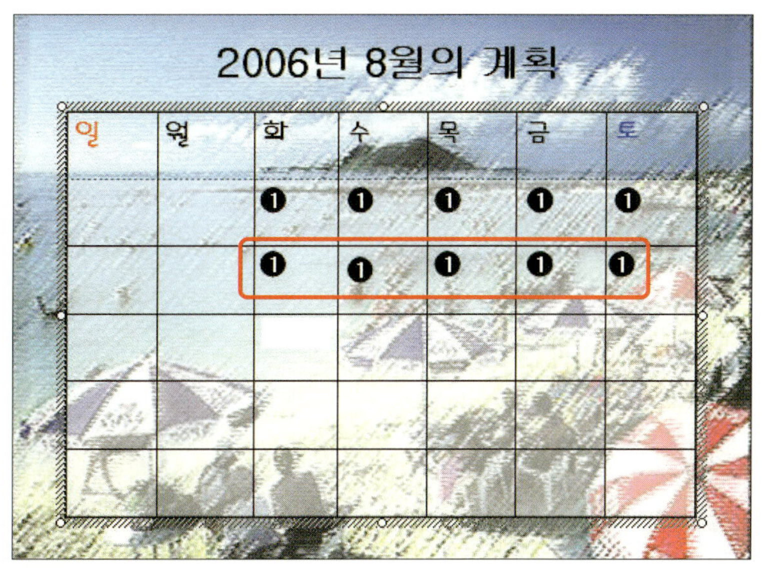

8 각 원의 숫자를 수정합니다.

9 토요일에 해당하는 원의 채우기 색은 '파랑' 으로 변경하고 일요일에 해당하는 원의 채우기 색은 '빨강' 으로 변경합니다.

04. 정렬 방식과 채우기 방식 변경하기

1 마우스로 드래그하여 첫 줄을 블록으로 설정한 후 [가운데 맞춤] 아이콘(▤)을 클릭하여 가운데로 정렬합니다.

2 계속하여 [표 및 테두리] 도구 모음의 [세로 가운데 맞춤] 아이콘(▤)을 클릭합니다.

[표 및 테두리] 도구 모음이 표시되지 않으면

표 안에 커서가 있는 상태에서 [보기]-[도구 모음]-[표 및 테두리]를 클릭합니다.

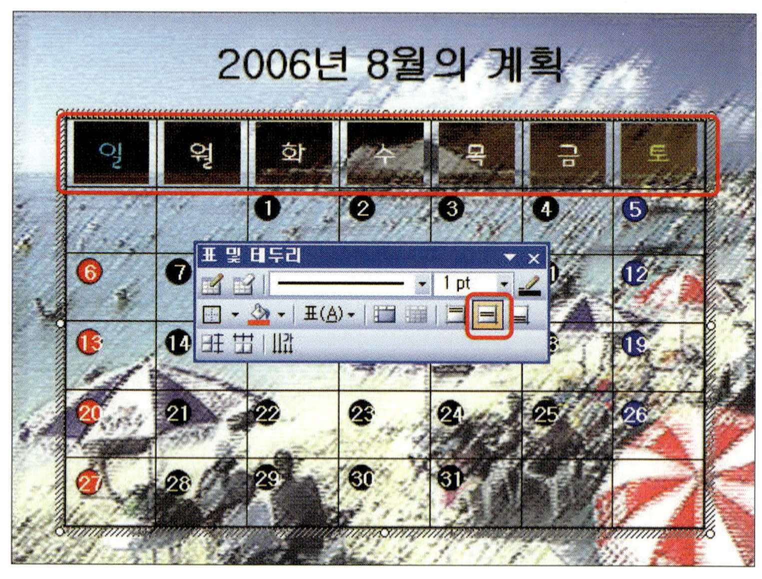

3 첫 번째 줄의 채우기 색을 변경하기 위해 [채우기 색] 아이콘(▨)의 내림 단추를 클릭한 후 '강조/하이퍼링크 색 적용'을 선택합니다.

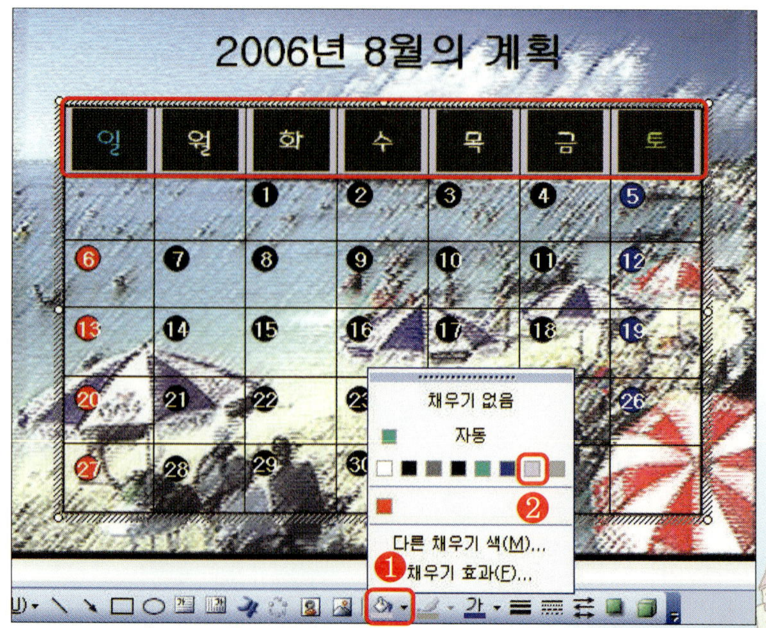

4 이번에는 첫 번째 줄을 제외한 나머지 줄을 모두 블록으로 설정한 후 [채우기 색] 아이콘( )의 내림 단추를 클릭하고 '배경색 적용'을 선택합니다.

5 마우스 오른쪽 단추를 클릭한 후 [테두리와 채우기]를 선택합니다.

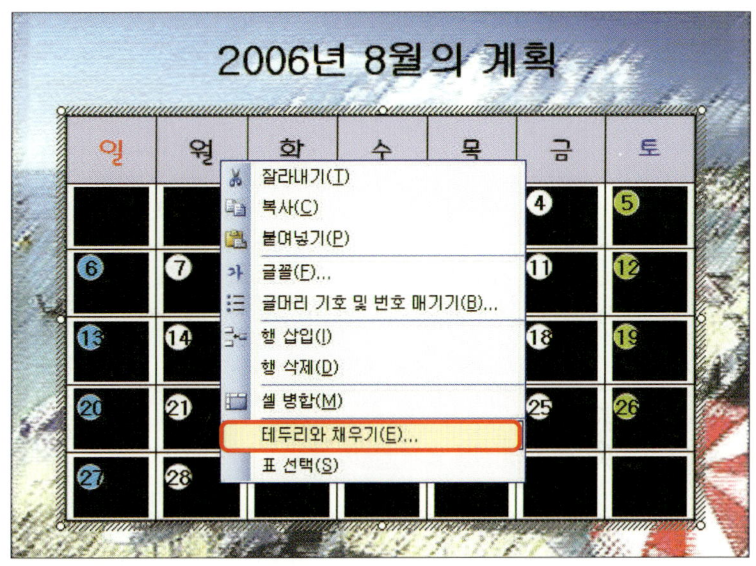

6 [표 서식] 대화 상자가 표시되면 [채우기] 탭으로 전환한 후 '반투명'을 체크하고 [확인] 단추를 클릭합니다.

[표 서식] 대화 상자

[표 서식] 대화 상자에서는 표를 구성하는 각 셀의 테두리와 채우기 색을 한 번에 변경할 수 있습니다.

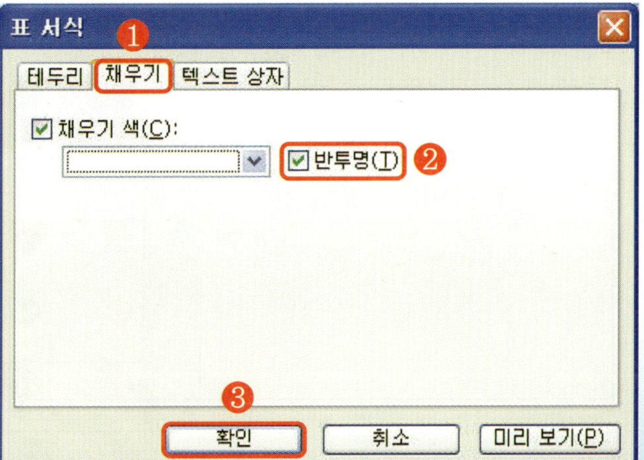

05. 셀 합치기와 선 모양 변경하기

1 7일에서 9일에 해당하는 셀을 블록으로 설정하고 [표 및 테두리] 도구 모음에서 [셀 병합] 아이콘(🔲)을 클릭합니다.

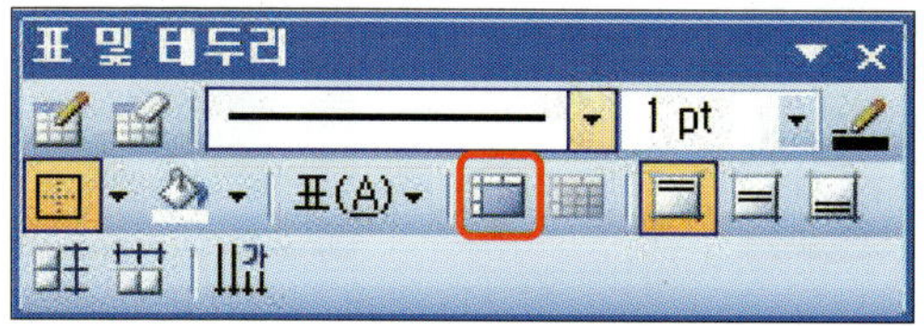

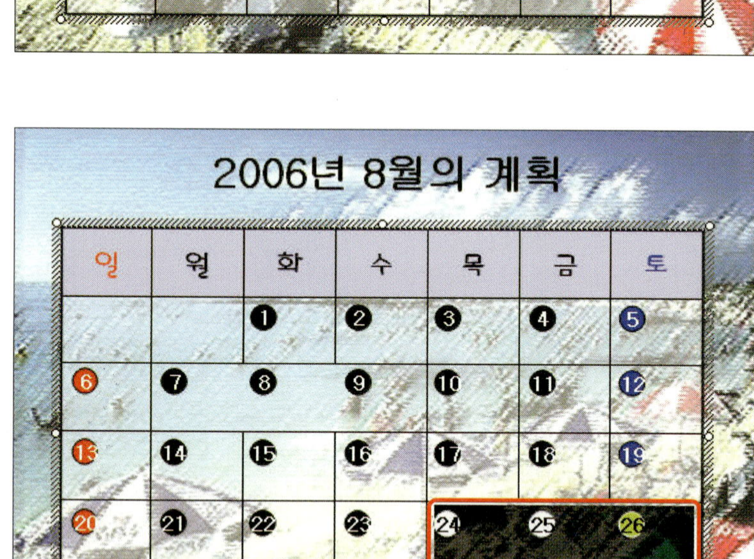

2 24일에서 26일에 해당하는 셀도 같은 방법으로 병합합니다.

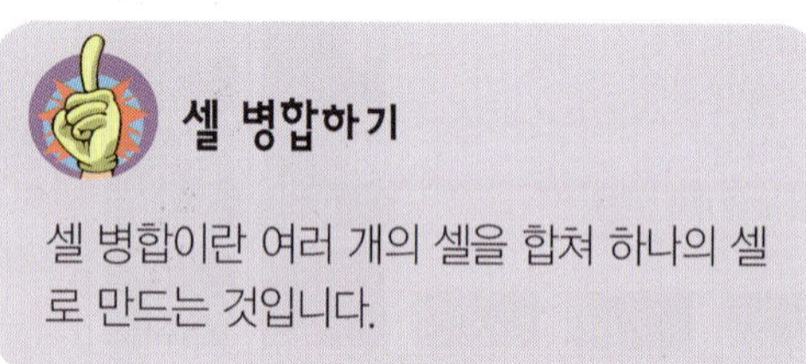

셀 병합하기

셀 병합이란 여러 개의 셀을 합쳐 하나의 셀로 만드는 것입니다.

3 표의 첫 번째 행 아래 테두리를 점선으로 만들기 위해 첫 번째 줄을 블록으로 설정한 후 마우스 오른쪽 단추를 클릭하여 [테두리와 채우기]를 선택합니다.

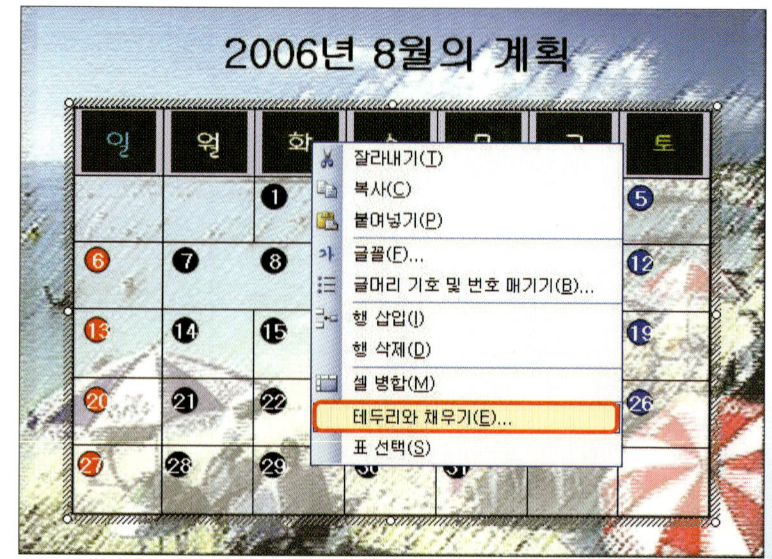

4 [표 서식] 대화 상자가 표시되면 [테두리] 탭에서 스타일을 점선으로 선택하고 ▦ 아이콘을 눌렀다가 다시 클릭한 후 [확인] 단추를 선택합니다.

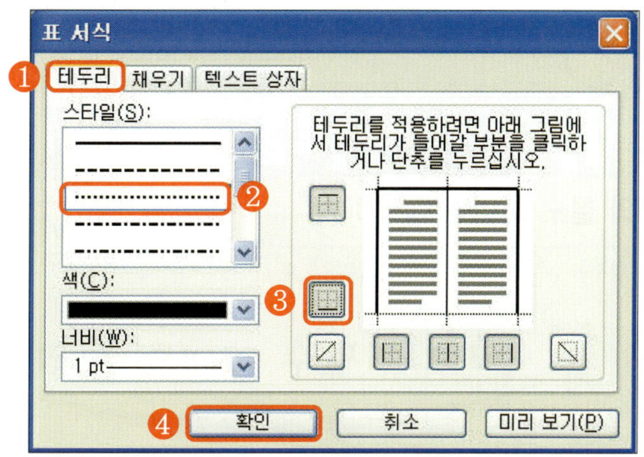

5 블록을 해제하면 다음과 같이 테두리가 변경되어 있는 것을 확인할 수 있습니다. '12-계획 완성. ppt' 로 저장합니다.

혼자 수련하기

1. 레미의 필수 아이템 정리하기

셀 병합 후 [12강] 폴더의 '레미.gif' 삽입

셀의 테두리를 점선으로 설정

셀을 두 행씩 병합한 후 [12강] 폴더의 '마법랩.gif', '플라워마술봉.gif', '플라워폰.gif' 삽입

행 높이를 조절한 후 텍스트 입력

❶ '12-아이템정리.ppt' 파일 열기
❷ 3열, 7행의 표 삽입
❸ 지정된 지시 사항을 수행
❹ '12-아이템정리 완성.ppt'로 저장

2. 가야시대 유물 알아보기

유물명	차륜식토기	유물명	기마인물형토기
지정	보물 637호	지정	국보 275호

셀 병합 후 [12강] 폴더의 '차륜형토기.gif', '기마인물형토기.gif' 삽입

열 너비를 조절하고 질감 채우기(파피루스)

❶ '12-유물정리.ppt' 파일 열기
❷ 4열, 3행의 표 삽입
❸ 지정된 지시 사항을 수행
❹ '12-유물정리 완성.ppt'로 저장

도토리 키재기

- 차트를 삽입해 보자.
- 차트 종류를 변경해 보자.
- 차트의 서식을 설정해 보자.

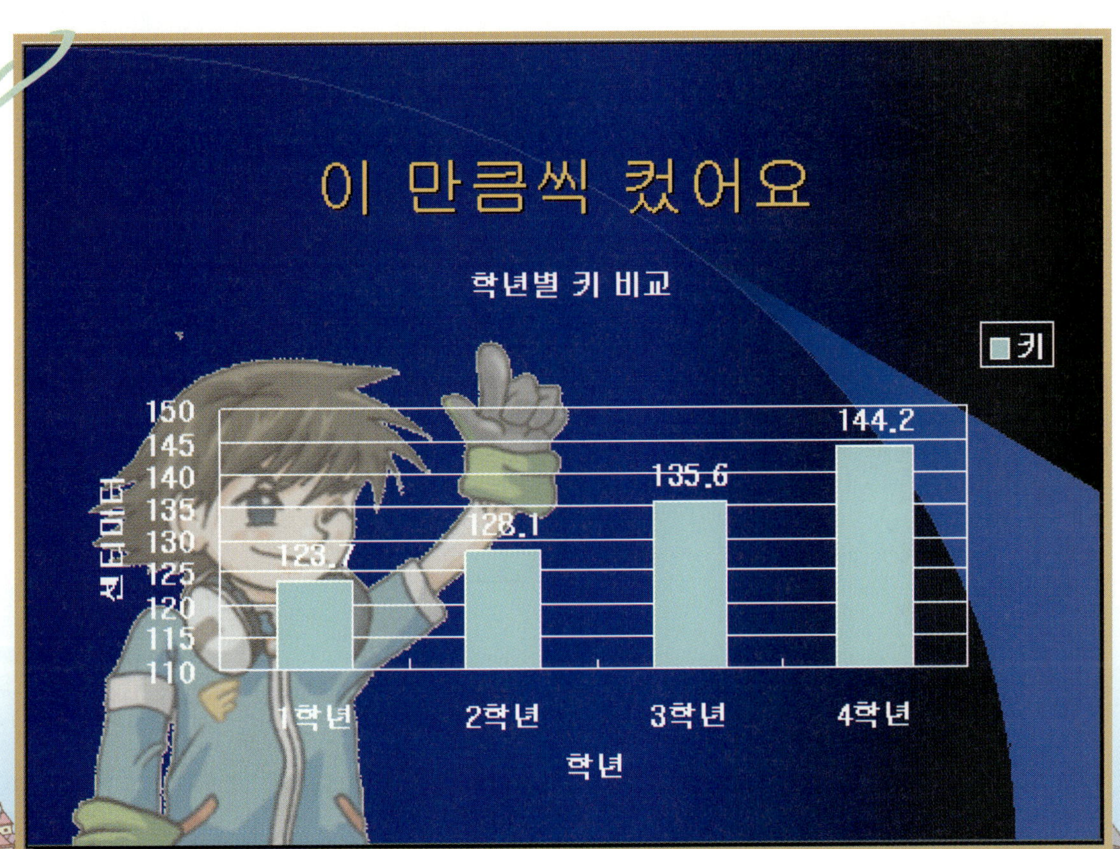

01. 차트 삽입하기

1 '13-컴짱의키재기.ppt'를 열고 [새 슬라이드] 아이콘 (새 슬라이드(N))을 클릭합니다. '제목 및 차트'를 선택하여 새 슬라이드를 삽입합니다.

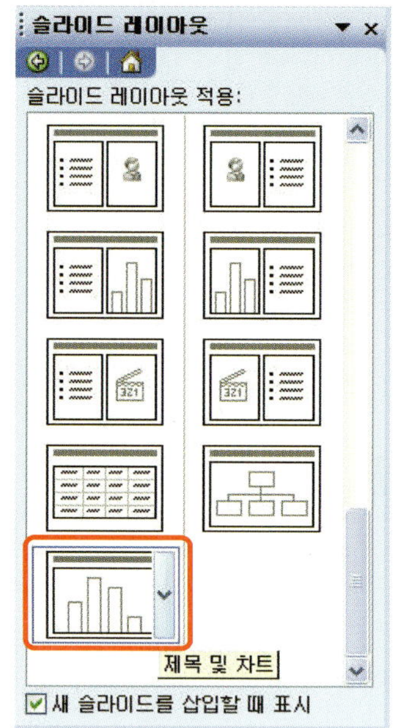

2 새로운 슬라이드가 삽입되면 다음과 같이 제목을 입력한 후 '차트를 추가하려면 두 번 클릭하십시오'를 더블 클릭합니다.

> **차트 삽입하기**
>
> [슬라이드 레이아웃]에서 차트가 있는 슬라이드를 선택하지 않고 기존의 슬라이드에 차트를 추가하려면 [삽입]-[차트]를 클릭합니다.

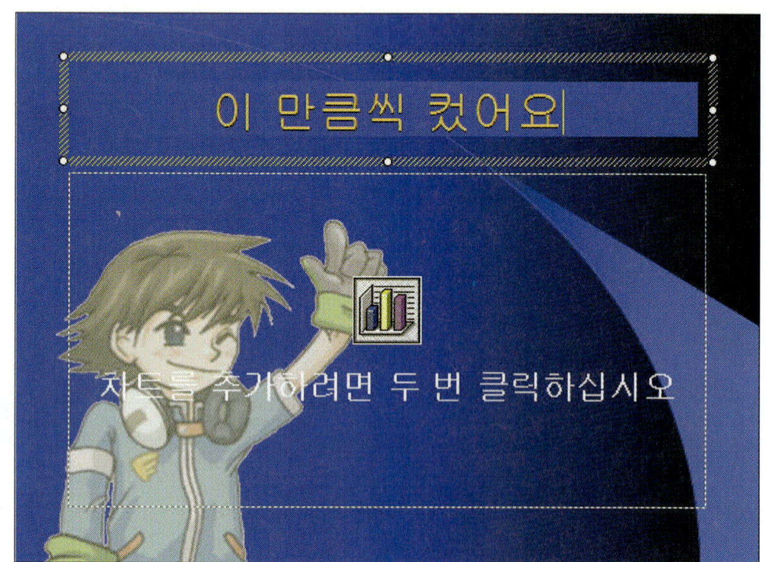

3 차트가 삽입되면서 예제 데이터가 자동으로 표시됩니다. 데이터시트에서 모든 셀 선택 단추를 클릭합니다.

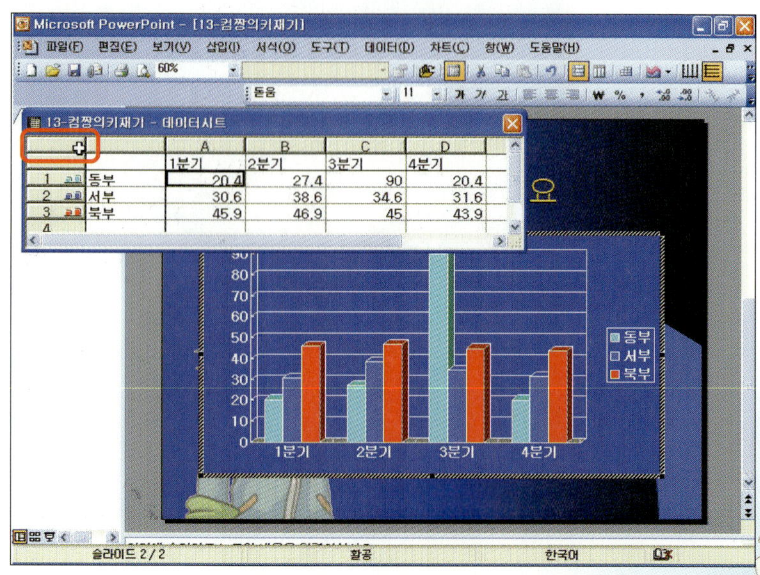

④ 모든 셀이 선택되면 마우스 오른쪽 단추를 클릭한 후 [삭제]를 선택합니다.

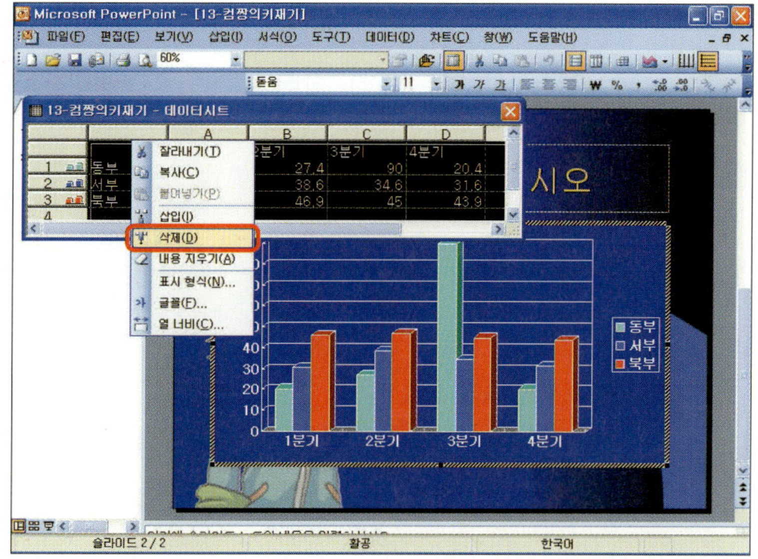

⑤ 데이터가 삭제되면 데이터시트에 다음과 같은 데이터를 입력합니다.

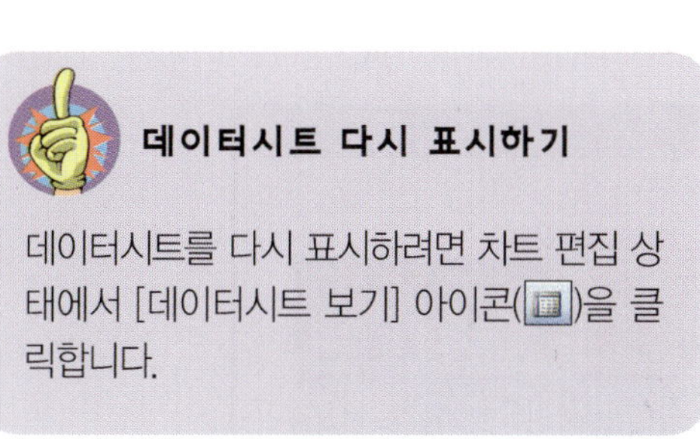

02. 차트 위치와 크기 조절하기

① 입력한 데이터에 맞는 차트가 만들어졌습니다. 차트 작업을 쉽게 하기 위해 일단 데이터시트를 닫습니다.

데이터시트 다시 표시하기

데이터시트를 다시 표시하려면 차트 편집 상태에서 [데이터시트 보기] 아이콘(▥)을 클릭합니다.

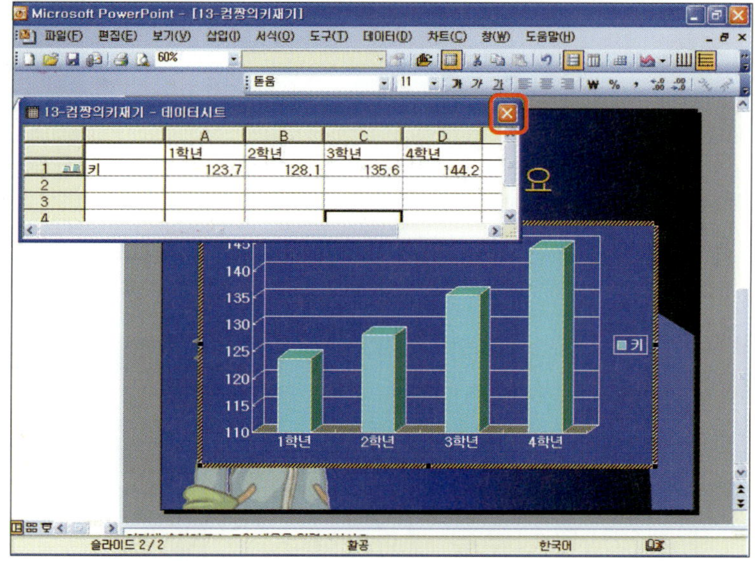

차트 바깥쪽을 클릭해서 차트 편집 상태를 빠져 나온 후 차트를 선택합니다. 차트를 드래그하여 위치를 이동시키고 조절점을 드래그하여 크기를 약간 키웁니다.

차트 위치와 크기 조절하기

차트 위치와 크기 조절은 차트 편집 상태에서도 할 수 있습니다.

03. 차트 종류 변경하기

차트 종류를 변경하기 위해 차트를 더블 클릭하여 차트 편집 상태를 만든 후 차트를 마우스 오른쪽 단추로 클릭하고 [차트 종류]를 선택합니다.

차트 편집 상태

차트에 관련된 세부 설정을 변경하려면 차트를 더블 클릭하여 차트 편집 상태를 만들어야 합니다.

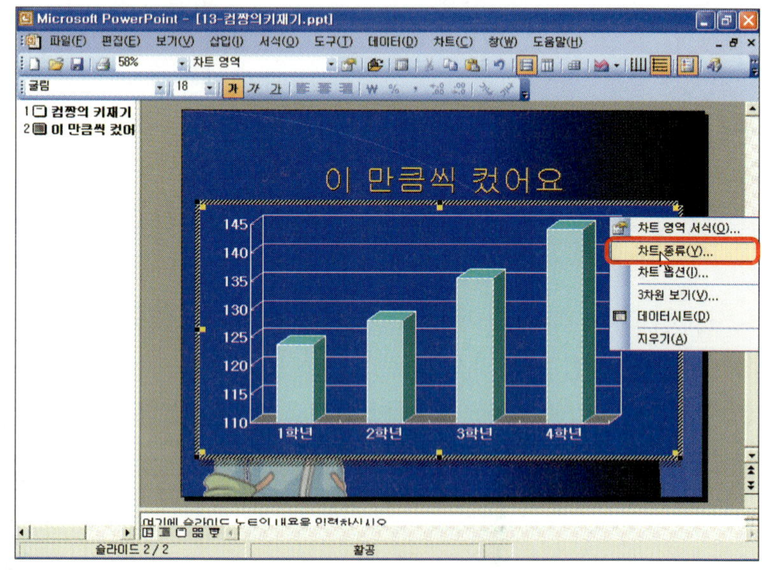

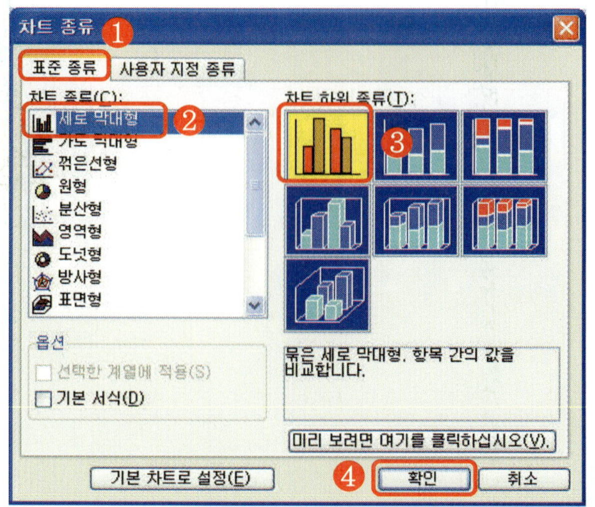

[차트 종류] 대화 상자가 표시되면 [표준 종류] 탭의 차트 종류에서 '세로 막대형'을, 차트 하위 종류에서 '묶은 세로 막대형'을 선택하고 [확인] 단추를 클릭합니다. 차트의 종류가 변경됩니다.

04. 차트 서식 설정하기

1 차트를 마우스 오른쪽 단추로 클릭한 후 [차트 옵션]을 클릭합니다.

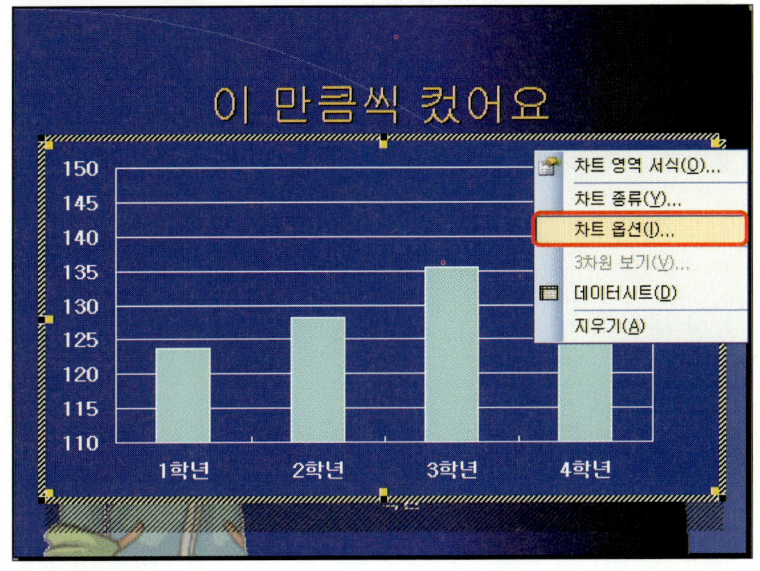

2 [제목] 탭의 차트 제목에는 '학년별 키 비교', X 축 제목에는 '학년', Y 축 제목에는 '센티미터'를 입력합니다.

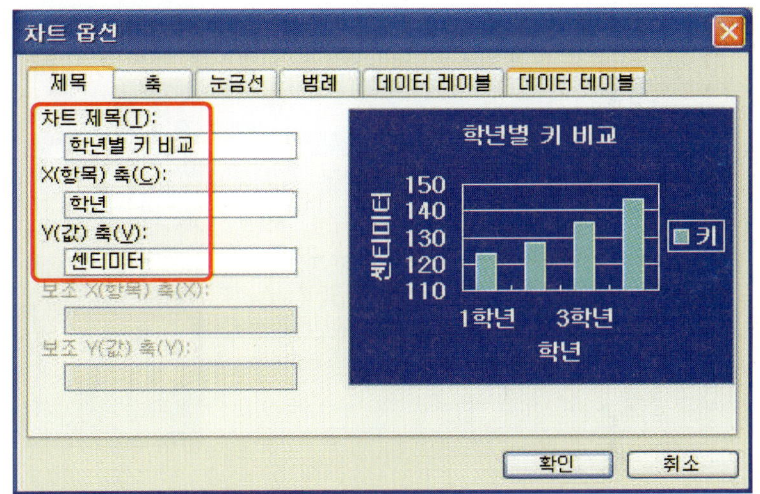

3 [범례] 탭을 클릭하고 배치를 '모서리'로 선택합니다.

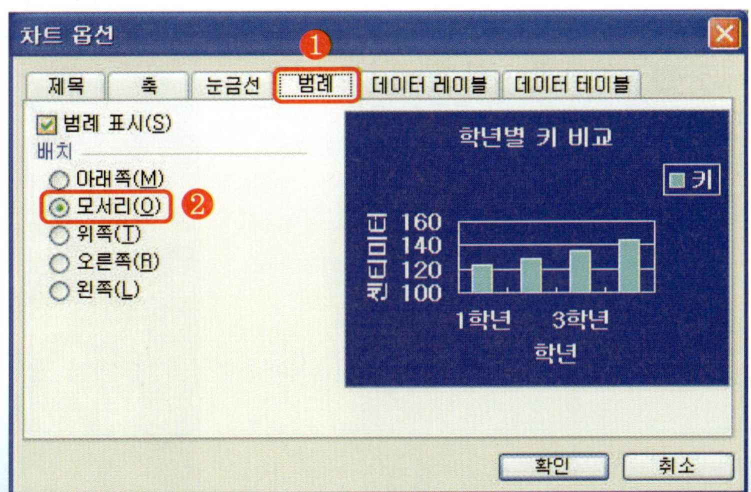

4 [데이터 레이블] 탭을 클릭하고 레이블 내용의 '값'을 체크한 후 [확인] 단추를 클릭합니다.

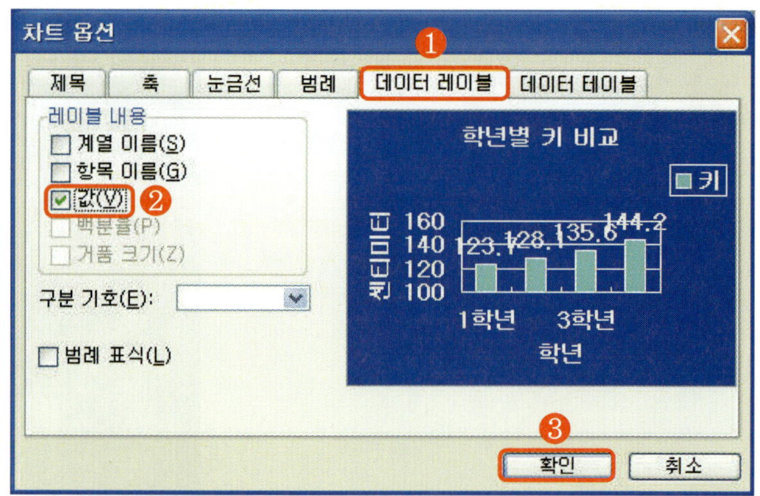

5 다음과 같이 차트의 옵션이 설정됩니다.

Y 축의 키가 5센티미터 단위가 아닐 때는

Y 축 숫자 부분에서 마우스를 더블 클릭하면 [축 서식] 대화 상자가 열립니다. [눈금] 탭에서 Y(값) 축 눈금의 주 단위를 5로 입력하고 [확인] 단추를 클릭하면 Y 축의 센티미터 단위가 변경됩니다.

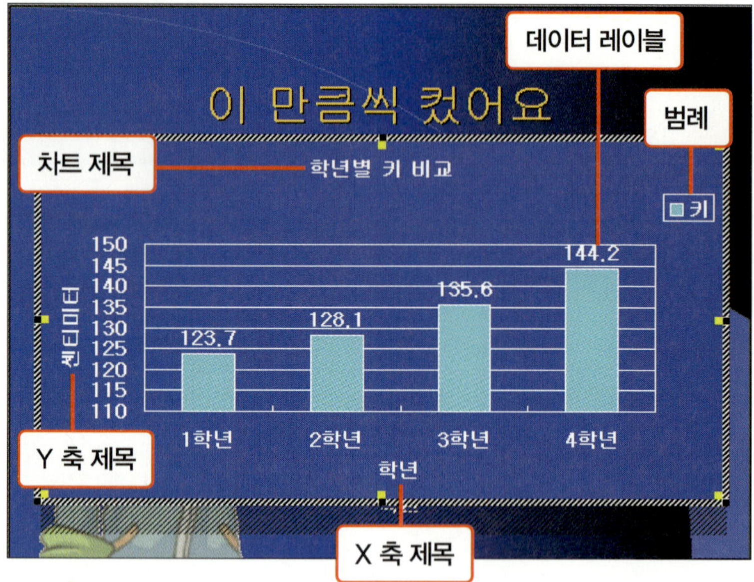

6 차트 바깥쪽을 클릭하여 차트 편집 상태를 빠져 나온 후 '13-컴짱의키재기 완성.ppt'로 저장합니다.

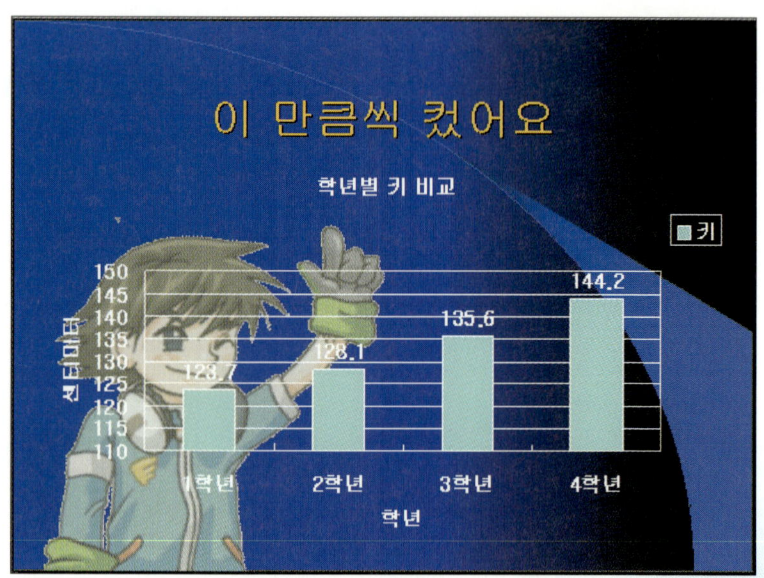

혼자 수련하기

1. 급식 괜찮아요?

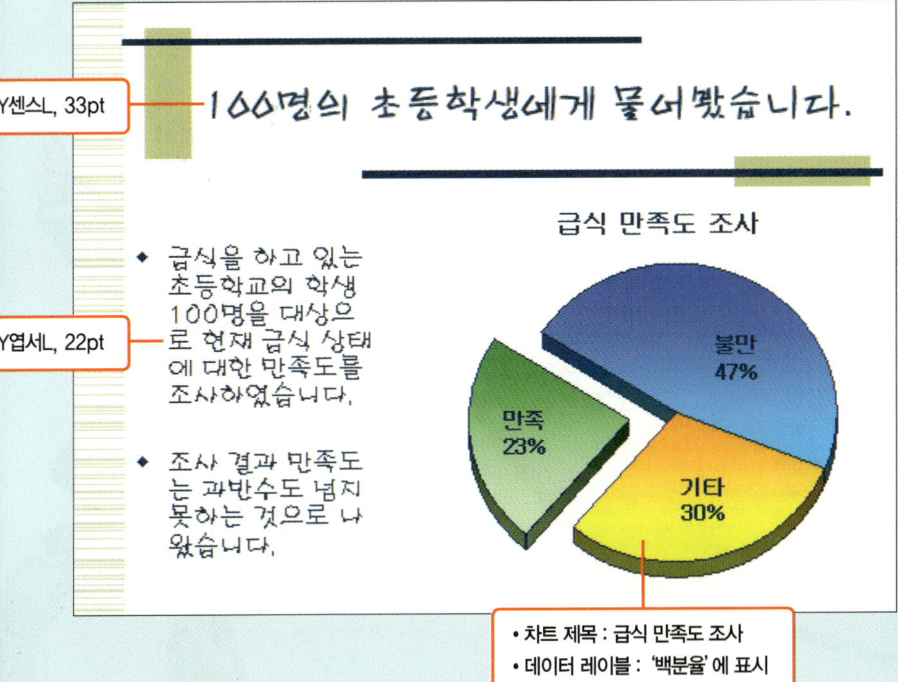

❶ '13-설문조사.ppt' 파일 열기
❷ 두 번째 슬라이드에 제목과 텍스트의 내용을 입력하고 지정된 지시 사항을 수행
❸ 차트의 각 데이터 요소 서식에 지정된 지시 사항을 수행
❹ '13-설문조사 완성.ppt'로 저장

2. 사과 생산량 비교

❶ '13-사과생산량비교.ppt' 파일 열기
❷ 두 번째 슬라이드에 다음의 데이터로 차트 작성

		A 03년	B 04년	C 05년
1	컴돌이네	5000	4500	6800
2	컴순이네	5750	3500	5800
3				

13-사과생산량비교 완성.ppt - 데이터시트

❸ 차트의 종류를 '데이터 표식이 있는 꺾은선형'으로 변경
❹ 차트의 각 데이터 계열 서식에 지정된 지시 사항을 수행
❺ '13-사과생산량비교 완성.ppt'로 저장

보기 좋은 떡이 맛도 좋다? 이왕이면 다홍치마! 이런 말들은 '같은 값이라면 예쁜 것이 더 낫다' 라는 의미를 가지고 있습니다. 차트도 마찬가지입니다. 단순히 차트만 만들었다고 해서 끝나는 것이 아닙니다. 각 요소들을 예쁘게 꾸며놓으면 훨씬 더 돋보입니다. 이제부터는 차트를 만들고 나서 그냥 두지 말고 보기 좋게 꾸며 보세요.

아끼고 또 아끼자!

▢ 차트 서식을 변경해 보자.

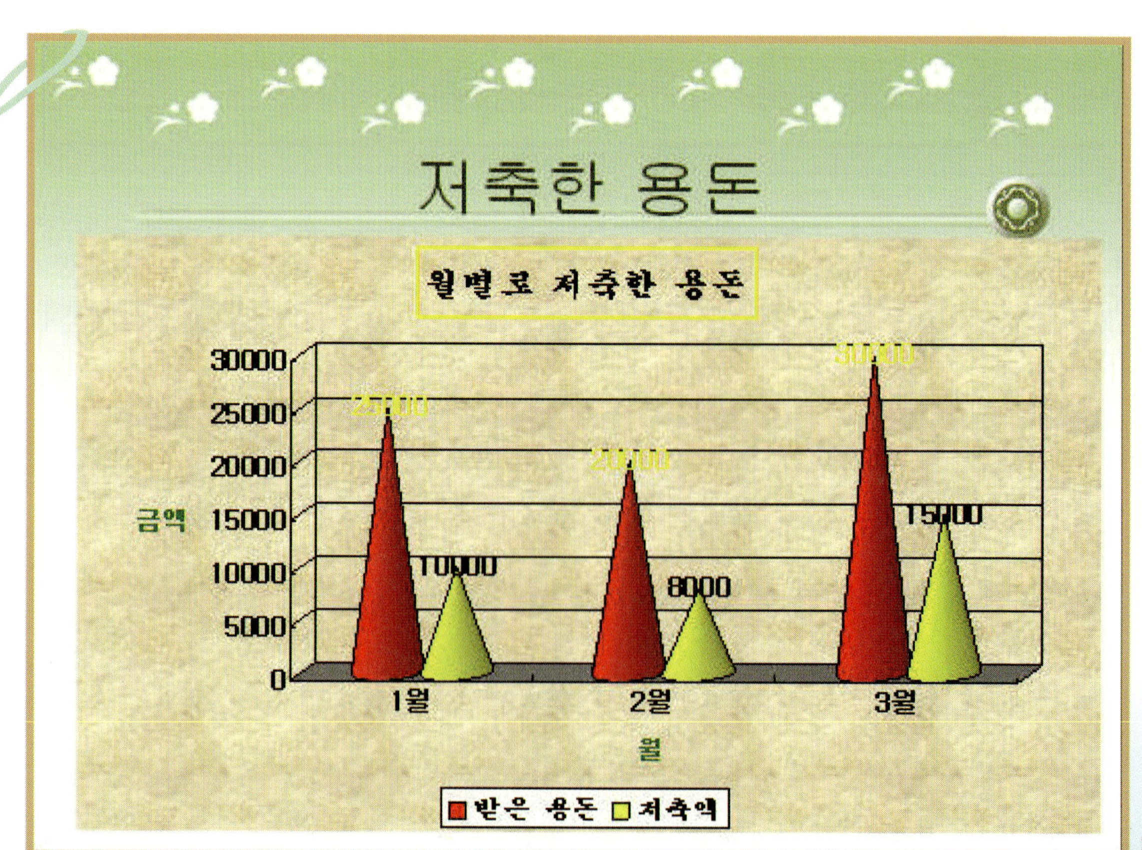

01. 제목 서식 설정하기

1 '14-용돈.ppt'를 열고 삽입되어 있는 차트를 더블 클릭합니다. 차트 제목의 서식을 설정하기 위해 차트 제목을 마우스 오른쪽 단추로 클릭하고 [차트 제목 서식]을 선택합니다.

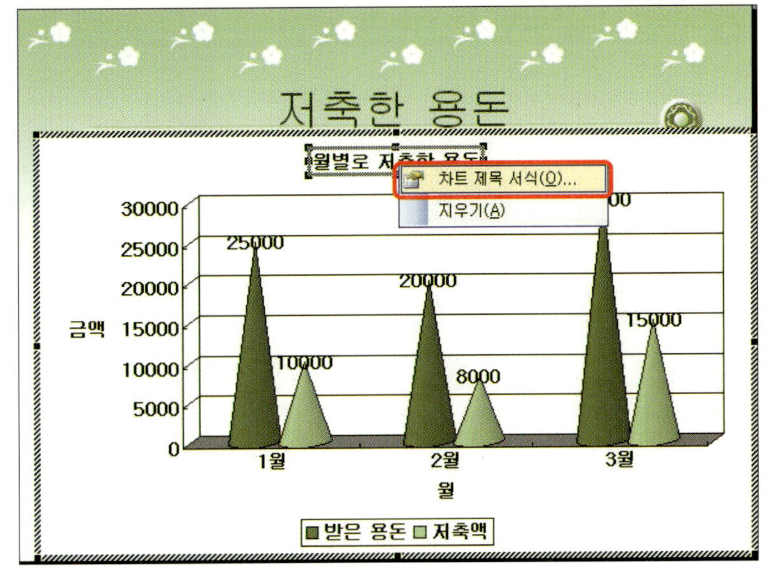

2 [무늬] 탭에서 테두리의 색은 '노랑', 두께는 가장 두꺼운 선으로 선택합니다.

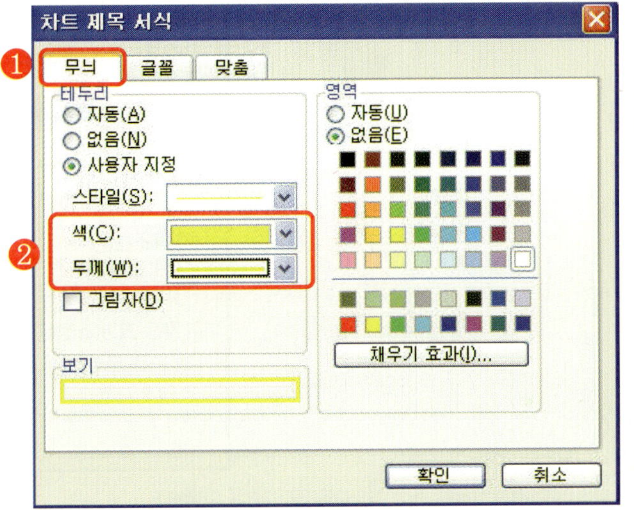

3 [글꼴] 탭을 클릭한 후 글꼴은 '궁서', 크기는 '24'를 선택하고 [확인] 단추를 클릭합니다.

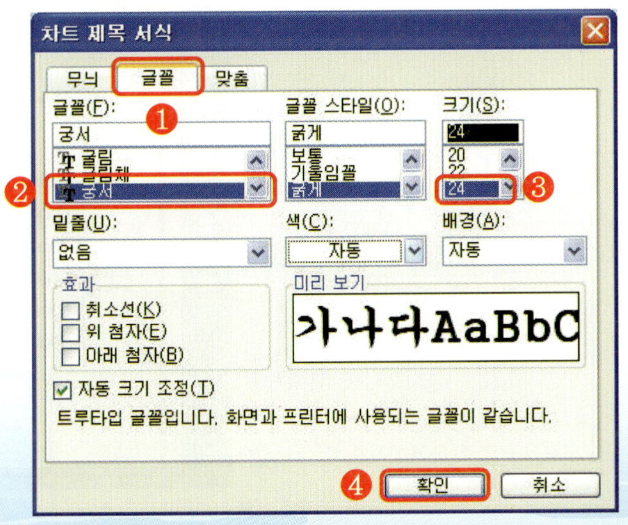

4 X 축 제목을 마우스 오른쪽 단추로 클릭한 후 [축 제목 서식]을 선택합니다.

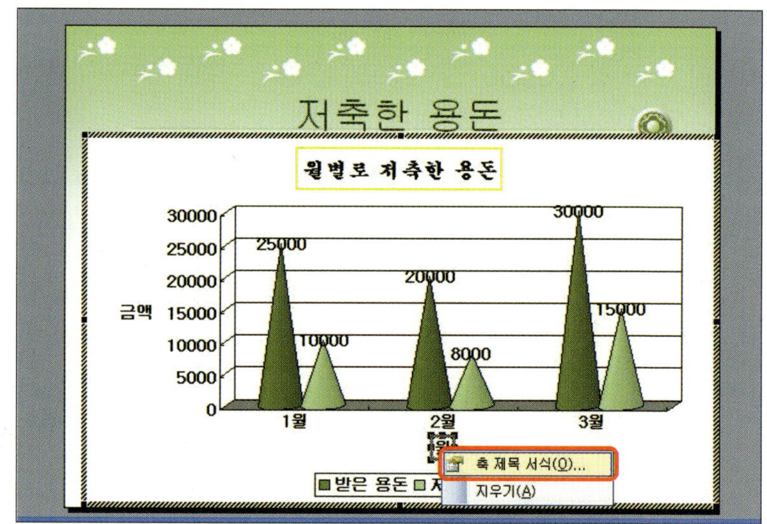

5 [글꼴] 탭에서 글꼴은 '돋움체', 색은 '녹색'을 선택하고 [확인] 단추를 클릭합니다.

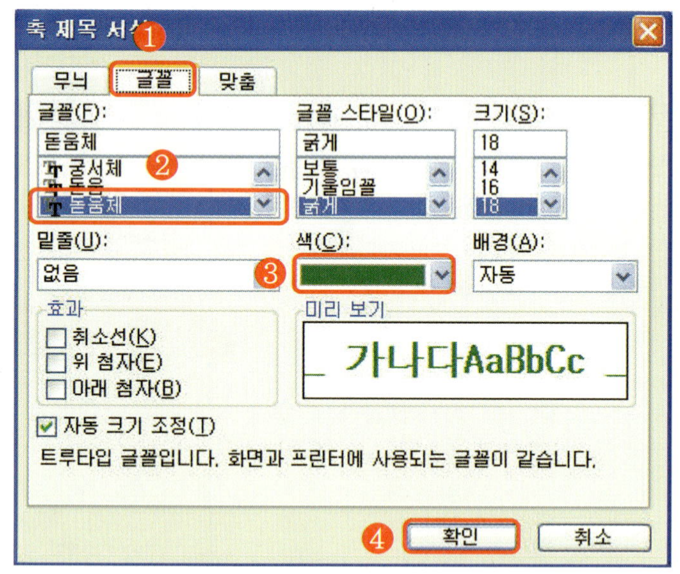

6 같은 방법으로 Y 축 제목의 서식도 변경합니다.

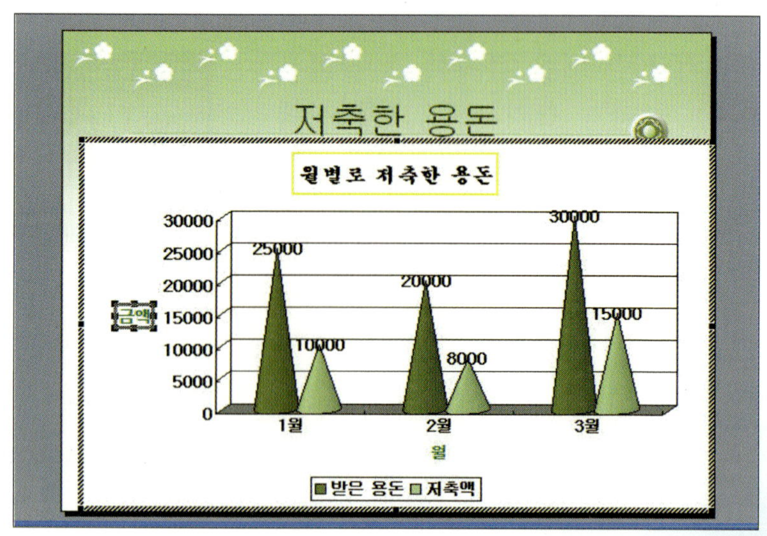

02. 데이터 계열과 차트 영역 서식 설정하기

1 차트의 색상을 변경해 봅니다. '받은 용돈' 원뿔 차트를 마우스 오른쪽 단추로 클릭하고 [데이터 계열 서식]을 선택합니다.

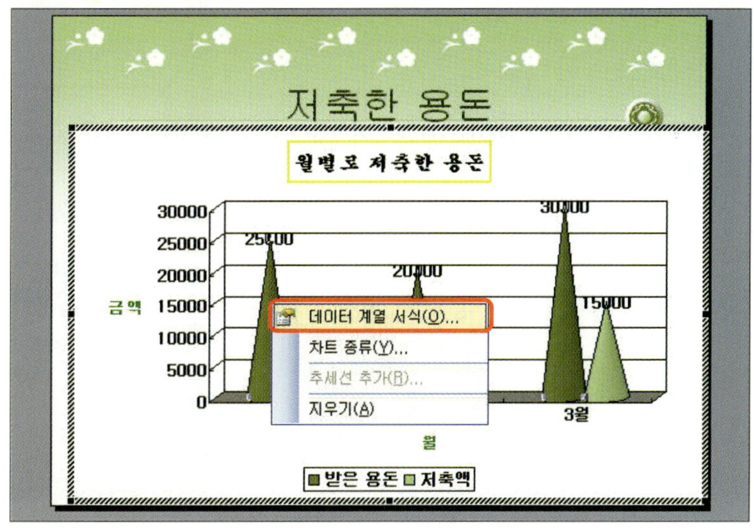

2 [무늬] 탭의 영역에서 '빨강' 을 선택하고 [확인] 단추를 클릭합니다.

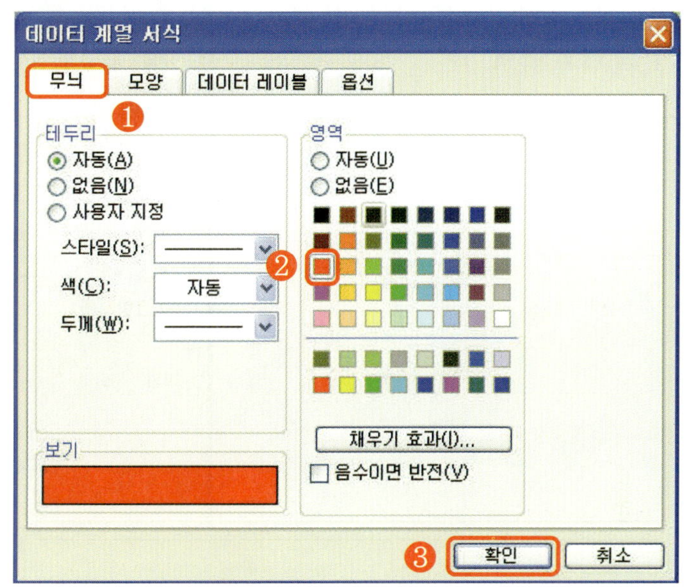

3 같은 방법으로 저축액의 색상은 '노랑' 으로 변경합니다.

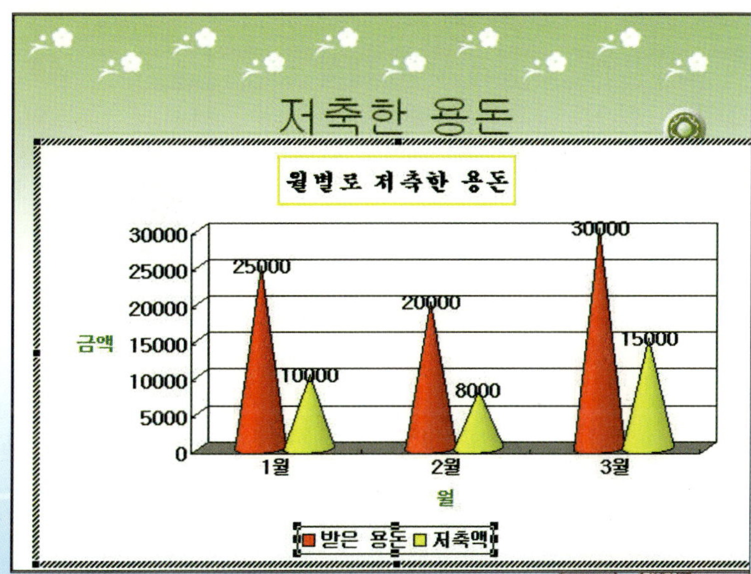

4 차트 영역에서 마우스 오른쪽 단추를 클릭한 후 [차트 영역 서식]을 선택합니다.

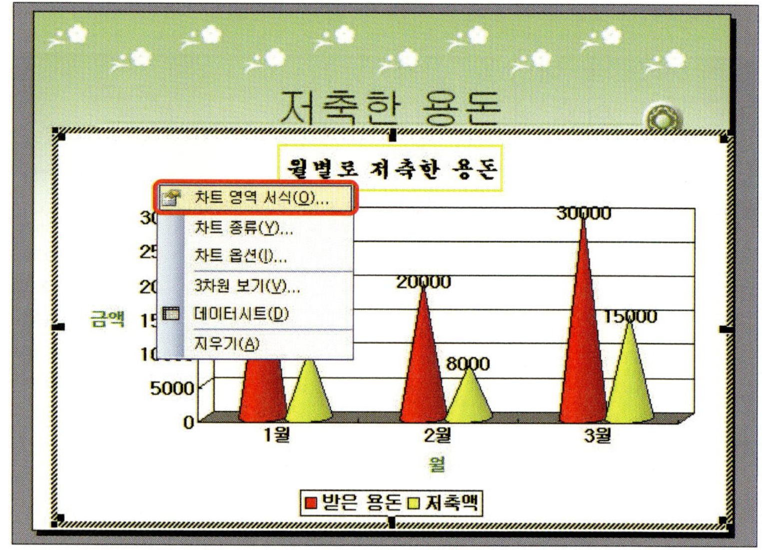

5 [무늬] 탭에서 [채우기 효과]를 클릭합니다.

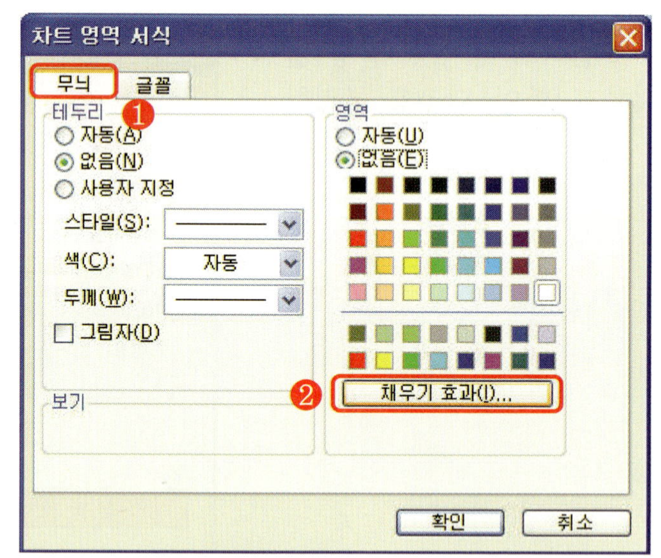

6 [질감] 탭에서 '편지지'를 선택하고 [확인] 단추를 클릭한 후 표시된 [차트 영역 서식] 대화 상자에서 [확인] 단추를 선택합니다.

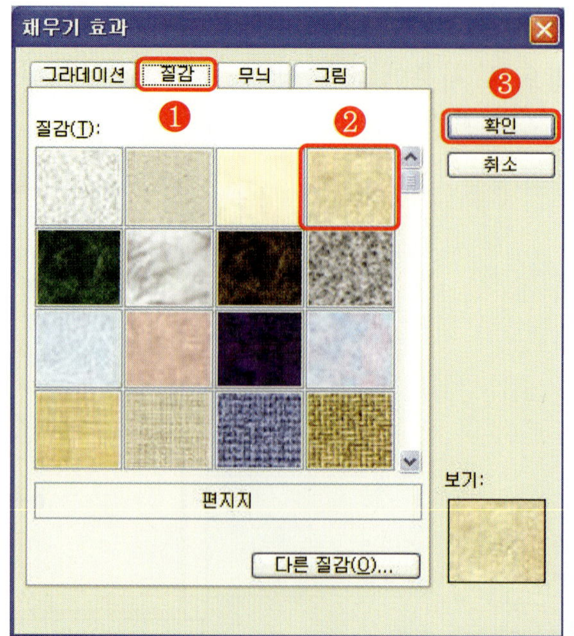

03. 범례와 데이터 레이블 서식 설정하기

1 범례를 마우스 오른쪽 단추로 클릭하고 [범례 서식]을 선택합니다.

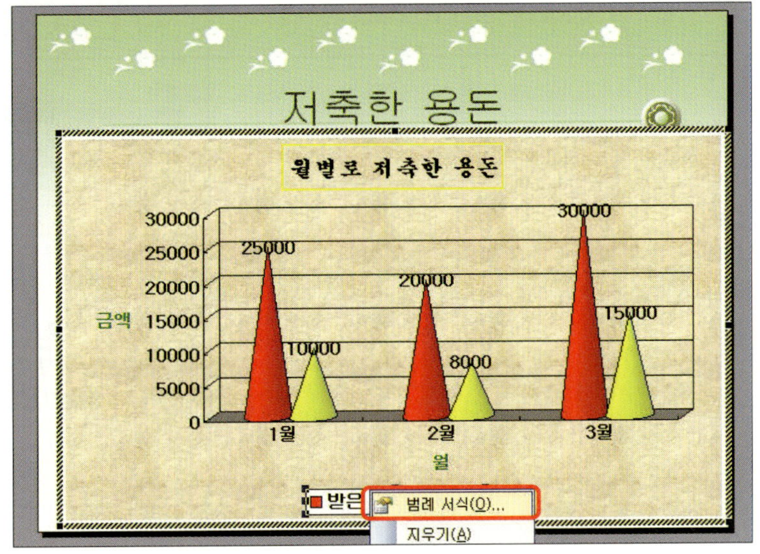

2 [글꼴] 탭에서 글꼴을 '궁서체'로 선택하고 [확인] 단추를 클릭합니다.

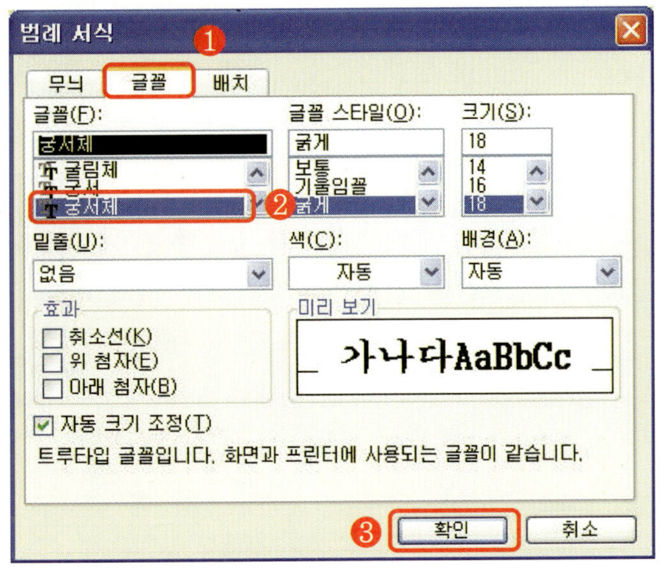

3 받은 용돈의 데이터 레이블을 마우스 오른쪽 단추로 클릭하고 [데이터 레이블 서식]을 선택합니다.

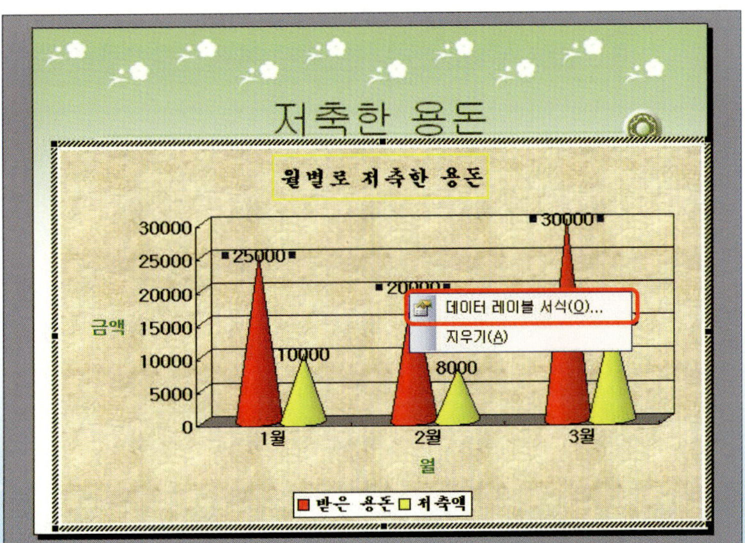

4 [글꼴] 탭에서 색을 '노랑'으로 변경하고 [확인] 단추를 클릭합니다.

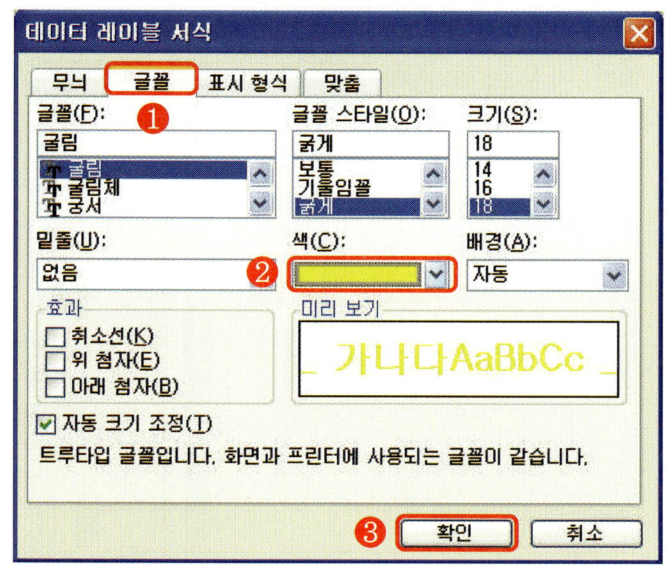

5 차트 편집 상태를 빠져 나옵니다. '14-용돈 완성.ppt'로 저장합니다.

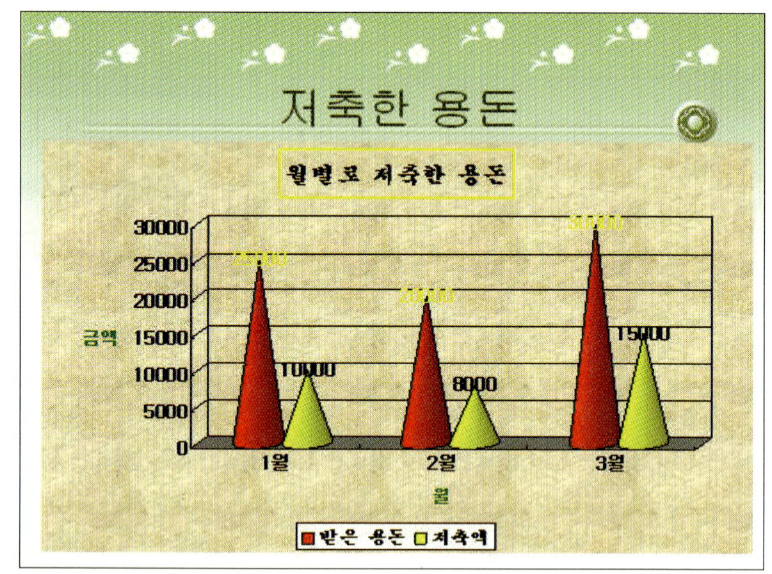

혼자 수련하기

1. 누가 누가 더 잘하나?

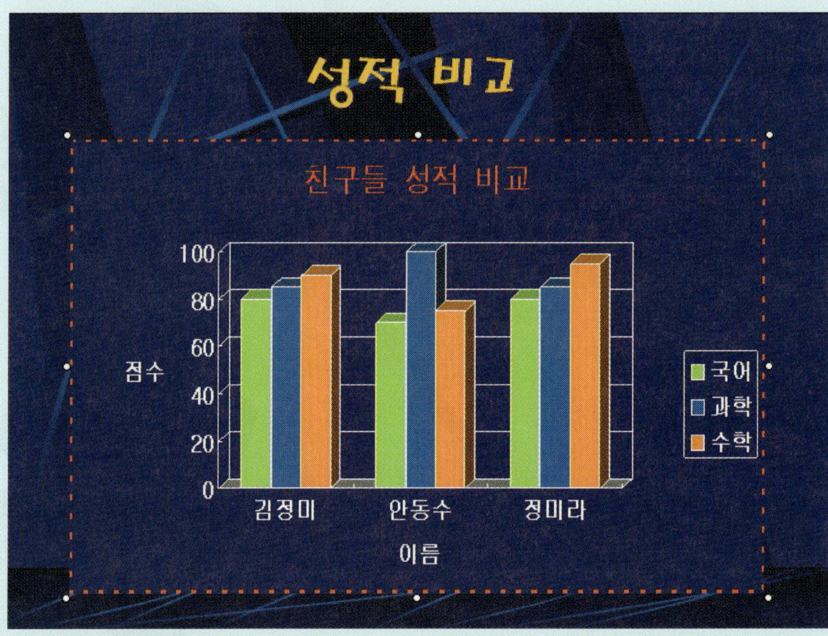

❶ '14-성적.ppt' 파일 열기
❷ 차트의 각 데이터 요소 서식 설정
   – 차트 제목 : 친구들 성적 비교
   – X 축 제목 : 이름
   – Y 축 제목 : 점수
   – 범례 : 오른쪽에 추가
   – 차트 영역 테두리 : 빨간색 점선
❸ '14-성적 완성.ppt' 로 저장

2. 주간 음반 판매량 비교

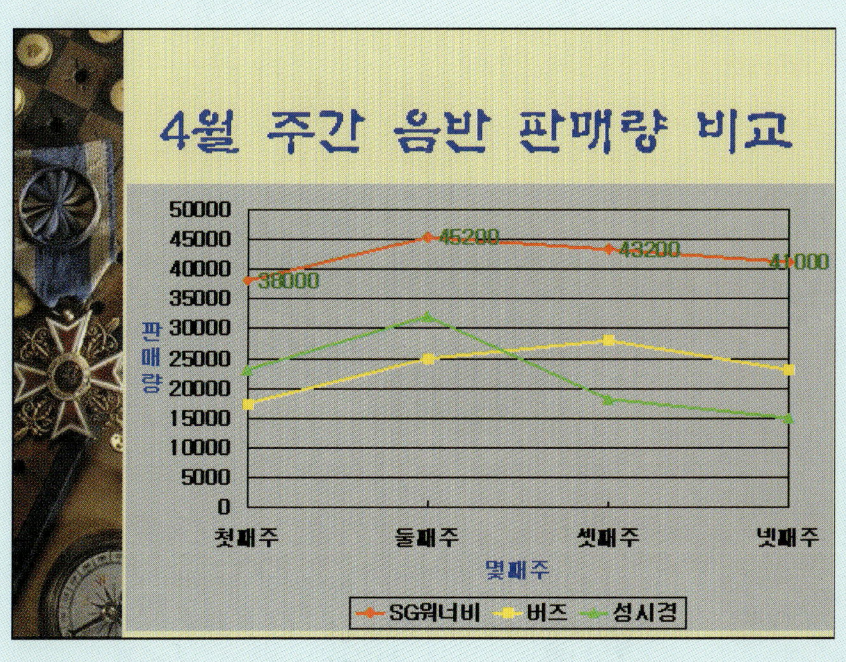

❶ '14-음반.ppt' 파일 열기
❷ 차트의 각 데이터 계열 서식 변경
   – 꺾은선 : 가장 두껍게
   – X 축과 Y 축 제목 : 글꼴 색을
     '파랑'
   – 데이터 레이블 : 글꼴 색을 '녹색'
   – 차트 영역 : 연한 회색으로 채
     우기
❸ '14-음반 완성.ppt' 로 저장

모둠을 소개합니다.

- ☐ 조직도 슬라이드를 삽입해 보자.
- ☐ 조직도 서식을 설정해 보자.

01. 조직도 슬라이드 삽입하기

1 '15-마법당조직도.ppt'를 열고 '제목 및 다이어그램 또는 조직도' 슬라이드를 새로 삽입합니다. 다음과 같이 제목을 입력하고 '다이어그램이나 조직도를 추가하려면 두 번 클릭하십시오'를 더블 클릭합니다.

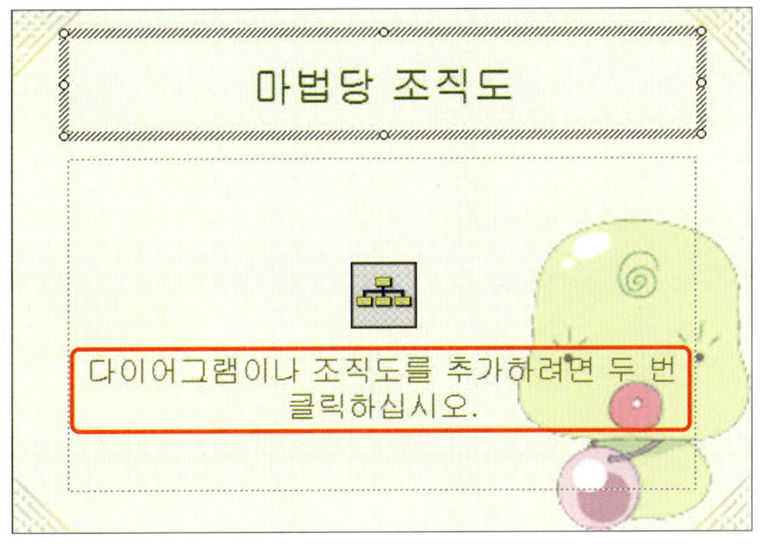

2 [다이어그램 갤러리] 대화 상자에서 '조직도'를 선택한 후 [확인] 단추를 클릭합니다. 조직도의 첫 번째 칸에 다음과 같은 내용을 입력합니다.

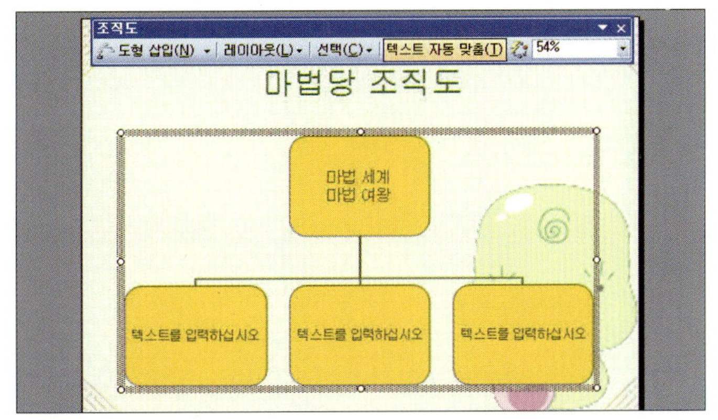

3 다른 칸에 다음과 같이 입력한 후 세 번째 상자를 마우스 오른쪽 단추로 클릭하고 바로 가기 메뉴에서 [삭제]를 선택해 삭제합니다. '마법 가계 마법당'을 선택하여 [조직도] 도구 모음에서 [도형 삽입]의 내림 단추를 클릭해 [하위 수준]을 선택합니다.

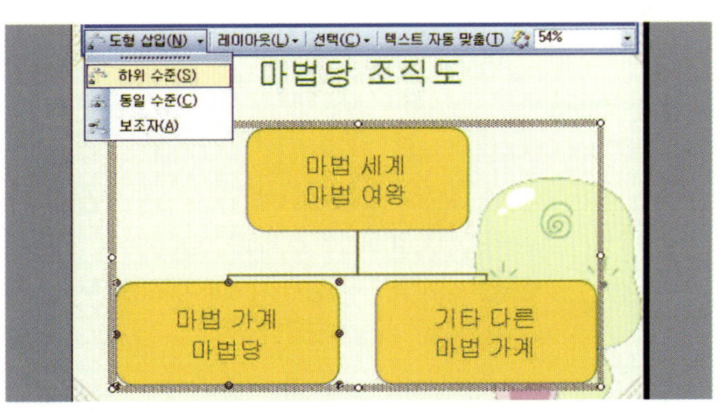

4 새로운 상자가 추가됩니다. 계속해서 [도형 삽입] 아이콘을 클릭하여 상자를 하나 더 추가합니다.

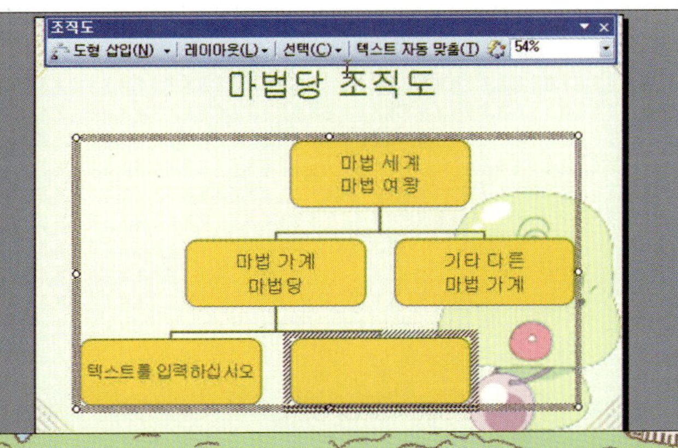

 **5** 같은 방법으로 다섯 개의 상자를 추가한 후 다음과 같은 내용을 입력합니다(조직도 레이아웃은 '표준' 으로 합니다.).

> **조직도 레이아웃**
>
> 조직도의 도형을 선택하여 마우스 오른쪽 단추를 누른 후 [레이아웃]을 선택하여 조직도의 배열을 설정할 수 있습니다.

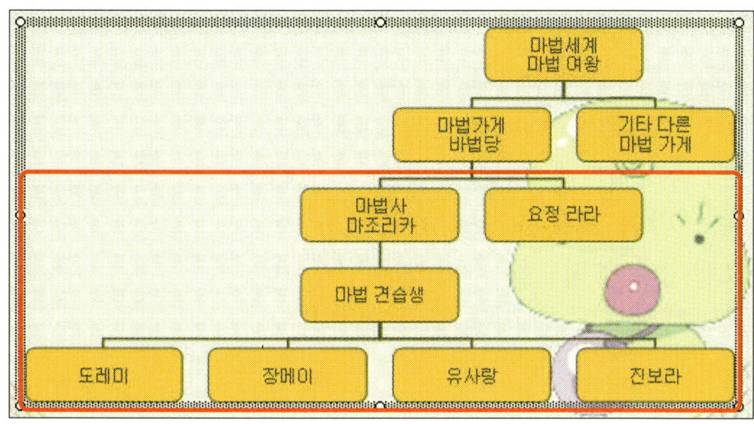

 **6** 조직도 편집을 끝내고 조직도 밖을 클릭합니다.

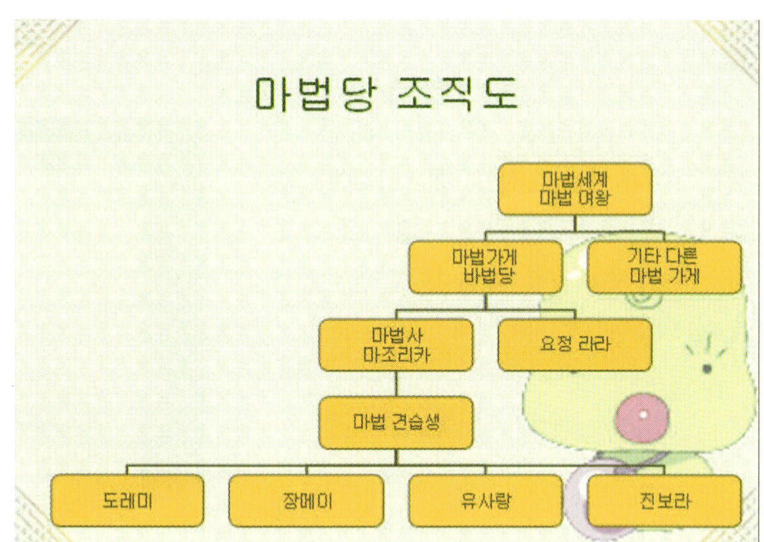

> **상자 추가하기**
>
> - **하위 수준(S)** : 선택한 상자의 아래쪽에 새로운 상자가 추가됩니다.
> - **동일 수준(C)** : 선택한 상자의 오른쪽에 새로운 상자가 추가됩니다.
> - **보조자(A)** : 선택한 상자와 아래 상자 사이에 새로운 상자가 추가됩니다.

02. 조직도의 위치와 크기 조절하기

1 제목의 글꼴을 'HY엽서M' 로, 글자 크기를 '54'로 설정 하고 [텍스트 방향 변경] 아이콘( )을 클릭한 후 오른쪽 아래의 조절 점을 드래그하여 다음과 같이 위치 와 크기를 조절합니다.

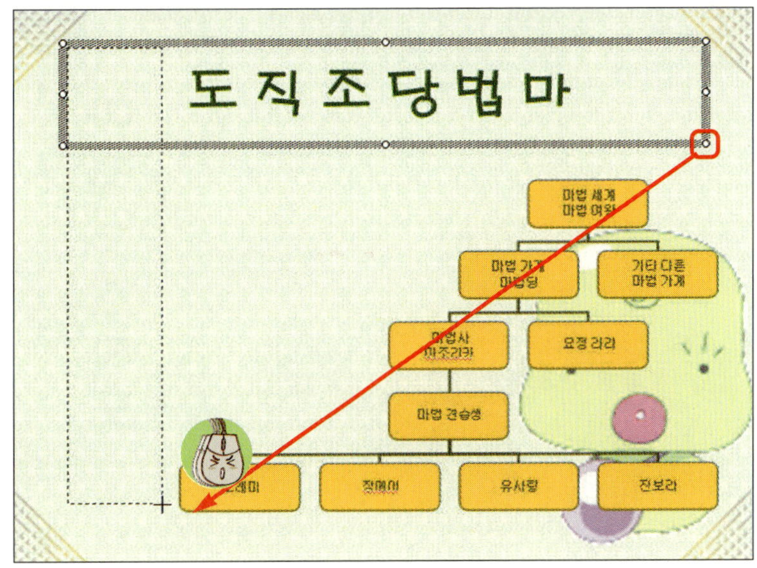

2 조직도의 조절점을 드래그하 여 다음과 같이 크기와 위치를 조절합니다.

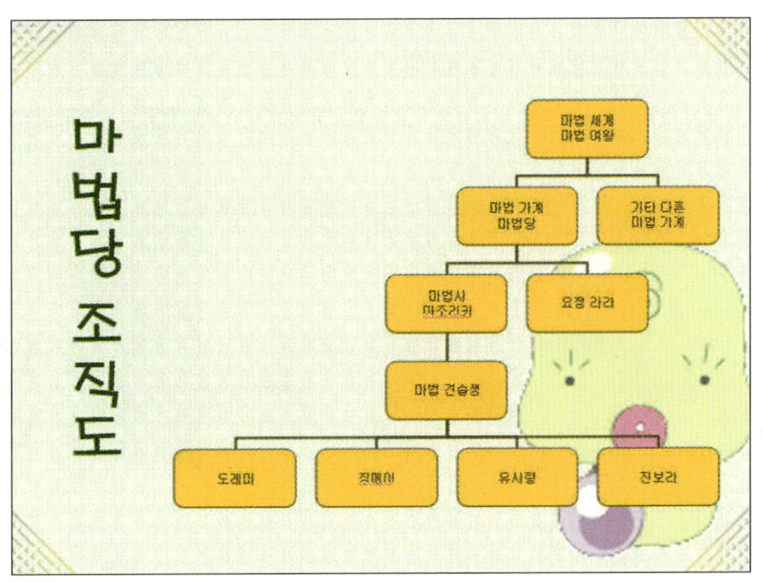

03. 조직도 서식 설정하기

① 모든 상자의 글꼴을 변경하기 위해 조직도를 선택합니다.

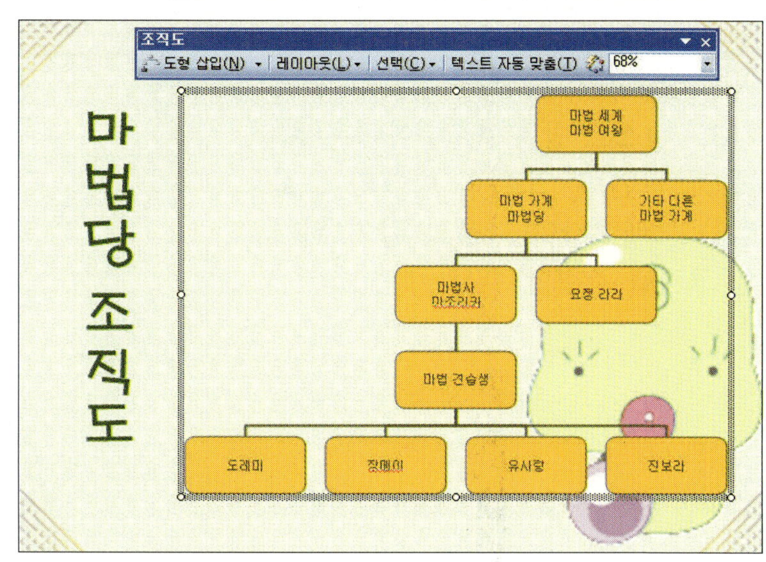

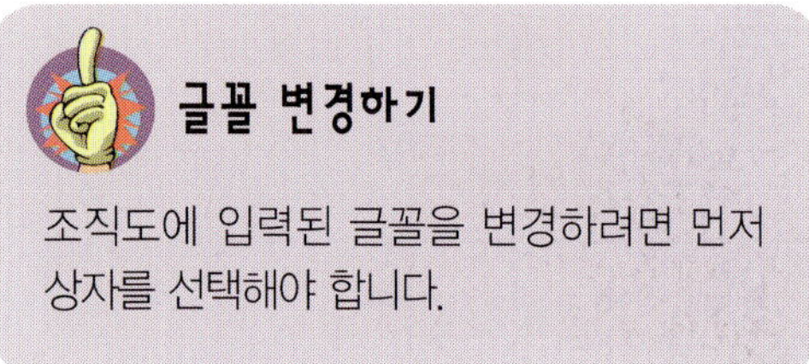

글꼴 변경하기

조직도에 입력된 글꼴을 변경하려면 먼저 상자를 선택해야 합니다.

② 조직도가 선택되면 [서식]-[글꼴]을 클릭합니다.

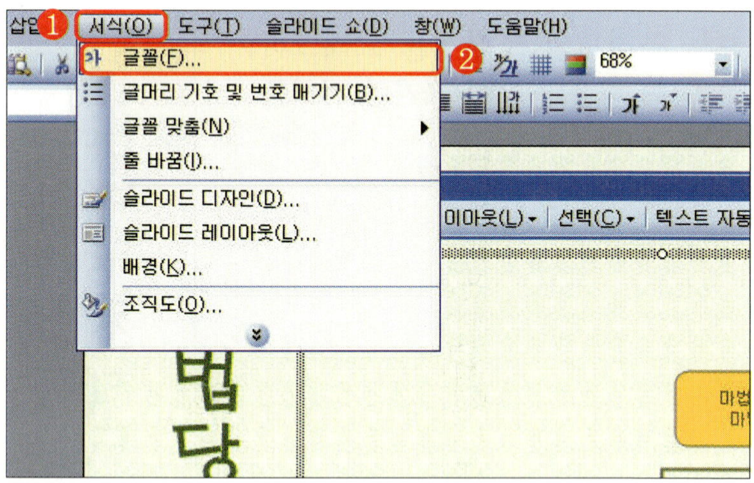

③ [글꼴] 대화 상자가 표시되면 'HY크리스탈M'을 선택하고 [확인] 단추를 클릭합니다.

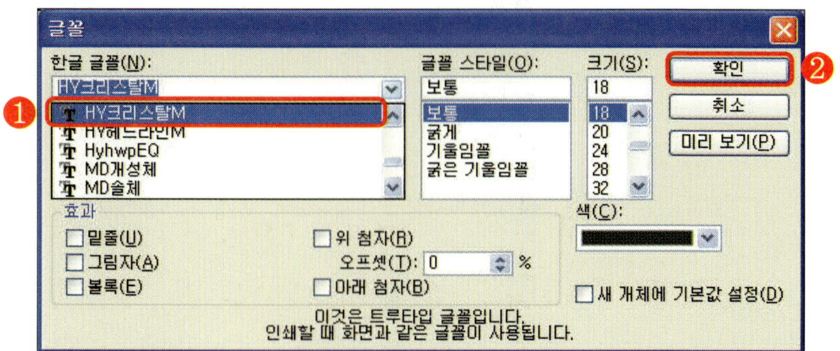

4 모든 상자의 글꼴이 변경되면 상자의 모양을 변경하기 위해 조직도를 선택합니다.

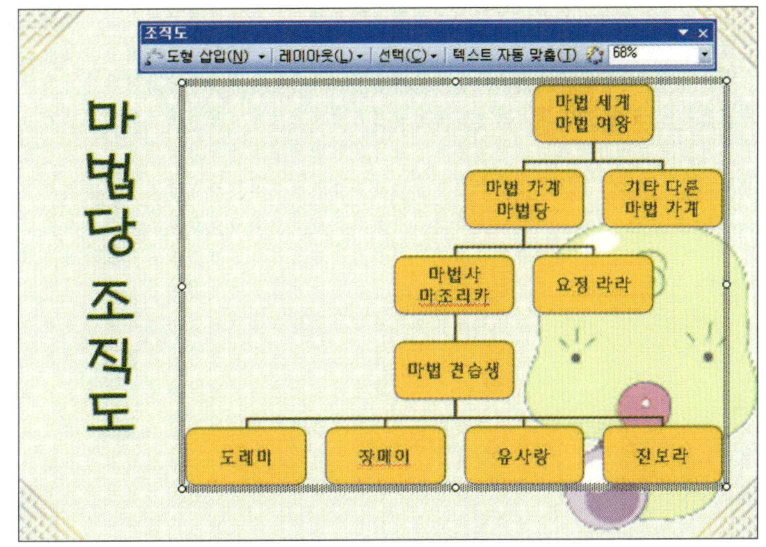

5 [조직도] 도구 모음에서 [자동 서식] 아이콘(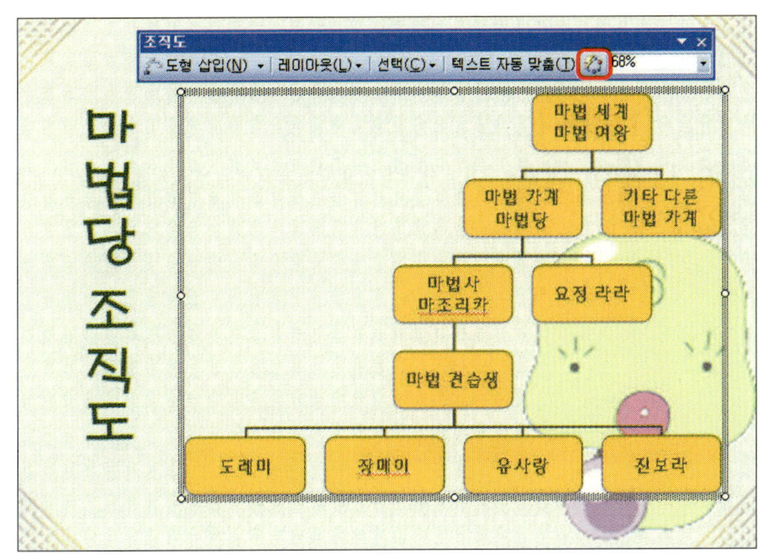)을 클릭합니다.

6 [조직도 스타일 갤러리] 대화 상자가 나타나면 '줄무늬'를 선택하고 [확인] 단추를 클릭합니다.

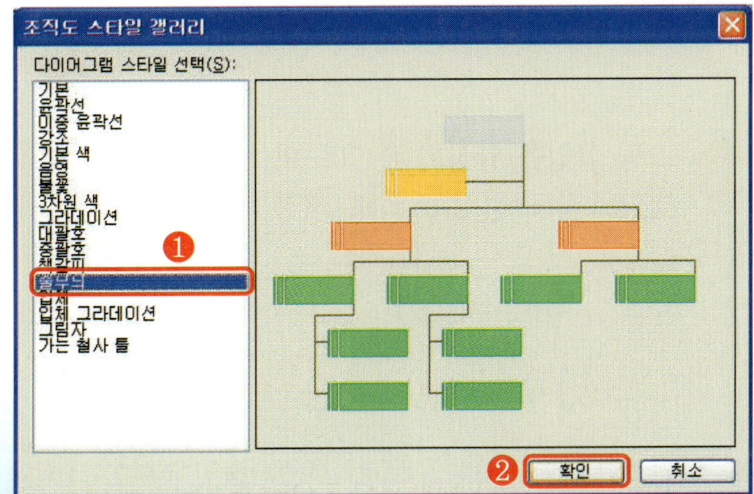

7 [조직도] 도구 모음에서 [텍스트 자동 맞춤] 아이콘을 클릭해 텍스트를 자동 정렬합니다.

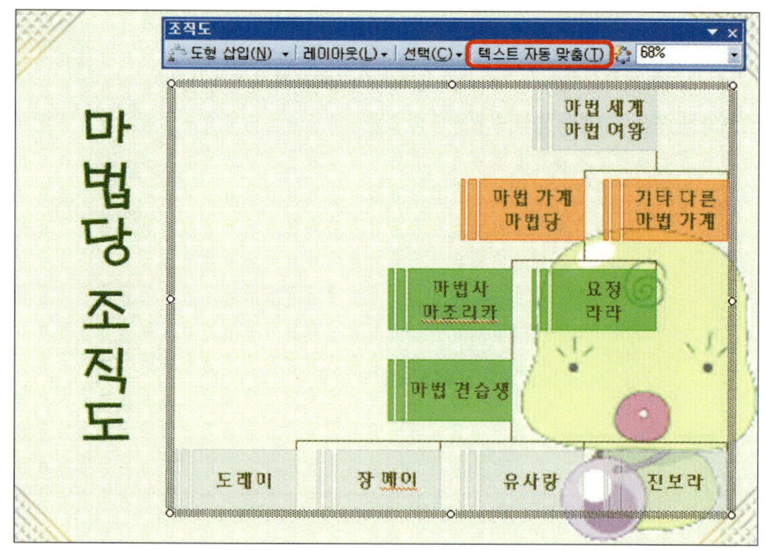

8 그림을 삽입하기 위해 조직도의 크기와 위치를 조절하고 [삽입]-[그림]-[그림 파일]을 이용하여 다음과 같은 네 개의 그림을 삽입합니다.

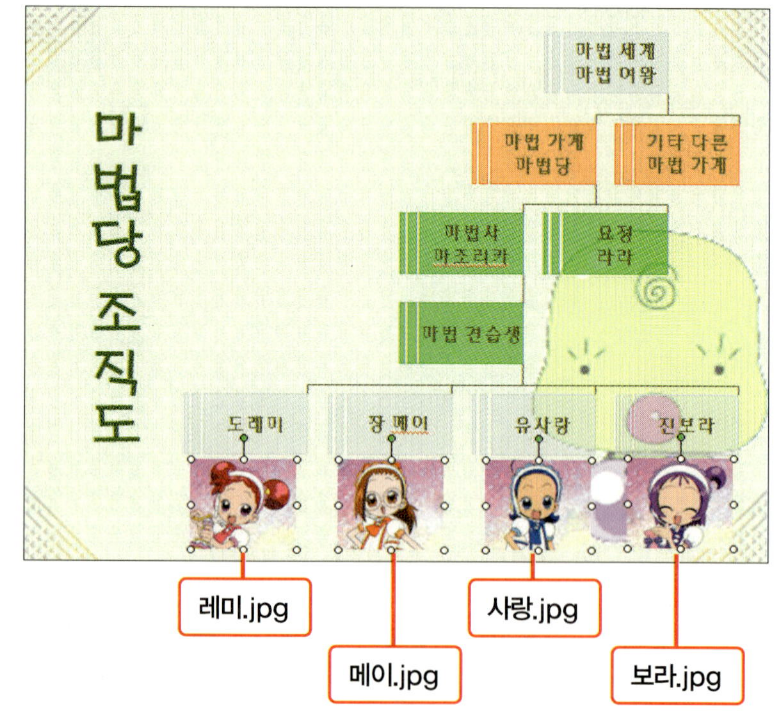

9 그림 삽입을 완성한 후 '15-마법당조직도 완성.ppt'로 저장합니다.

혼자 수련하기

1. 최강 커플을 찾아라

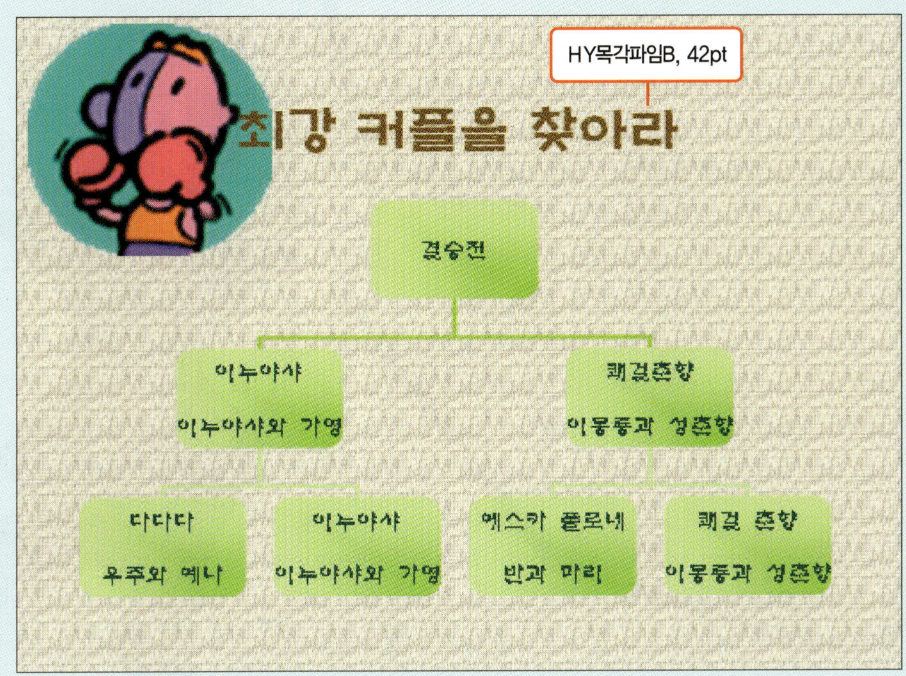

❶ '15-커플최강전.ppt' 파일 열기
❷ 제목 내용을 입력하고 지정된 지시 사항을 수행
❸ 다음과 같은 조직도를 작성
 – 레이아웃 : 표준
 – 자동 서식의 조직도 스타일
  : 그라데이션
❹ '15-커플최강전 완성.ppt' 로 저장

2. 코난 등장인물

❶ '15-등장인물.ppt' 파일 열기
❷ 다음과 같은 조직도를 작성
 – 레이아웃 : 오른쪽 배열
 – 자동 서식의 조직도 스타일
  : 강조
❸ '15-등장인물 완성.ppt' 로 저장

친구에게 생일을 축하하는 프레젠테이션을 선물하고 싶습니다. 아무리 글을 잘 쓰고 멋있는 사진을 넣는다고 해도 무엇인가 부족해 보입니다. 이렇게 2% 부족함을 느낄 때 동영상과 소리 파일을 넣어 보세요. 슬라이드에 동영상과 소리 파일을 넣으면 슬라이드 쇼에서 자동으로 재생되기 때문에 여러 가지 용도로 활용할 수 있습니다.

축카! 축카! 너의 생일을 축하해

- 동영상을 삽입해 보자.
- 소리 파일을 삽입해 보자.

01. 동영상 삽입하기

1 [열기] 아이콘(📂)을 클릭하여 '16-생일축하.ppt'를 엽니다.

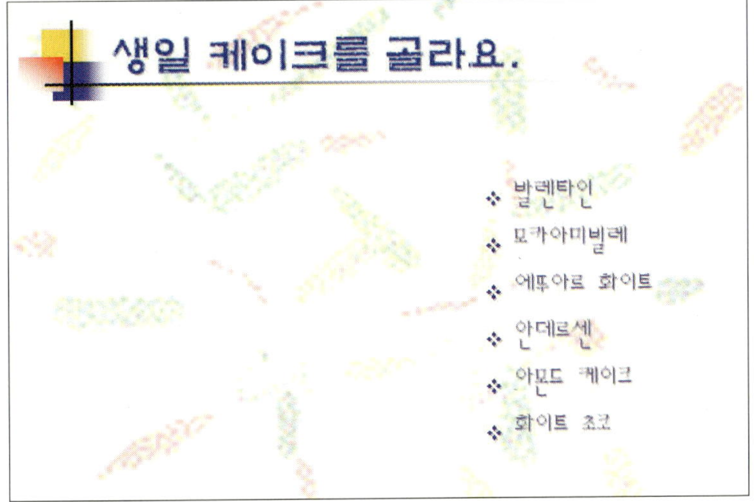

2 동영상을 삽입하기 위해 [삽입]-[동영상 및 소리]-[동영상 파일]을 클릭합니다.

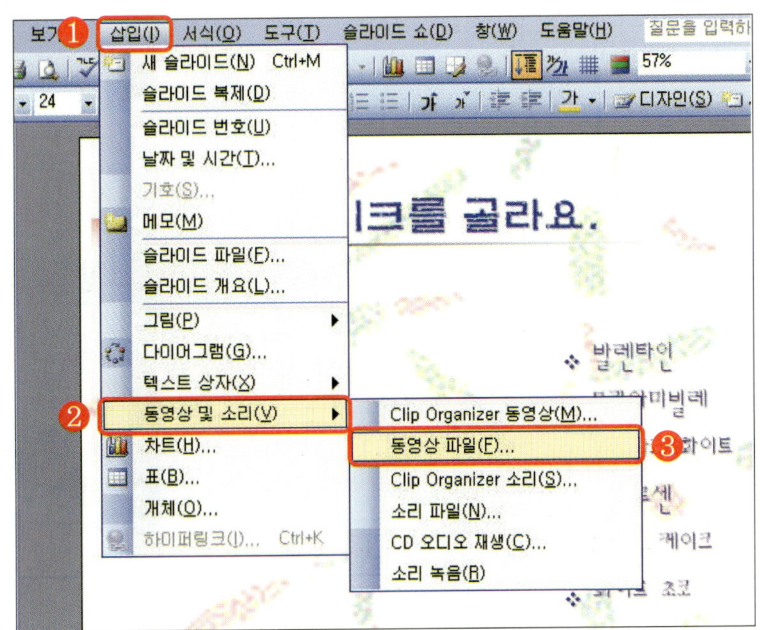

3 [동영상 삽입] 대화 상자가 표시되면 제공된 파일 중 '케이크.wmv'를 선택하고 [확인] 단추를 클릭합니다.

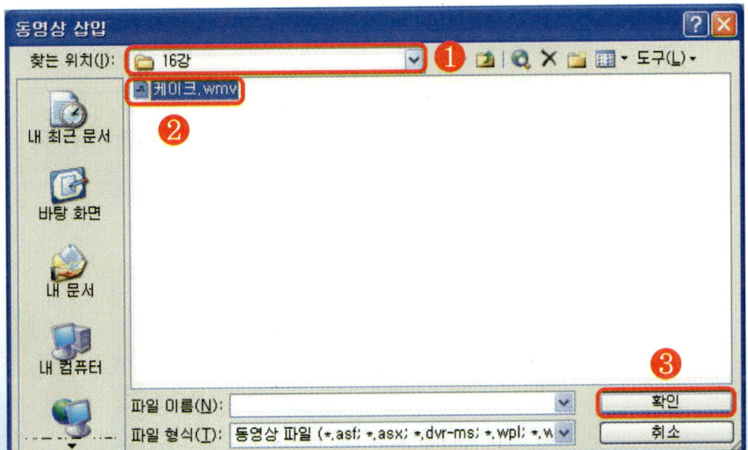

4 잠시 기다리면 다음과 같은 대화 상자가 표시됩니다. 자동으로 재생하기 위해 [자동 실행]을 클릭합니다.

5 동영상이 삽입되면 조절점을 이용하여 다음과 같이 위치와 크기를 조절합니다.

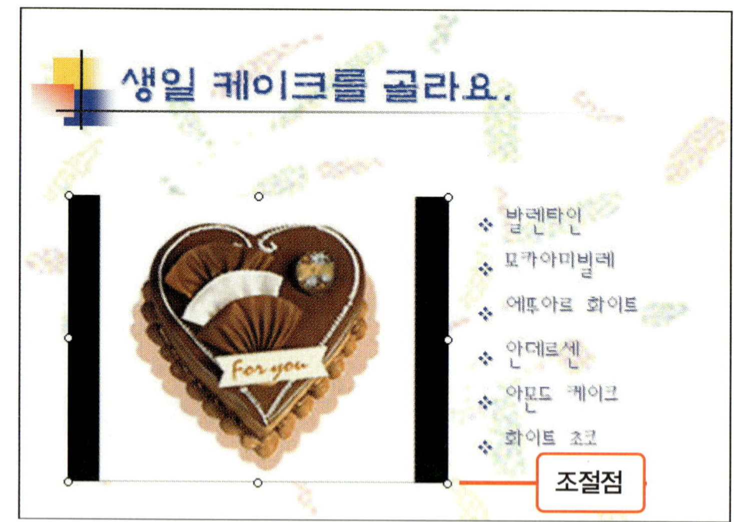

6 화면 아래쪽에서 [현재 슬라이드부터 슬라이드 쇼] 아이콘(모)을 클릭하여 슬라이드 쇼를 실행한 후 잠시 기다리면 동영상이 재생됩니다. Esc를 눌러 동영상 재생을 종료합니다.

7 이번에는 동영상을 클릭했을 때 재생되도록 설정합니다. 동영상을 마우스 오른쪽 단추로 선택한 후 [사용자 지정 애니메이션]를 클릭합니다.

8 [사용자 지정 애니메이션] 작업창이 표시되면 '시작' 내림 단추를 클릭해 '클릭할 때'를 선택합니다.

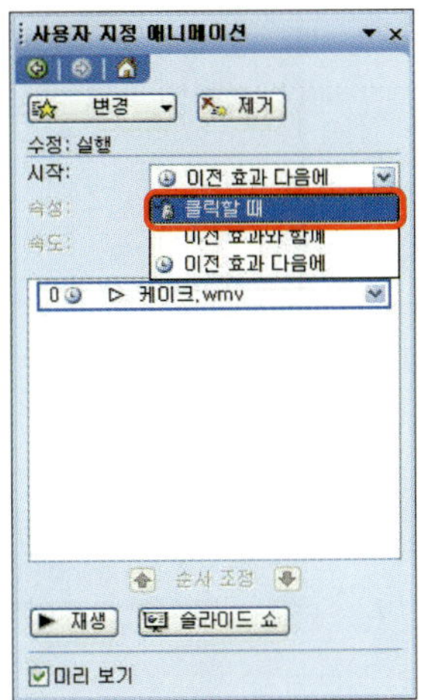

9 [사용자 지정 애니메이션] 작업창에서 [슬라이드 쇼] 단추를 클릭하여 지정한 작업이 제대로 진행되는지 확인합니다.

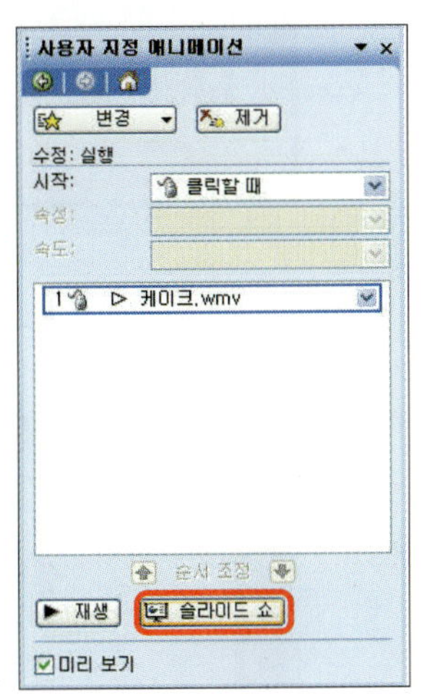

02. 소리 삽입하기

1 두 번째 슬라이드로 전환한 후 [삽입]-[동영상 및 소리]-[소리 파일]을 클릭합니다.

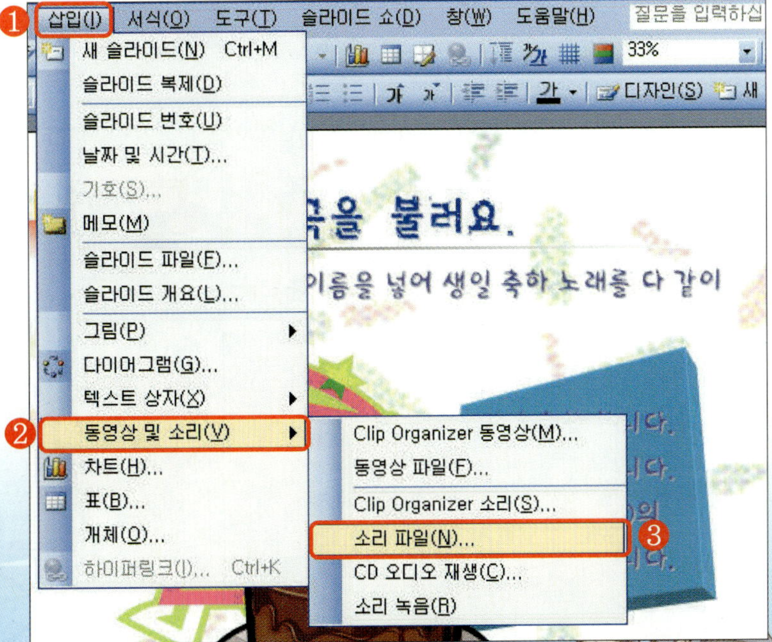

2 [소리 삽입] 대화 상자가 표시되면 '생일축하곡.mid'를 선택하고 [확인] 단추를 클릭합니다.

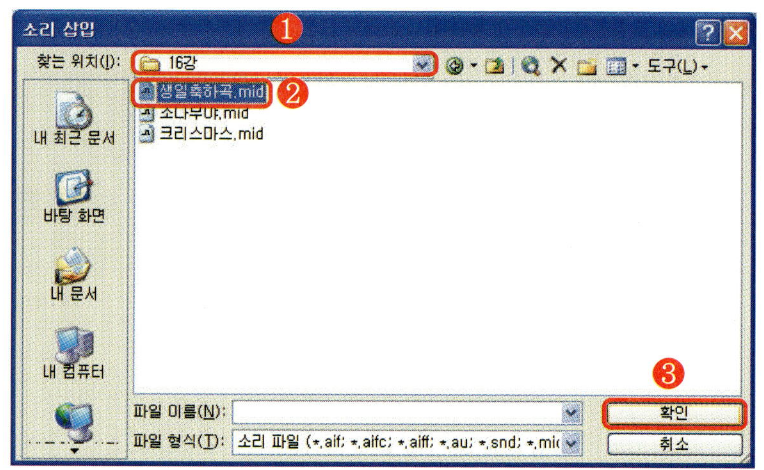

3 다음과 같은 대화 상자가 표시되면 소리를 자동으로 재생하기 위해 [자동 실행] 단추를 클릭합니다.

4 다음과 같이 소리 아이콘이 표시되면 마우스를 드래그하여 슬라이드 밖으로 이동시킵니다.

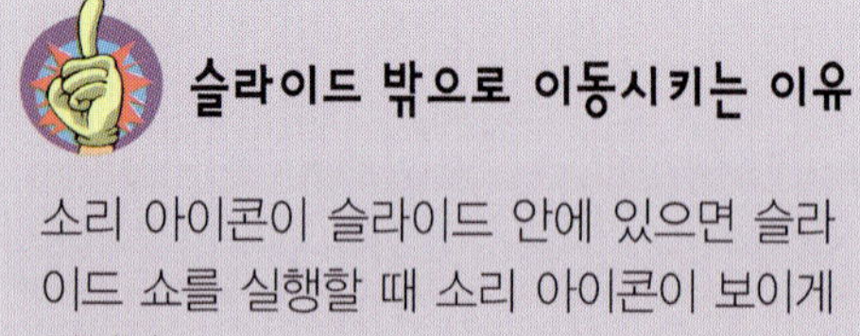

슬라이드 밖으로 이동시키는 이유

소리 아이콘이 슬라이드 안에 있으면 슬라이드 쇼를 실행할 때 소리 아이콘이 보이게 됩니다.

5 화면 아래쪽에서 [현재 슬라이드부터 슬라이드 쇼] 아이콘(🖳)을 클릭하여 슬라이드 쇼를 실행한 후 소리가 자동으로 재생되는지 확인합니다. 슬라이드 쇼를 종료하고 '16-생일축하 완성.ppt'로 저장합니다.

혼자 수련하기

1. 소나무야~~ 소나무야~~

① '16-소나무노래.ppt' 파일 열기
② 소리 파일 '소나무야.mid'를 삽입하고 슬라이드 쇼 실행시 자동으로 재생되도록 설정
③ '16-소나무노래 완성.ppt'로 저장

2. 크리스마스를 즐겁게

① '16-크리스마스에는.ppt' 파일 열기
② 소리 파일 '크리스마스.mid'를 삽입하고 슬라이드 쇼 실행시 자동으로 재생되도록 설정
③ '16-크리스마스에는 완성. ppt'로 저장

① 시인과 시

시인 박두진

그림삽입(박두진.jpg)

(1916.3.10~1998.9.16)

➤ 1916년 3월 10일 경기도 안성에서 출생하였다.

➤ 1939년 문예지 《문장(文章)》에 시가 추천됨으로써 시단에 등단하였다.

➤ 1946년부터 박목월(朴木月)·조지훈 (趙芝薰) 등과 함께 청록파 시인으로 활동한 이래, 자연과 신의 영원한 참신성을 노래한 30여 권의 시집과 평론·수필·시평 등을 통해 문학사에 큰 발자취를 남겼다.

사각형을 그린 후 '울타리.gif'를 채움

워드아트, 3차원 스타일 17, 깊이 조정(144pt)

해야 솟아라, 해야 솟아라.
말갛게 씻은 얼굴 고운 해야 솟아라.
산 넘어 산 넘어서 어둠을 살라 먹고,
산 넘어서 밤새도록 어둠을 살라 먹고,
이글이글 앳된 얼굴 고운 해야 솟아라.

달밤이 싫여, 달밤이 싫여,
눈물 같은 골짜기에 달밤이 싫여,
아무도 없는 뜰에 달밤이 나는 싫여,

해야, 고운 해야. 늬가 오면 늬가사 오면,
나는 나는 청산이 좋아라.
훨훨훨 깃을 치는 청산이 좋아라.
청산이 있으면 홀로래도 좋아라.

사슴을 따라, 사슴을 따라,
양지로 양지로 사슴을 따라
사슴을 만나면 사슴과 놀고,

칡범을 따라 칡범을 따라
칡범을 만나면 칡범과 놀고,

해야, 고운 해야. 해야 솟아라.
꿈이 아니래도 너를 만나면,
꽃도 새도 짐승도 한자리 앉아,
워어이 워어이 모두 불러 한자리 앉아
앳되고 고운 날을 누려 보리라.

사각형을 그린 후 '울타리.gif'를 채움

❶ '종합2-시인과시.ppt' 파일 불러오기
❷ '배경음악.mid'를 삽입하고 슬라이드 쇼에서 자동으로 재생되도록 설정

획득 아이템

풀이 시간   ①   분
           ②   분

② 쓰레기 배출량

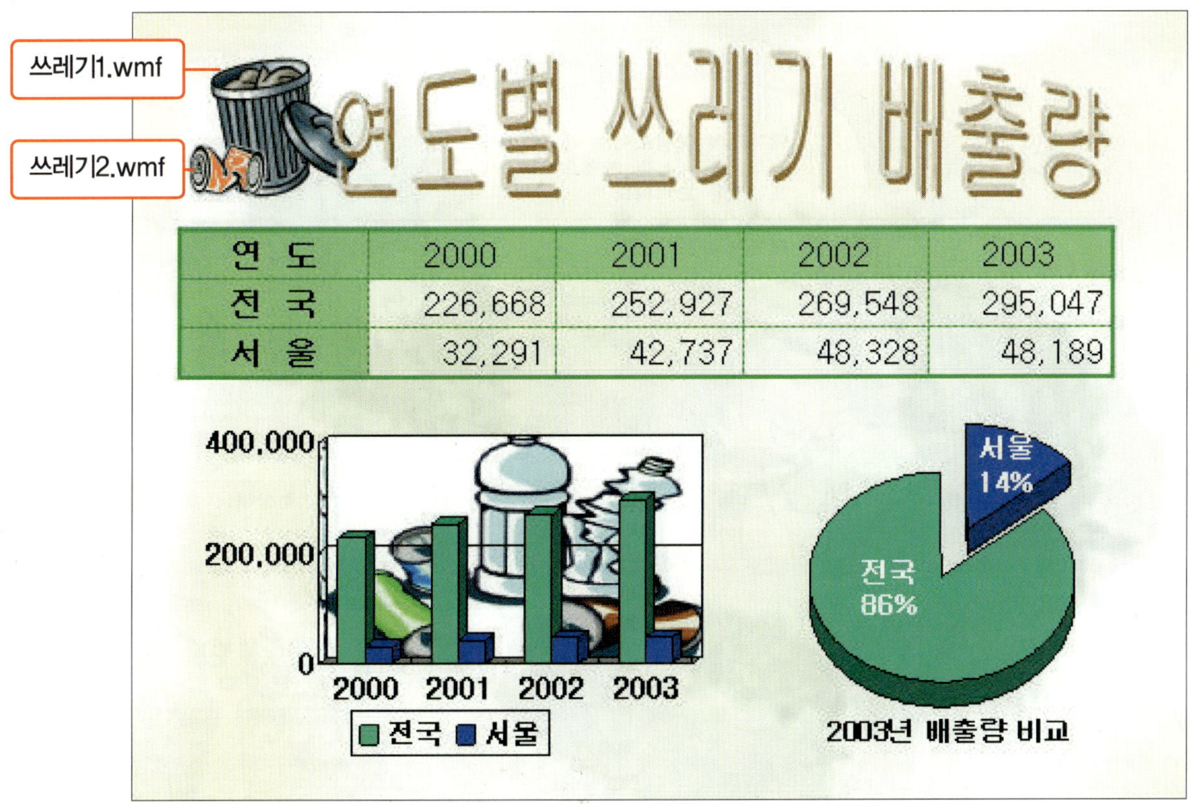

연 도	2000	2001	2002	2003
전 국	226,668	252,927	269,548	295,047
서 울	32,291	42,737	48,328	48,189

❶ 워드아트를 이용하여 제목 삽입
❷ '쓰레기1.wmf'와 '쓰레기2.wmf'를 삽입
❸ 첫 번째 차트는 표의 모든 데이터를 이용하여 작성
  − 차트 종류는 '3차원 효과의 묶은 세로 막대형'
  − 옆면은 '쓰레기3.wmf'로 채우기
❹ 두 번째 차트는 표의 2003년도 데이터만을 이용하여 작성
  − 차트 종류는 '3차원 효과의 쪼개진 원형'
❺ 슬라이드 배경은 '배경2.jpg' 삽입
❻ '종합2−쓰레기배출량 완성.ppt'로 저장

파워포인트 2003 전문가 되기 ③
컴짱, 마법사 수업을 받다

해해~신난다
어?
근데..
안돼 컴짱!
안돼!만지지마!
아얏!!
누르면 안된다구!!
그건 하이퍼링크
마법진이란 말이얏!
무슨 마법진인지
볼까나..
푸석~
푸석~
툭!
이런..
한발 늦었구나
이를 어쩐담..
팟!
팟!
여..여긴 어디지?
마법사님이
분명 하이퍼,..어쩌구
마법진이라구
만지지 말라고
한것까지 들었는데,
어떡해..
하이퍼링크 마법은 특정 슬라이드를 다른 프레젠테이션이나
인터넷 등의 다른 곳으로 이동시키는 마법인데~
애니메이션, 슬라이드 마스터, 슬라이드 쇼 등의 마법과 함께
파워포인트 마법의 고급단계여서 초급마법과 중급마법을 연결하는
아주 중요한 마법이라 나두 연습하던 중 이었는데
그걸 하필 컴짱이 건드리다니,.휴~
모두 마스터하면 컴짱에게 프레젠테이션을
멋지게 꾸밀 수 있는 마법모자를 주려 했건만
안되겠다...
내가 가서 컴짱을
찾아오는 수
밖에!
컴짱이
있는 곳으로!
팍!
이때
컴짱은..
이놈
달토끼들에게
무슨
짓이냐!!
도와
주세요!
팟!
흠~이 곳 떡이
생각보다 고급인걸~
맛있다!
냠~냠~
냠
냠

별하나 나하나

- ☐ 화면을 전환해 보자.
- ☐ 자동 화면 전환을 설정해 보자.

신꽃다미

- 생일
  - 1995년 10월 1일
- 집 주소
  - 서울시 용산구 남영동 123번지
- 성격

어떤 운동도 척척. 그 중에서 럭비를 매우 좋아해요.

01. 화면 전환 효과 설정하기

1 '17-내친구들을소개합니다.ppt'를 열고 [여러 슬라이드 보기] 아이콘(口)을 클릭하여 여러 슬라이드 보기 상태로 전환합니다.

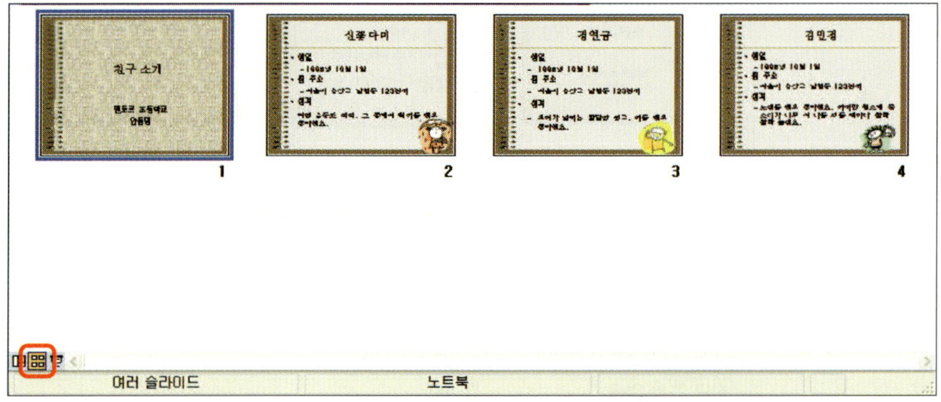

2 첫 번째 슬라이드를 선택한 상태에서 [화면 전환] 아이콘(전환(R))을 클릭합니다. 화면 전환 효과를 '아래로 덮기'로 선택합니다.

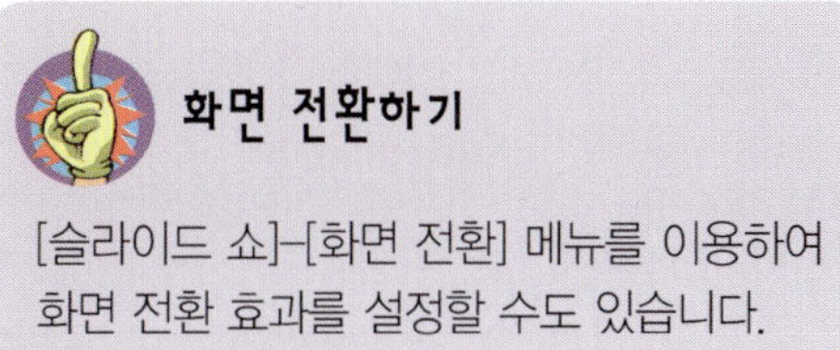

화면 전환하기

[슬라이드 쇼]–[화면 전환] 메뉴를 이용하여 화면 전환 효과를 설정할 수도 있습니다.

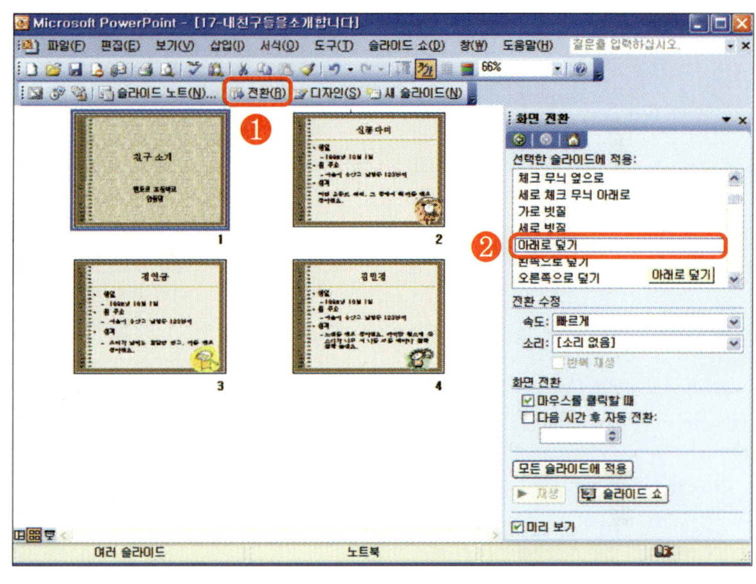

3 첫 번째 슬라이드의 아래쪽에 ☆ 아이콘이 표시됩니다. 이 아이콘을 클릭하여 화면 전환 효과를 다시 확인합니다.

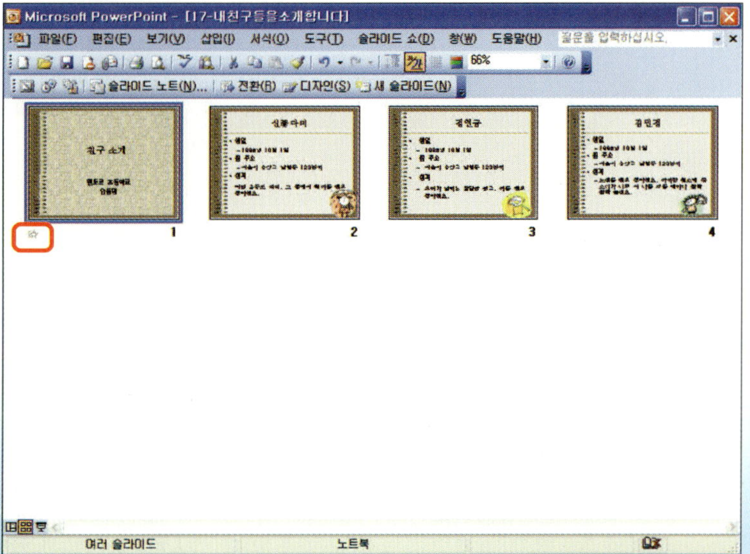

143

4 두 번째 슬라이드를 선택하고 [슬라이드 쇼]-[화면 전환]을 클릭합니다.

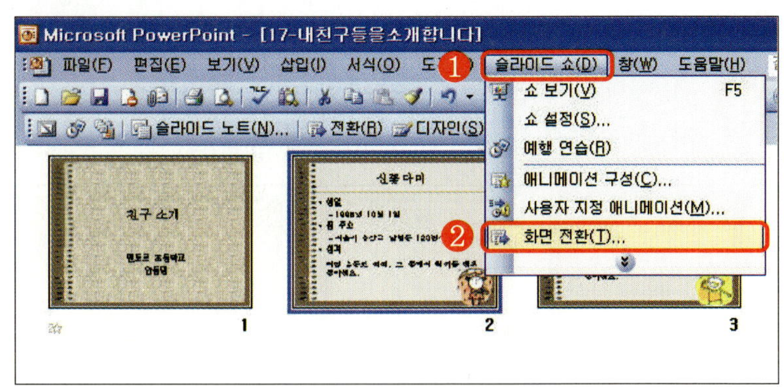

5 화면 전환 효과를 '가로 블라인드'로 선택합니다.

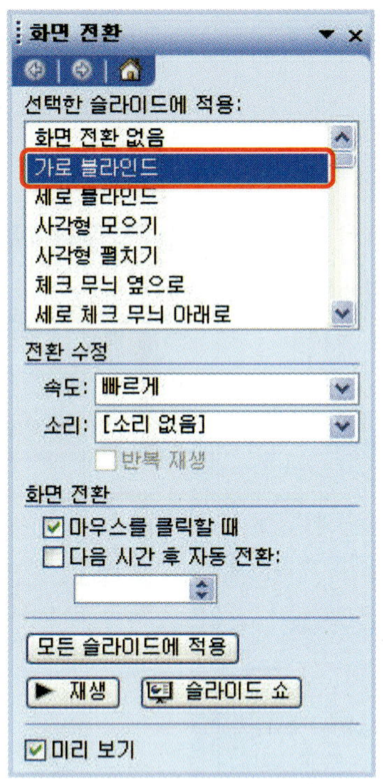

6 전환 수정에서 소리를 '박수'로 선택합니다.

화면 전환의 속도를 조절할 수 있습니다.

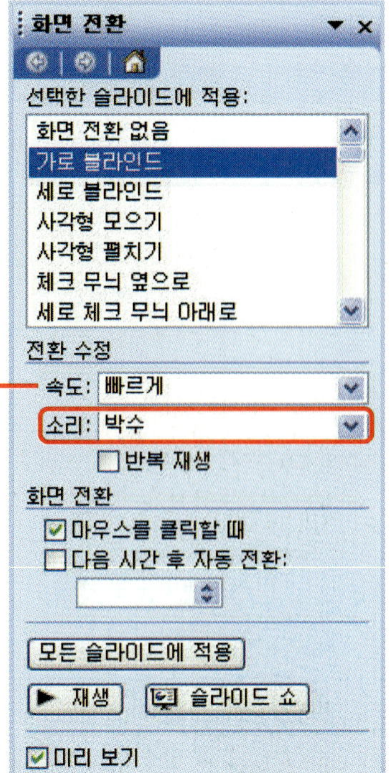

7 세 번째 슬라이드와 네 번째 슬라이드에 동일한 효과를 적용해 보겠습니다. 세 번째 슬라이드를 선택한 상태에서 Shift를 누른 채 네 번째 슬라이드를 클릭합니다.

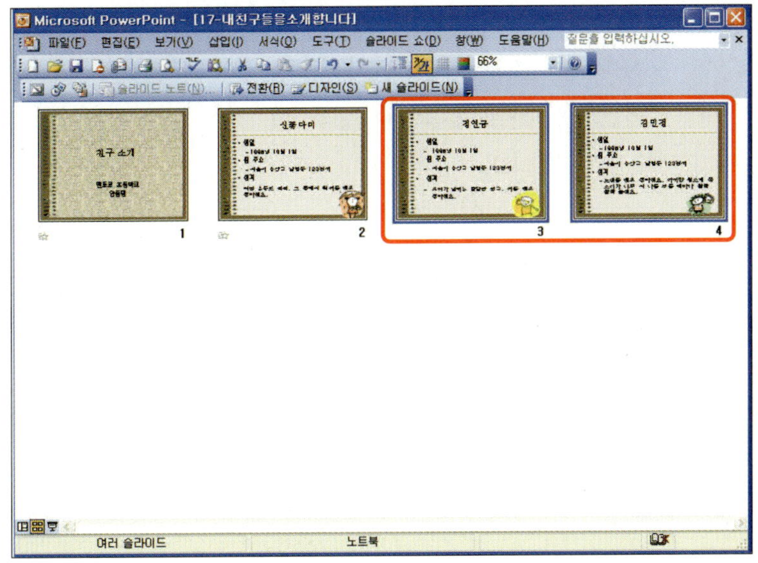

8 [슬라이드 쇼]–[화면 전환]을 클릭한 후 다음과 같이 설정합니다.

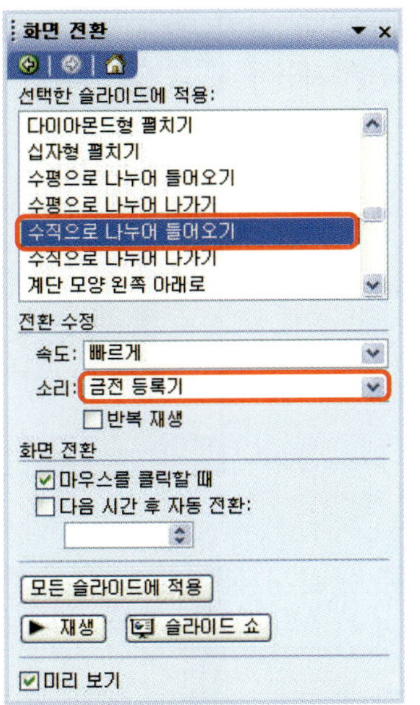

9 다음과 같이 세 번째 슬라이드와 네 번째 슬라이드에 화면 전환 효과가 설정됩니다.

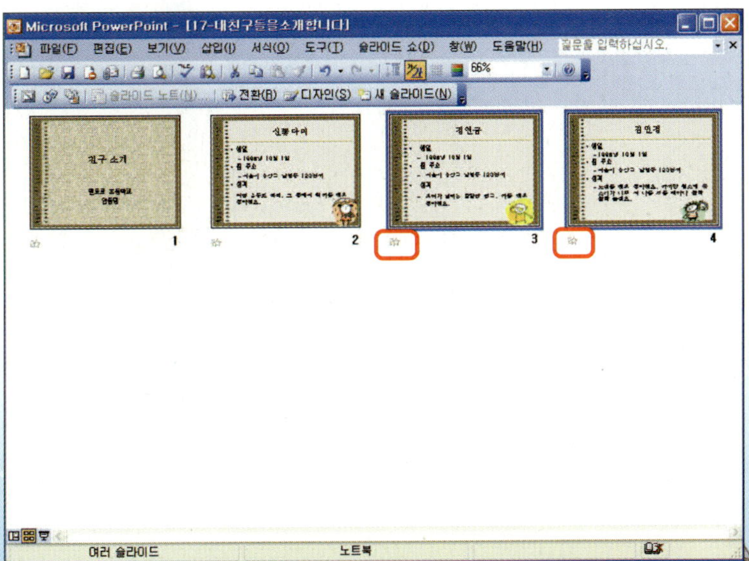

02. 자동 화면 전환 설정하기

1 [슬라이드 쇼]-[화면 전환]을 클릭한 후, Shift 를 누른 채 모든 슬라이드를 선택합니다.

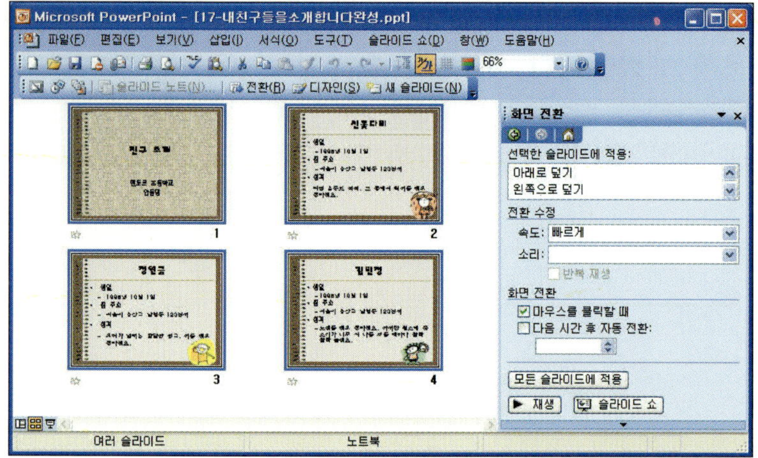

2 [화면 전환] 작업창에서 '마우스로 클릭할 때' 의 체크를 해제합니다. '다음 시간 후 자동 전환' 에 체크하고, 시간을 '00:05' 로 설정합니다.

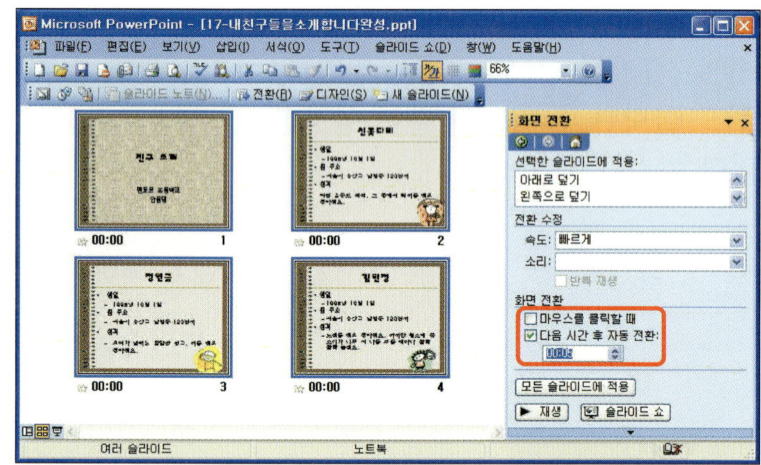

3 [슬라이드 쇼]-[쇼 보기]를 클릭하여 슬라이드 쇼를 실행하고 화면 전환 효과를 확인합니다. '17-내친구를소개합니다 완성.ppt' 로 저장합니다.

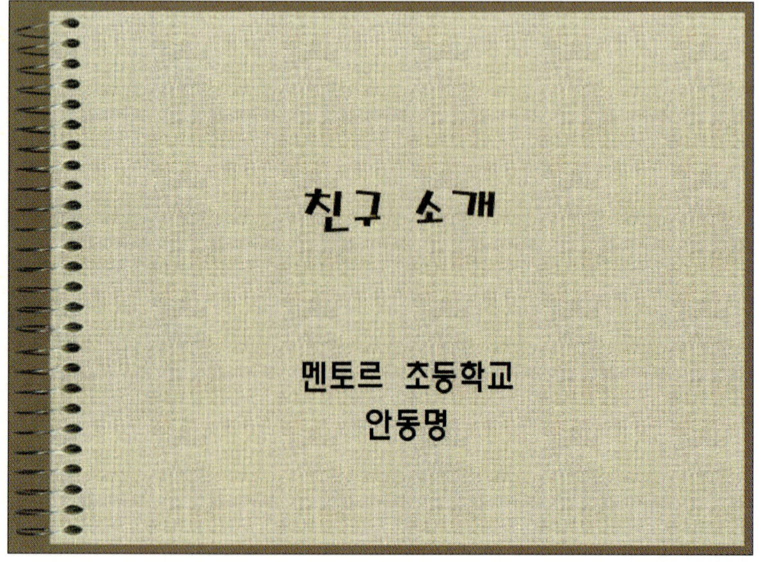

혼자 수련하기

1. 국보를 찾아라

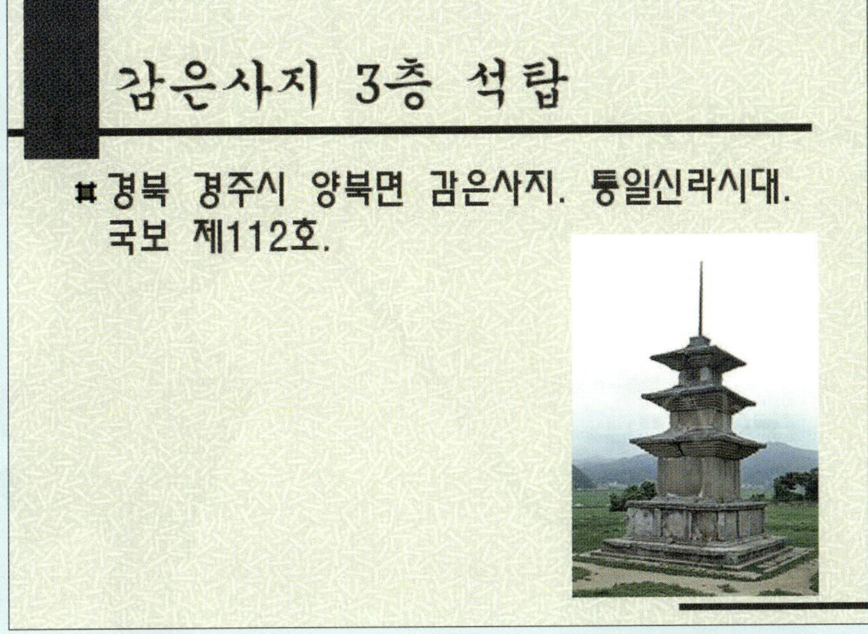

❶ '17-유물조사단.ppt' 파일 열기
❷ 화면 전환 효과 설정
  첫 번째 슬라이드 : 가로 블라인드와 '바람 가르는 소리', 두 번째와 세 번째 슬라이드 : 세로 블라인드
❸ '17-유물조사단 완성.ppt'로 저장

2. 최강을 찾아라

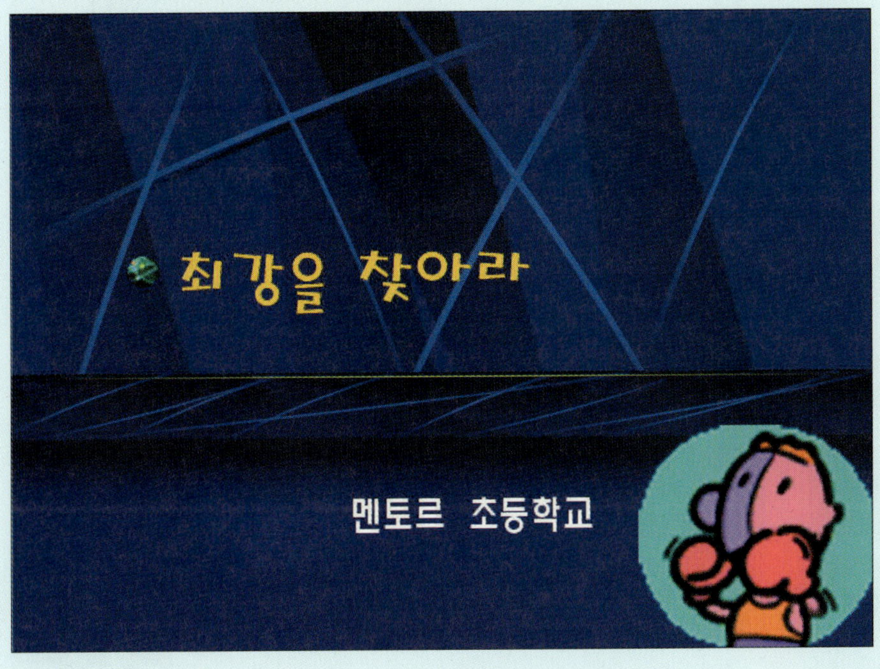

❶ '17-최강을찾아라.ppt' 파일 열기
❷ 화면 전환 효과 설정
  첫 번째 슬라이드 : 아래로 덮기, 두 번째 슬라이드 : 왼쪽 아래로 덮기, 세 번째 슬라이드 : 위로 덮기
❸ 모든 슬라이드 2초마다 자동 전환 설정
❹ '17-최강을찾아라 완성.ppt'로 저장

어떤 만화가 재미있어?

- 슬라이드에 애니메이션을 설정해 보자.
- 애니메이션 효과를 지정해 보자.

01. 슬라이드에 애니메이션 효과 구성하기

1 '18-랭킹.ppt' 를 엽니다.

2 [슬라이드 쇼]-[애니메이션 구성]을 클릭합니다.

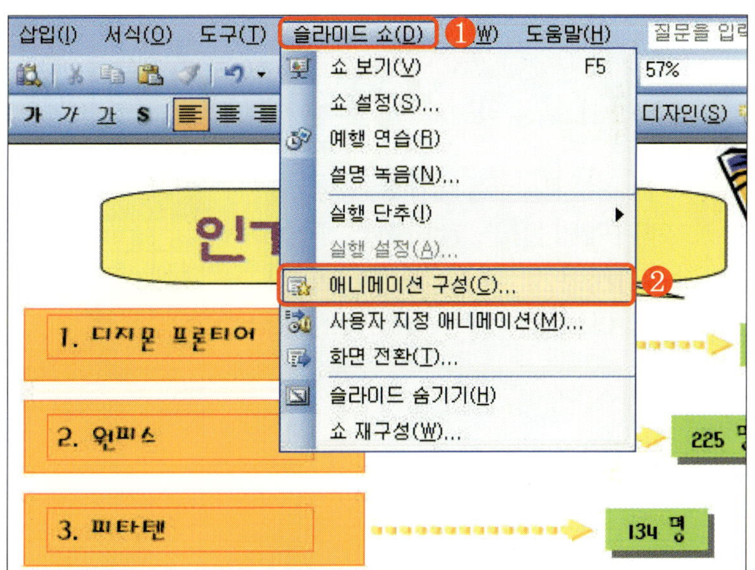

3 [슬라이드 디자인-애니메이션 구성] 작업창이 표시되면 선택한 슬라이드 적용에서 '바운드' 를 선택합니다.

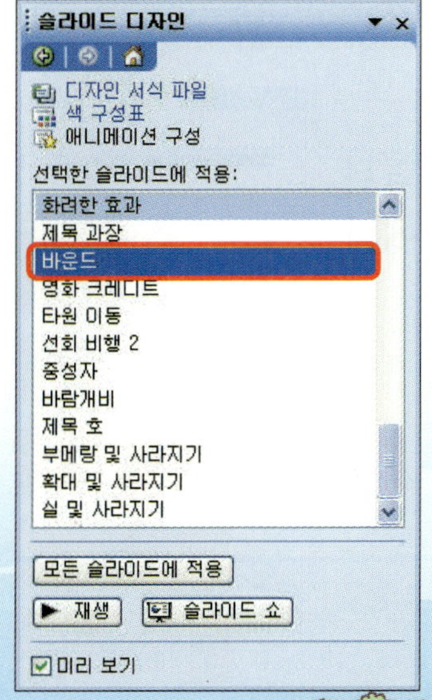

4 [슬라이드 디자인–애니메이션 구성] 작업창의 [슬라이드 쇼] 단추를 클릭하여 지정한 애니메이션을 확인합니다.

02. 애니메이션 효과 사용자 지정하기

1 [슬라이드 쇼]–[사용자 지정 애니메이션]을 클릭하면 다음과 같은 [사용자 지정 애니메이션] 작업창이 나타납니다.

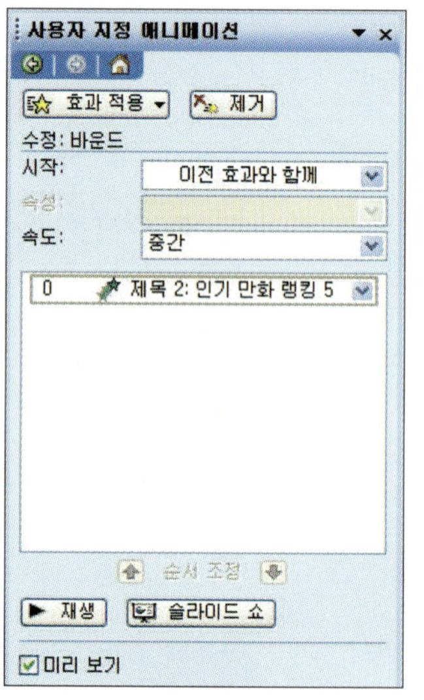

2 '디지몬 프론티어'가 입력된 도형을 선택하고 작업창에서 [효과 적용]을 선택합니다.

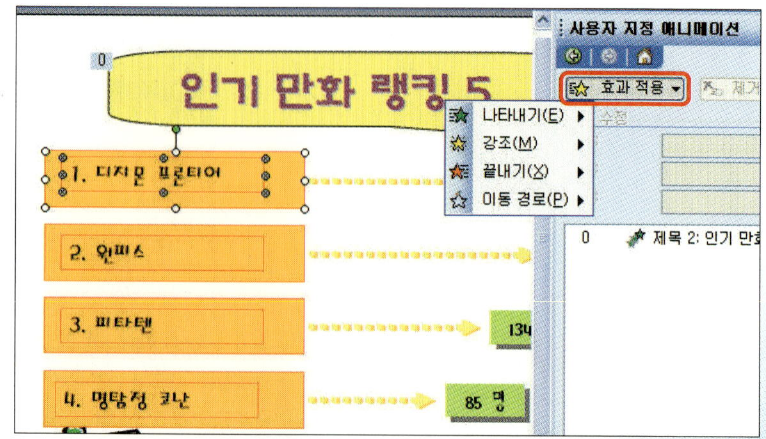

③ [효과 적용] 바로 가기 메뉴에서 [나타내기]-[다이아몬드 형]을 선택합니다.

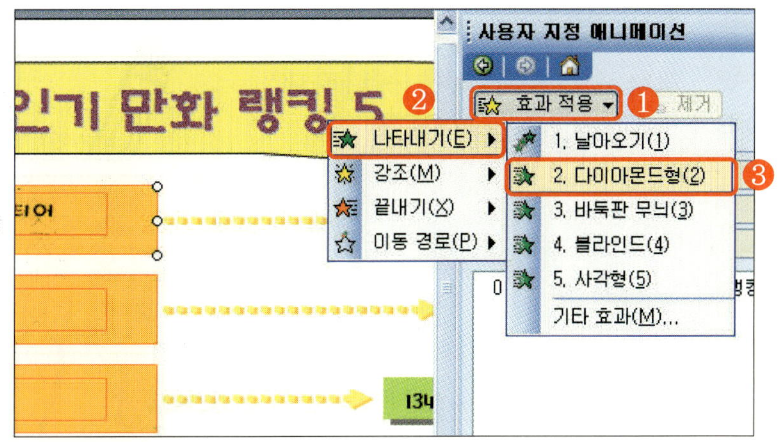

④ [사용자 지정 애니메이션] 작업창에서 [group 4]의 내림 단추를 눌러 바로 가기 메뉴의 [효과 옵션]을 선택합니다.

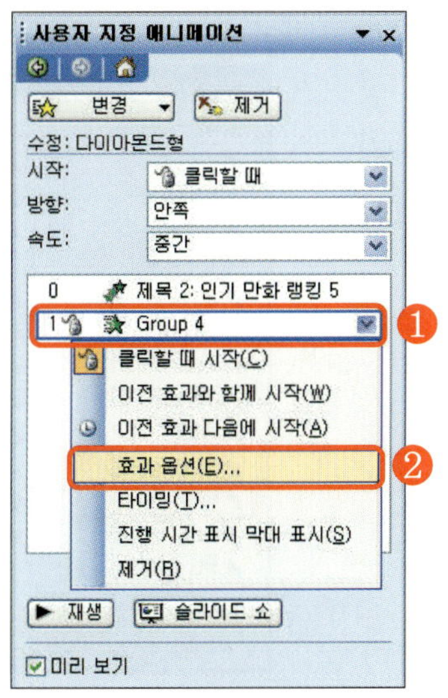

⑤ 표시되는 대화 상자의 '소리' 내림 단추를 클릭한 후 '폭발'을 선택하고 [확인] 단추를 클릭합니다.

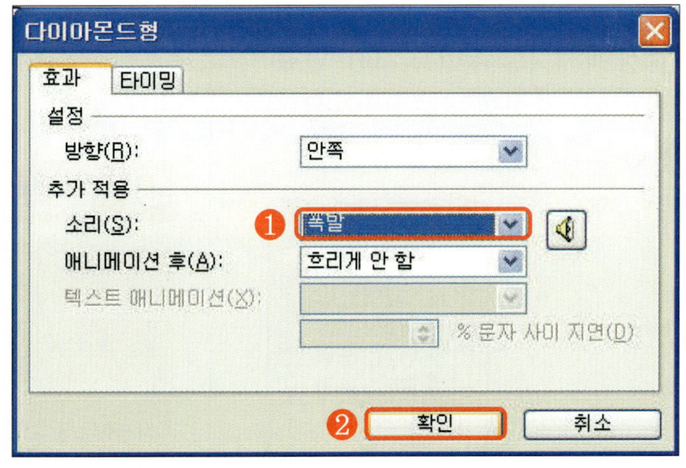

6 '380명'이 입력된 개체를 선택하고, [효과 적용]-[나타내기]-[기타 효과]를 클릭합니다.

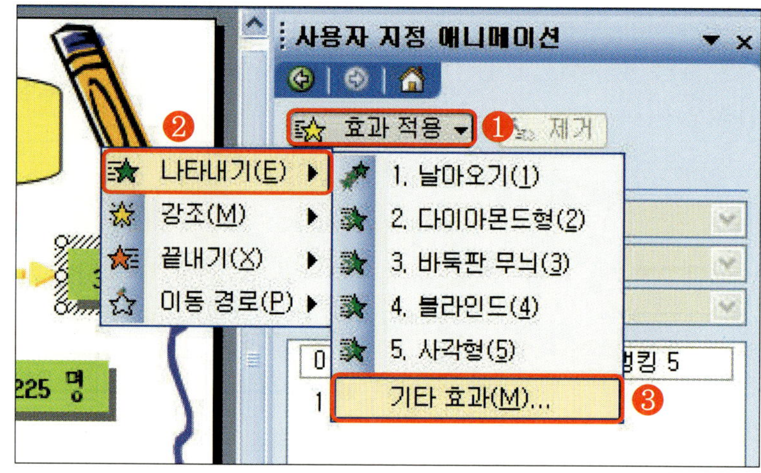

7 [나타내기 효과 추가] 대화 상자에서 '화려한 효과'의 '튀기기'를 선택하고 [확인] 단추를 클릭합니다.

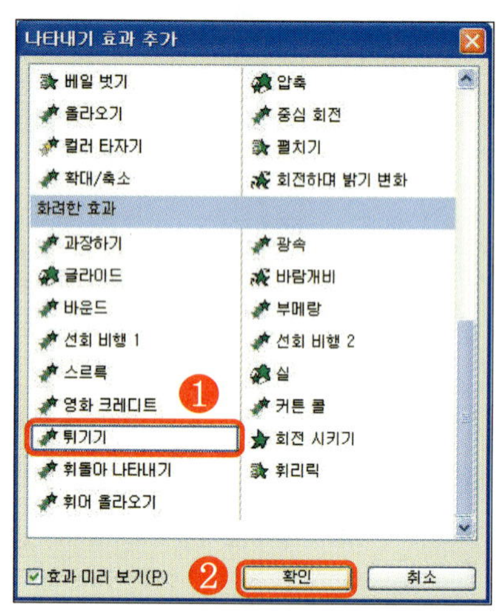

8 [사용자 지정 애니메이션] 작업창에서 [슬라이드 쇼] 단추를 클릭하여 지정한 애니메이션이 어떻게 진행되는지 확인합니다.

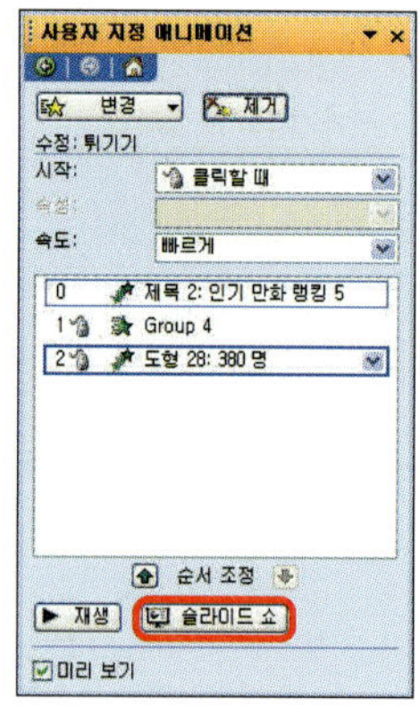

9 '18-랭킹 완성.ppt'로 저장합니다.

혼자 수련하기

1. 무엇일까요?

❶ '18-무엇일까요.ppt' 파일 열기
❷ 각 개체에 임의의 애니메이션 효과를 설정하되, 제목 2, 텍스트 목록순, 도형 4, 선물 1, 시계 순서로 애니메이션이 실행되도록 설정
❸ '18-무엇일까요 완성.ppt'로 저장

2. 하루일과

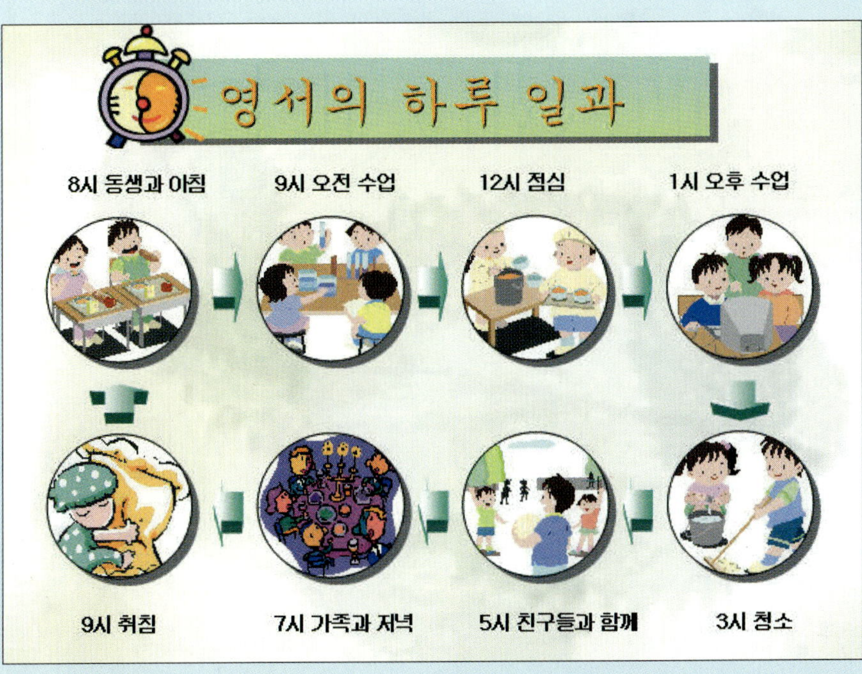

❶ '18-하루일과.ppt' 파일 열기
❷ 각 개체에 임의의 애니메이션 효과를 설정하되, 제목이 먼저 표시되고, 각 시간별 텍스트가 순서대로 표시되도록 설정하고, 타원과 화살표는 제목의 '이전 효과 다음에 시작'으로 설정
❸ 시간별 할 일에 딸린 그림과 화살표는 각 시간에 할 일이 표시될 때 자동으로 표시되도록 설정
❹ '18-하루일과 완성.ppt'로 저장

컴짱 이야기

- □ 슬라이드 마스터 편집을 배워 보자.
- □ 여러 장의 슬라이드 마스터 서식을 변경해 보자.

01. 슬라이드 마스터 편집하기

 '19-컴짱이야기.ppt'를 열고 [보기]–[마스터]–[슬라이드 마스터]를 클릭합니다.

제목 마스터 편집하기

슬라이드 마스터를 편집하려면 현재 파일에 제목 슬라이드가 있어야 합니다. 제목 마스터를 별도로 편집하지 않으면 제목 슬라이드는 슬라이드 마스터 설정을 따라 갑니다.

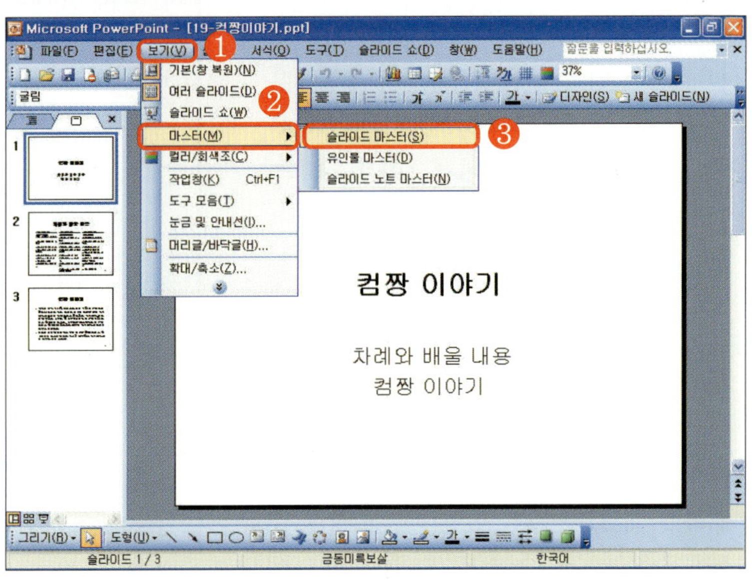

마스터 편집 상태로 들어오면 배경 그림을 설정하기 위해 [서식]–[배경]을 클릭합니다.

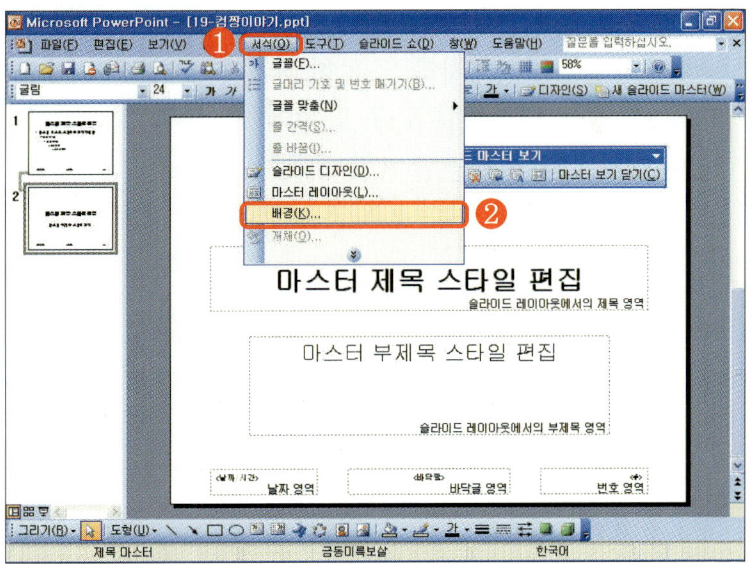

[배경] 대화 상자가 표시되면 배경색 채우기의 내림 단추를 클릭해 [채우기 효과]를 선택합니다.

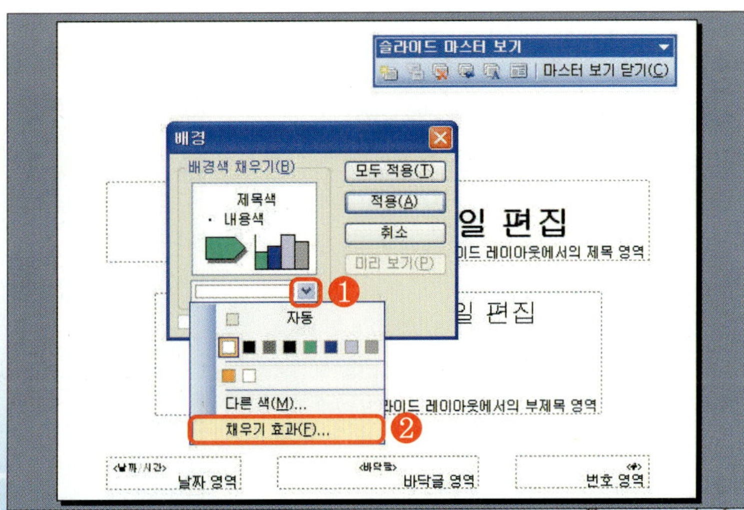

④ [그림] 탭에서 [그림 선택]을 클릭하고 [그림 선택] 대화 상자에서 '컴짱1.jpg'를 선택한 후 [삽입]을 클릭합니다. 표시된 [채우기 효과] 대화 상자에서 [확인] 단추를 선택합니다.

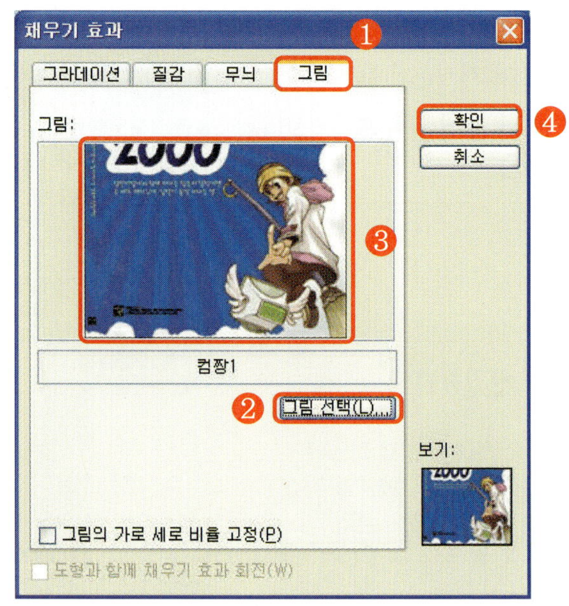

⑤ [배경] 대화 상자로 돌아오면 [적용] 단추를 클릭합니다. 제목 스타일과 부제목 스타일의 글자 서식을 다음과 같이 적용하고 텍스트 상자의 크기와 위치를 조절한 후 [슬라이드 마스터 보기] 도구 모음에서 마스터 보기 닫기(C) 를 클릭합니다.

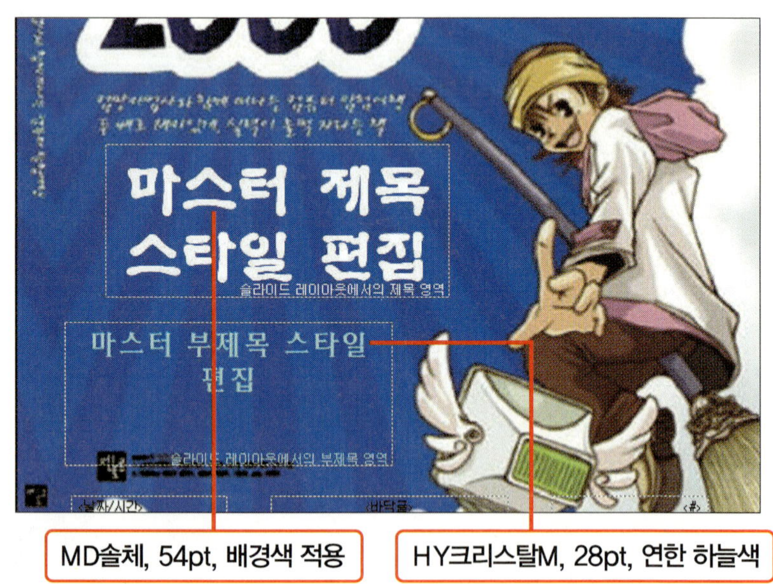

⑥ 첫 번째 슬라이드를 보면 마스터를 편집함에 따라 슬라이드의 배경과 서식이 변경되어 있는 것을 확인할 수 있습니다.

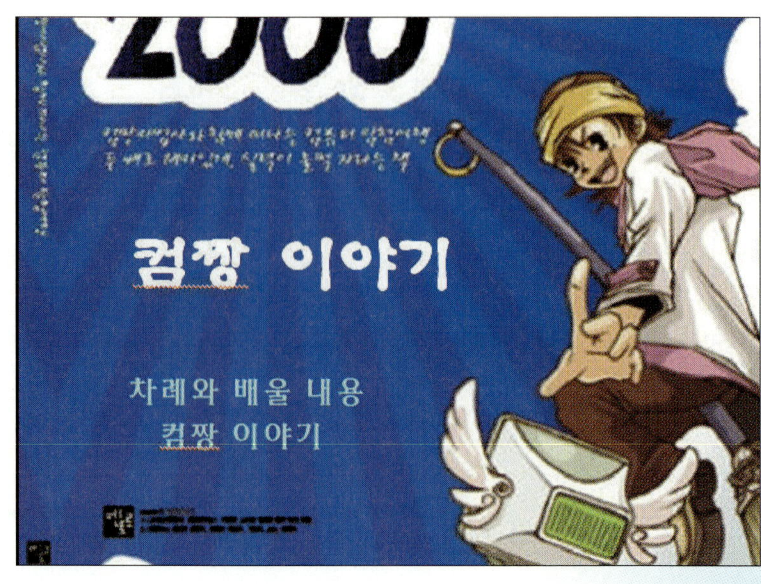

7 두 번째 슬라이드와 세 번째 슬라이드에는 아무런 변화가 없는 것을 알 수 있습니다. 두 번째 슬라이드와 세 번째 슬라이드는 제목 슬라이드가 아니기 때문입니다.

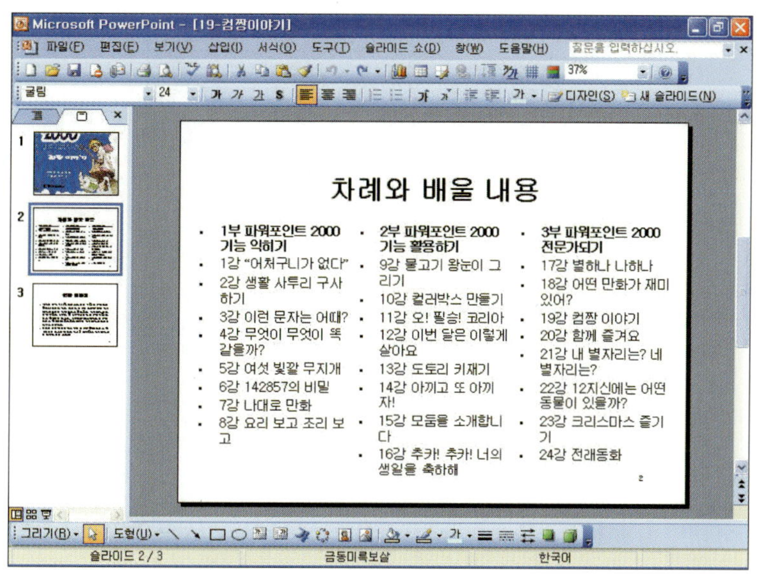

02. 슬라이드 마스터 서식 변경하기

1 두 번째 슬라이드에서 [보기]-[마스터]-[슬라이드 마스터]를 클릭합니다.

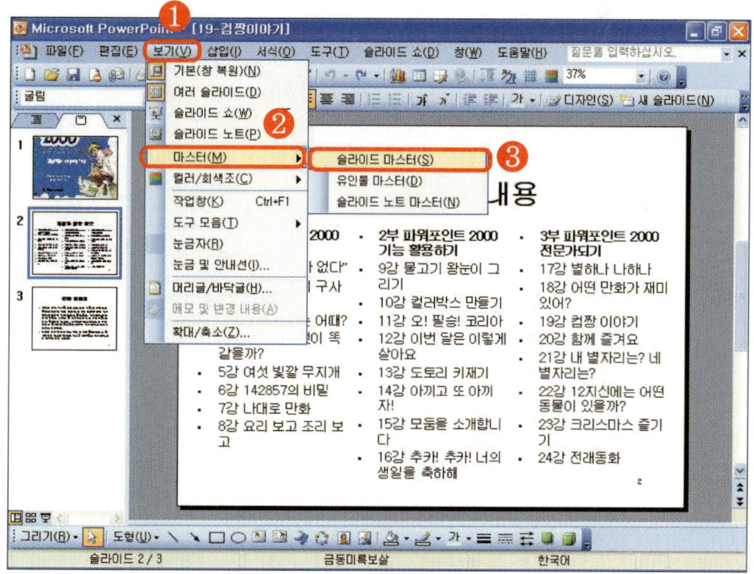

2 첫 번째 슬라이드와 같은 방법으로 '컴짱2.jpg'를 선택해 배경 그림으로 적용합니다.

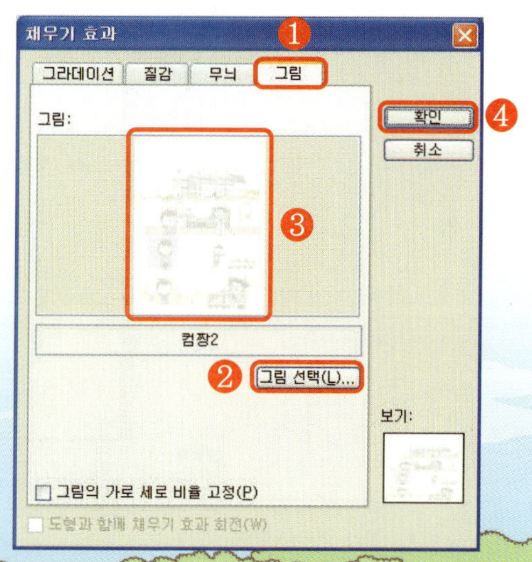

3 다음과 같이 제목과 부제목의 서식을 설정하고 텍스트 상자의 위치와 크기를 조절합니다. [슬라이드 마스터 보기] 도구 모음에서 마스터 보기 닫기(C) 를 클릭합니다.

MD아롱체, 44pt, 오렌지색

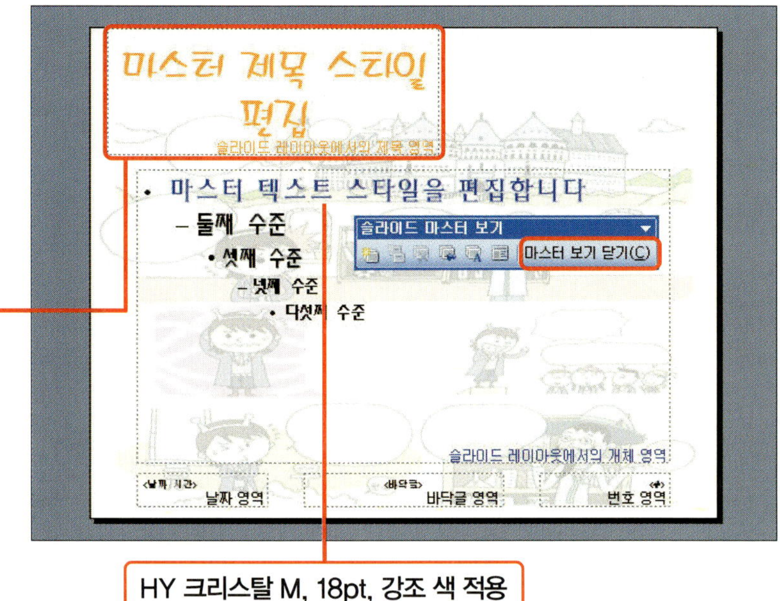

HY 크리스탈 M, 18pt, 강조 색 적용

4 다음과 같이 두 번째 슬라이드와 세 번째 슬라이드의 서식이 변경됩니다. 새로운 슬라이드를 삽입하기 위해 세 번째 슬라이드에서 [새 슬라이드] 아이콘(📄)을 클릭합니다.

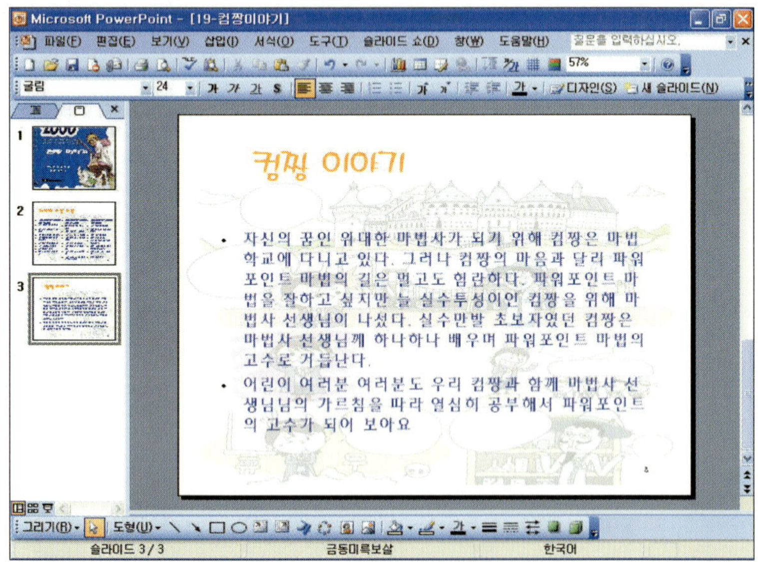

5 마스터에서 설정한 서식이 기본적으로 적용되어 있습니다. '19-컴짱이야기 완성 .ppt' 로 저장합니다.

혼자 수련하기

1. 우리집 강아지 마르티즈

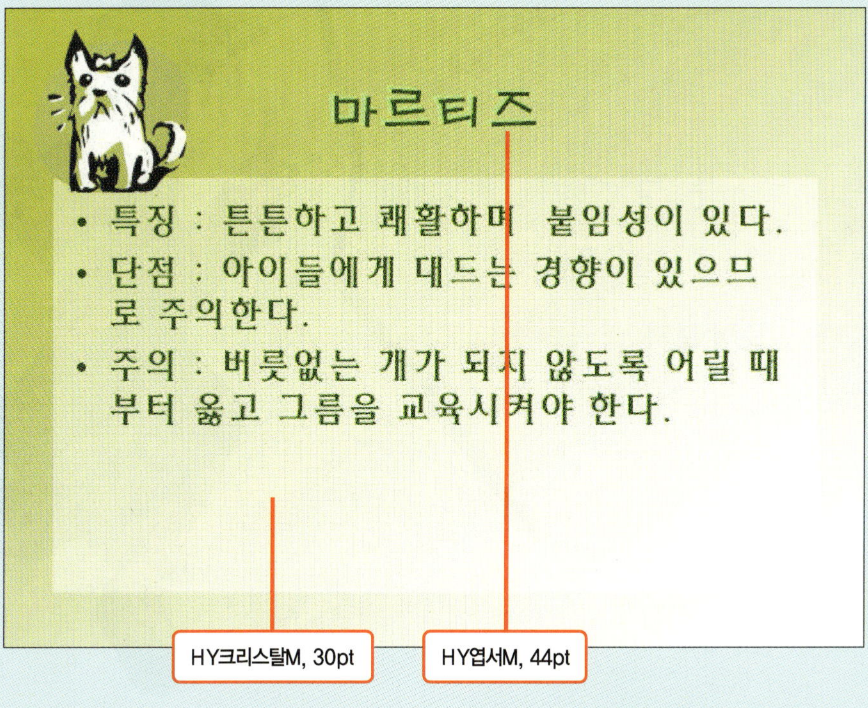

❶ '19-개에관한짧은보고서.ppt' 파일 열기
❷ 슬라이드 마스터로 작성
  – 슬라이드 배경으로 임의의 그라데이션 설정
  – '마르티즈.wmf'를 삽입
❸ 지정된 슬라이드 글꼴 지시 사항을 수행
❹ '19-개에관한짧은보고서 완성.ppt'로 저장

2. 쌍둥이 관찰일기

❶ '19-관찰일기.ppt' 파일 열기
❷ 슬라이드 마스터로 작성
  – 슬라이드 배경으로 '배경색'을 임의로 설정
  – '쌍둥이.wmf'와 '하루의 배경.wmf'을 삽입
❸ 지정된 슬라이드 글꼴 지시 사항을 수행
❹ '19-관찰일기 완성.ppt'로 저장

하이퍼링크란 특정한 텍스트나 그림 등을 클릭했을 때 지정된 다른 슬라이드나 대상으로 이동하는 것을 말합니다. 쉽게 말해 순간 이동 마법이라 할 수 있습니다. 가고자 하는 곳으로 이동하는 주문을 외우면 나도 모르게 어느새 순간 이동합니다.

함께 즐겨요

- 하이퍼링크를 이용하여 다른 슬라이드로 이동해 보자.
- 실행 단추를 통해 하이퍼링크를 만들어 보자.
- 하이퍼링크를 이용하여 웹 페이지로 이동해 보자.

01. 다른 슬라이드로 이동하기

하이퍼링크는 텍스트 상자 뿐만 아니라 클립아트, 그림, 차트 등 모든 개체에 설정할 수 있습니다.

1 '20-함께즐겨요.ppt'를 연 후 '과자 공장'의 '게임방법'이 입력된 텍스트 상자를 선택한 후 [삽입]-[하이퍼링크]를 클릭합니다.

텍스트 상자 안에 커서를 표시하지 않고 텍스트 상자 전체를 선택합니다.

2 [하이퍼링크 삽입] 대화 상자가 표시되면 '현재 문서', '슬라이드 2'를 선택하고 [확인] 단추를 클릭합니다.

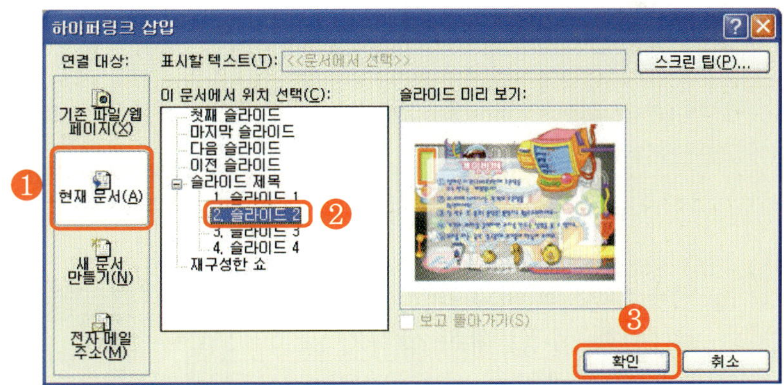

3 '힘껏 던져봐'의 '게임방법'에는 다음과 같이 '슬라이드 3'으로 이동하는 하이퍼링크를 설정합니다.

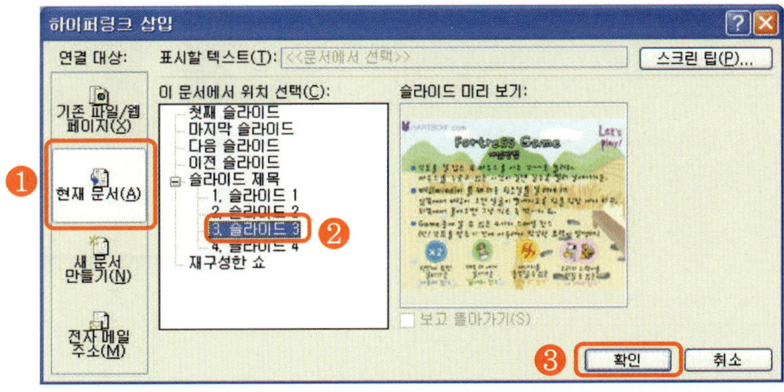

4 '피트의 스노우보드'의 '게임 방법'에는 다음과 같이 '슬라이드 4'로 이동하는 하이퍼링크를 설정합니다.

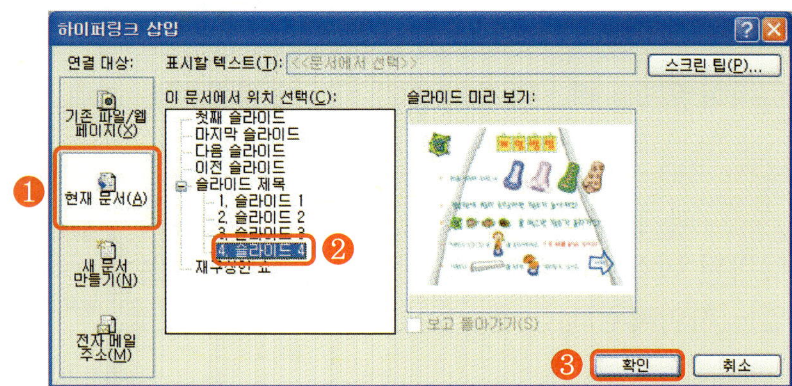

5 두 번째 슬라이드로 전환한 후 [도형]–[실행 단추]–[실행 단추 : 홈]을 선택합니다.

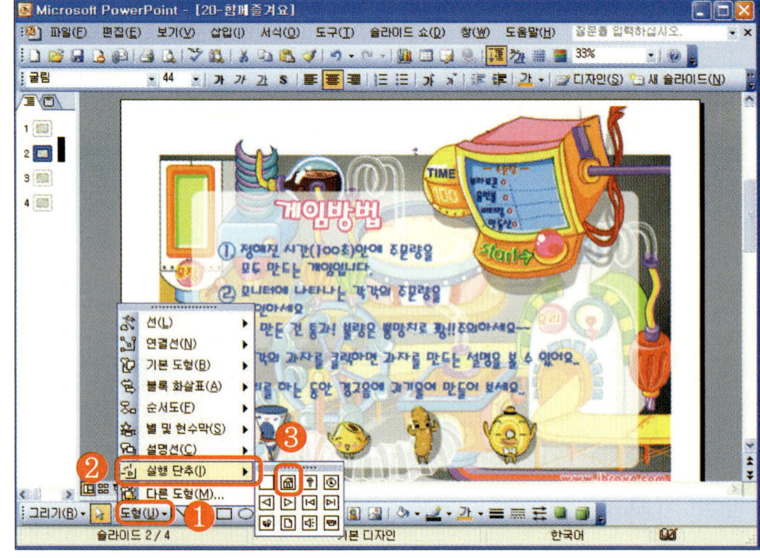

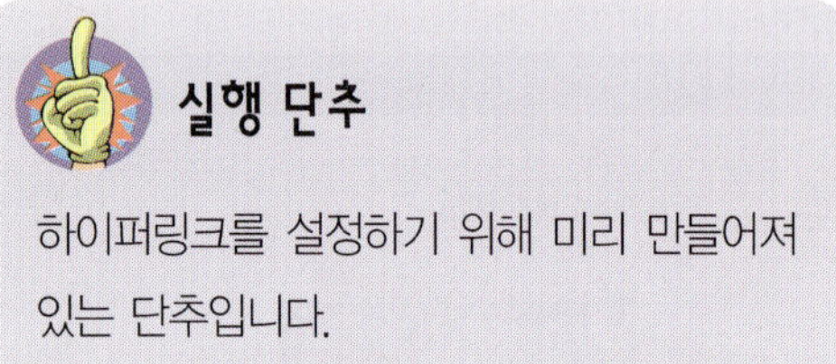

실행 단추

하이퍼링크를 설정하기 위해 미리 만들어져 있는 단추입니다.

6 마우스를 드래그하면 자동으로 [실행 설정] 대화 상자가 표시됩니다. 하이퍼링크 설정이 '첫째 슬라이드'로 선택되어 있는지 확인하고 [확인] 단추를 클릭합니다.

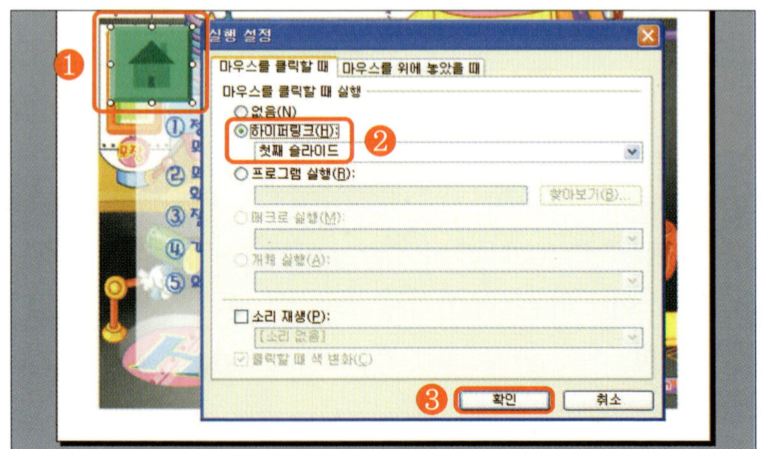

7 작성한 실행 단추를 세 번째 슬라이드와 네 번째 슬라이드에 복사하기 위하여 실행 단추를 선택하고 [복사] 아이콘(📋)을 클릭합니다.

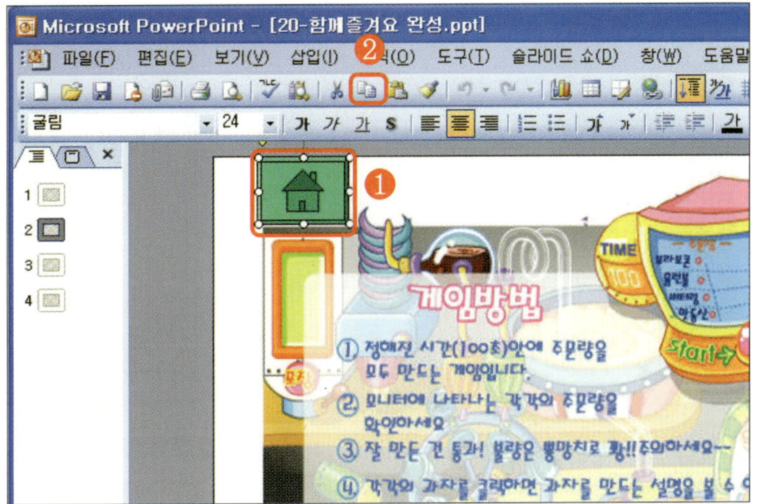

8 세 번째 슬라이드와 네 번째 슬라이드에서 각각 [붙여넣기] 아이콘(📋)을 클릭합니다. 같은 자리에 붙여지면 네 번째 슬라이드에서는 다음과 같이 위치를 이동시킵니다.

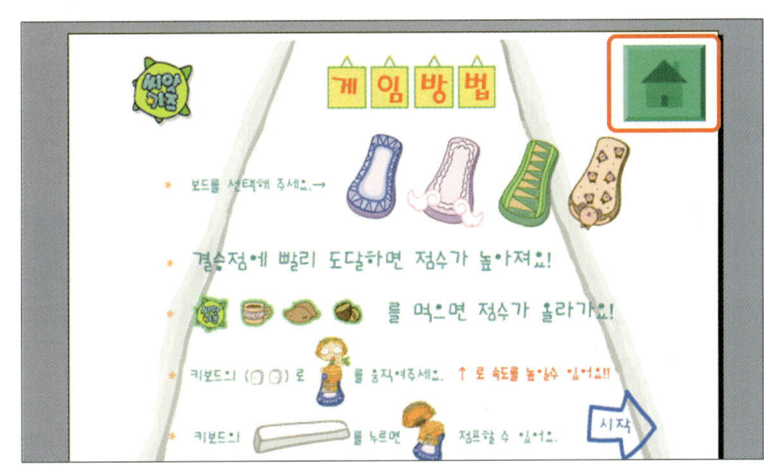

02. 인터넷 사이트로 이동하기

1 첫 번째 슬라이드로 이동한 후 '과자 공장'의 '순위보기'를 선택하고 [삽입]-[하이퍼링크]를 클릭합니다.

2 [하이퍼링크 삽입] 대화 상자가 표시되면 '기존 파일/웹 페이지'를 선택하고 웹 페이지 주소 입력란에 'http://jr.naver.com/game/cache/popular.html'을 입력한 후 [확인] 단추를 클릭합니다.

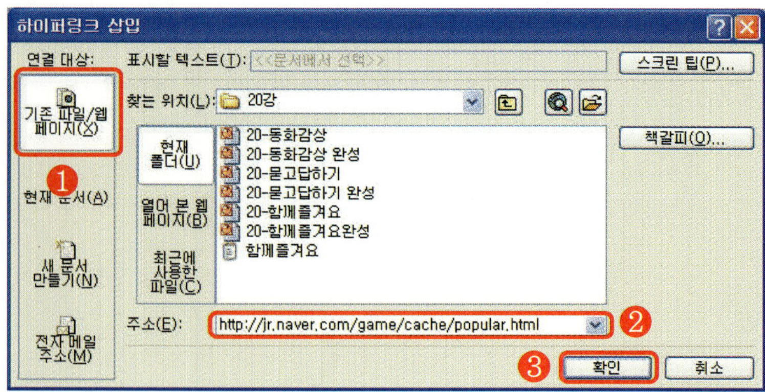

3 '피트의 스노우보드'의 '같이 놀기'는 [하이퍼링크 삽입] 대화 상자에서 '전자 메일 주소'를 선택하고 친구의 전자 우편 주소를 입력한 후 [확인] 단추를 클릭합니다.

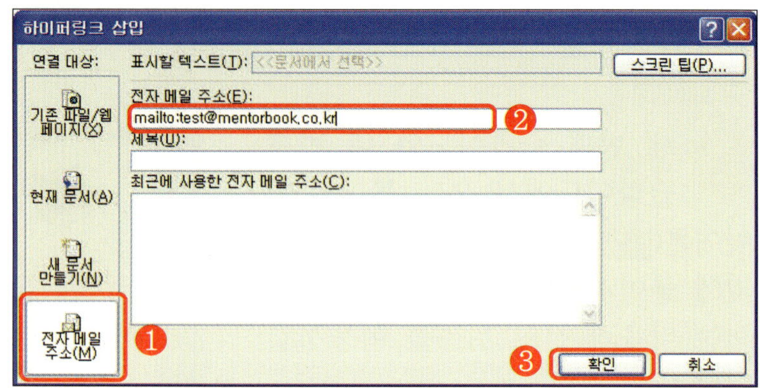

4 [슬라이드 쇼]–[쇼 보기]를 클릭한 후 '게임방법'과 '순위 보기'를 클릭했을 때 설정한 대로 이동하는지 확인합니다. '20-함께 즐겨요 완성.ppt'로 저장합니다.

마우스 포인터 모양

하이퍼링크가 설정된 텍스트나 그림에 마우스를 위치시키면 포인터의 모양이 손가락 모양으로 바뀝니다. 이때 클릭하면 하이퍼링크로 설정된 페이지로 이동합니다.

혼자 수련하기

1. 즐거운 동화 감상

① '20-동화감상.ppt' 파일 열기
② 첫 번째 그림에는 'http://www.e-donghwa.com/dh/swf/ani025.swf'로 하이퍼링크 설정
③ 두 번째 그림에는 'http://www.e-donghwa.com/dh/swf/ani027.swf'로 하이퍼링크 설정
④ 세 번째 그림에는 'http://www.e-donghwa.com/dh/swf/ani028.swf'로 하이퍼링크 설정
⑤ '20-동화감상 완성.ppt'로 저장

2. 무엇이든 물어보세요

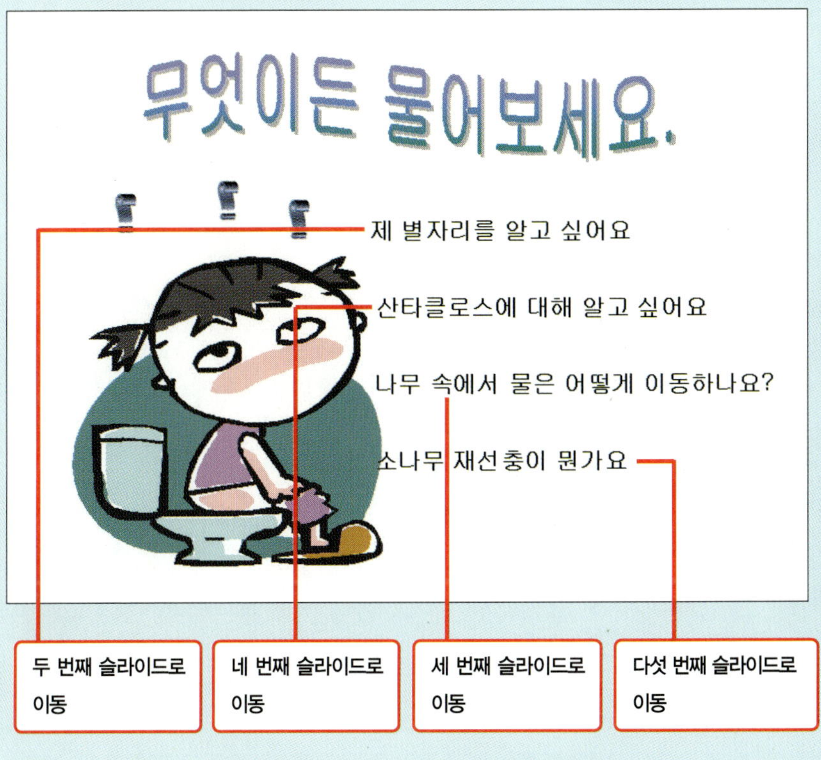

① '20-묻고답하기.ppt' 파일 열기
② 지정된 슬라이드로 이동하는 하이퍼링크 설정
③ 두 번째 슬라이드에서 다섯 번째 슬라이드까지는 임의의 클립아트를 삽입한 후 첫 번째 슬라이드로 이동하는 하이퍼링크 설정
④ '20-묻고답하기 완성.ppt'로 저장

파워포인트에서 인터넷으로 이동 마법을 걸면 누구나 인터넷에서 파워포인트를 접할 수 있습니다. 파워포인트를 이용해서도 간단하고 편리하게 홈 페이지를 작성할 수 있기 때문이죠. 파워포인트로 만든 슬라이드를 웹 페이지 형식으로 저장해서 친구들한테 자랑해 보세요.

내 별자리는? 네 별자리는?

- 웹 페이지 형식으로 저장해 보자.
- 웹 페이지 형식으로 미리 보는 방법을 배워 보자.
- 인터넷 익스플로러에서 저장한 웹 페이지를 확인해 보자.

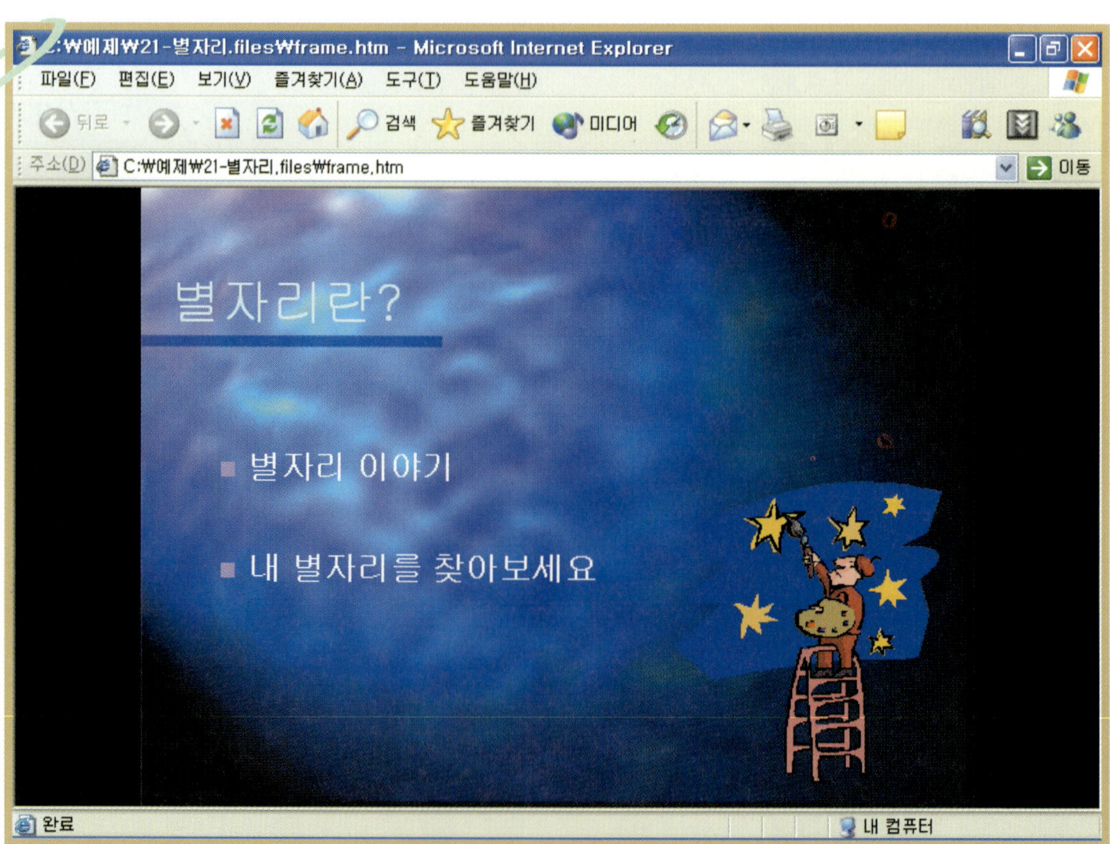

01. 웹 페이지 형식으로 저장하기

1 '21-별자리.ppt'를 열고 '별자리 이야기'가 입력된 텍스트 상자를 선택하고 [삽입]-[하이퍼링크]를 클릭합니다.

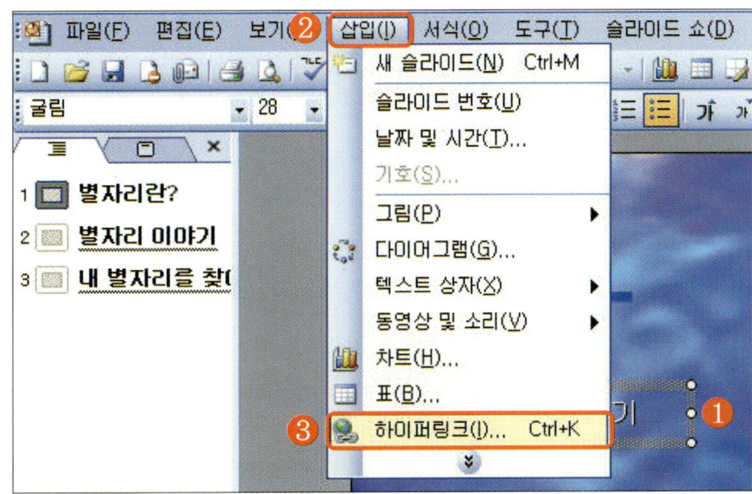

2 [하이퍼링크 삽입] 대화 상자가 표시되면 '현재 문서', '2. 별자리 이야기'를 선택하고 [확인] 단추를 클릭합니다.

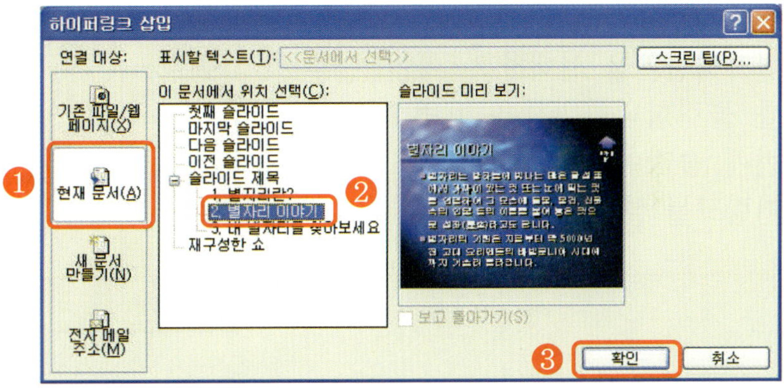

3 같은 방법으로 '내 별자리를 찾아보세요'가 입력된 텍스트 상자에는 세 번째 슬라이드로 이동하도록 하이퍼링크를 설정합니다.

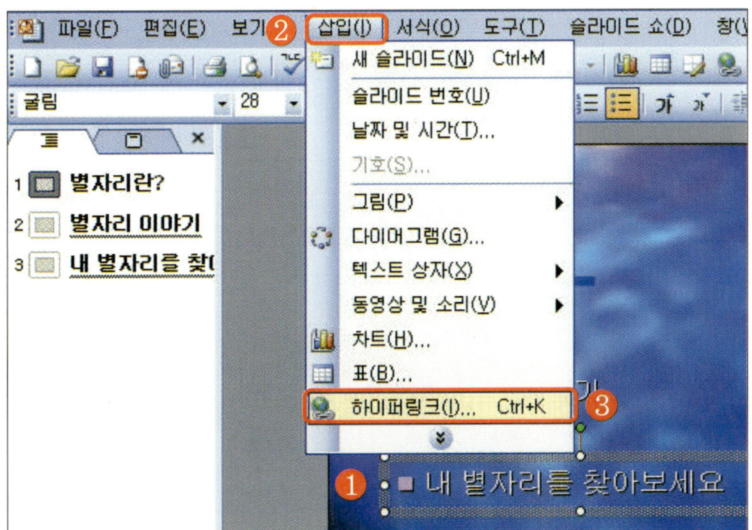

4 두 번째 슬라이드로 이동한 후 화살표를 선택하고 [삽입]−[하이퍼링크]를 클릭합니다.

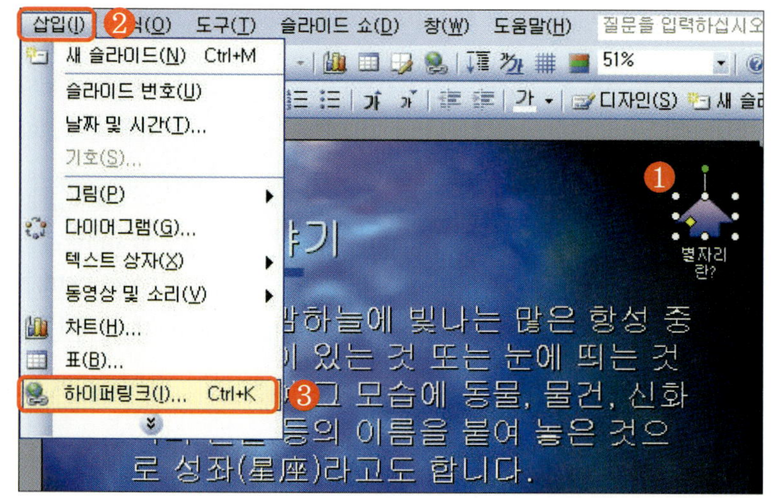

5 [하이퍼링크 삽입] 대화 상자가 표시되면 '현재 문서', '1. 별자리란?'을 선택하고 [확인] 단추를 클릭합니다. 같은 방법으로 세 번째 슬라이드의 화살표에도 하이퍼링크를 설정합니다.

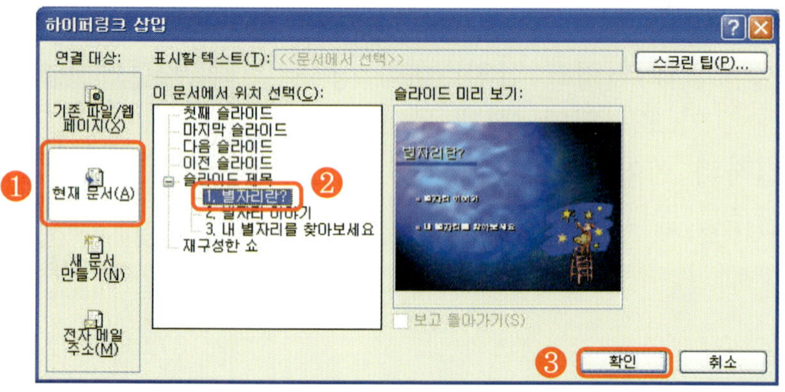

6 웹 페이지로 저장하면 어떻게 되는지 확인해 보겠습니다. [파일]−[웹 페이지 미리 보기]를 선택합니다.

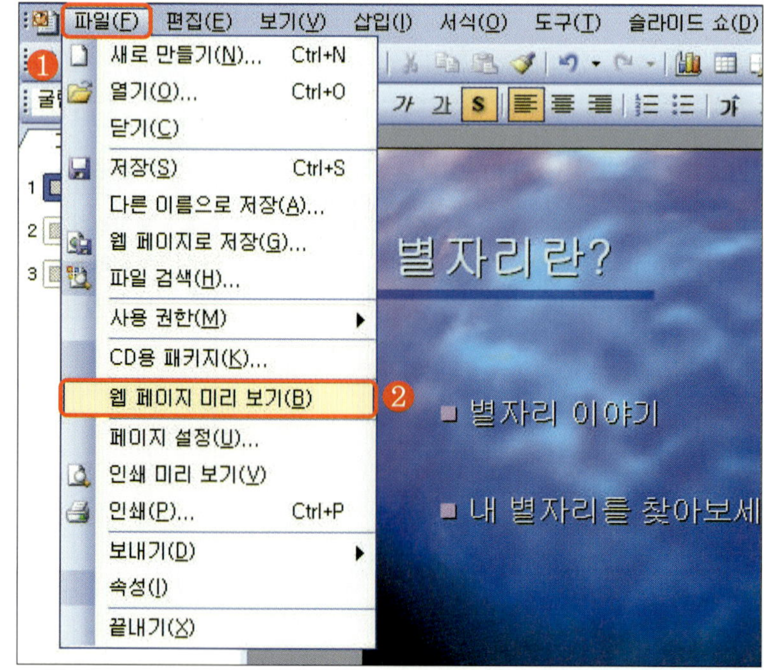

7 잠시 기다리면 인터넷 익스플로러가 실행되면서 첫 번째 슬라이드가 열립니다. 하이퍼링크로 설정한 텍스트와 화살표를 클릭하여 해당 슬라이드로 이동하는지 확인한 후 인터넷 익스플로러 창을 닫습니다.

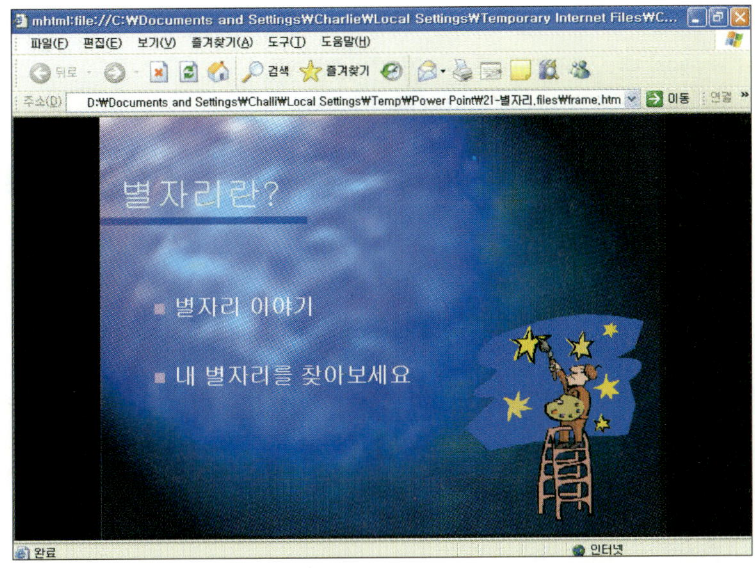

8 [파일]-[웹 페이지로 저장]을 클릭하면 다음과 같은 [다른 이름으로 저장] 대화 상자가 표시됩니다. 웹 페이지를 저장할 폴더를 선택하고 파일 이름을 입력한 후 [저장] 단추를 클릭합니다.

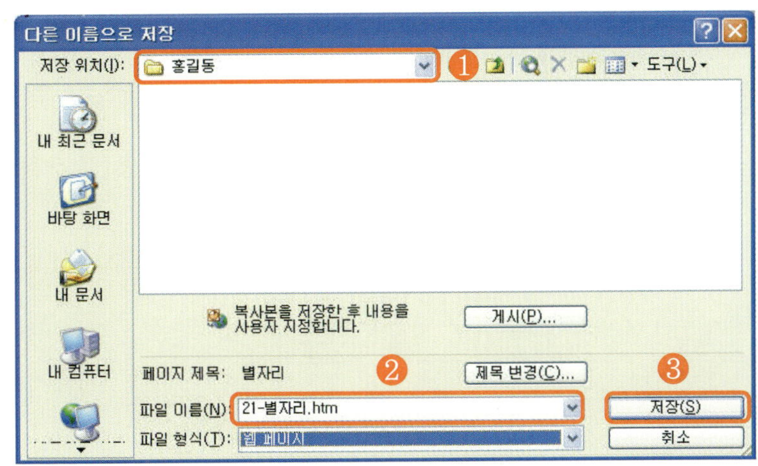

9 확장자가 'htm'인 웹 페이지 형식으로 지정되었습니다. 잠시 기다리면 다음과 같이 파일의 이름이 변경되어 저장됩니다.

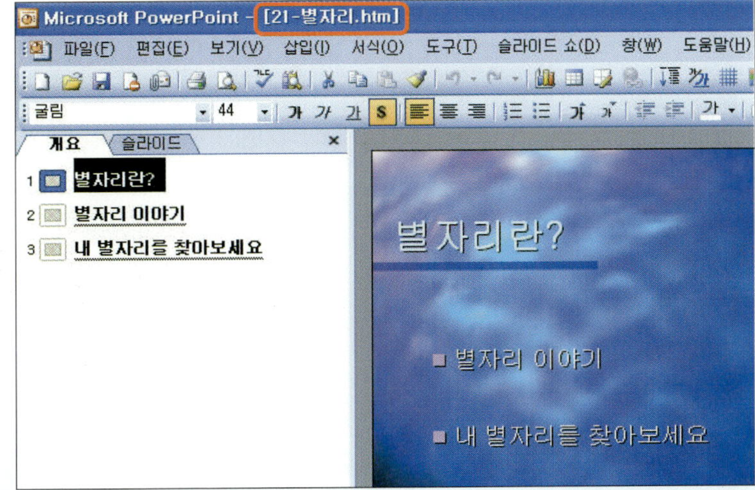

02. 웹 페이지 확인하기

1 윈도우 탐색기를 열고 '별자리.htm' 파일이 저장되어 있는 폴더로 이동한 후 '별자리.htm' 파일을 더블 클릭합니다.

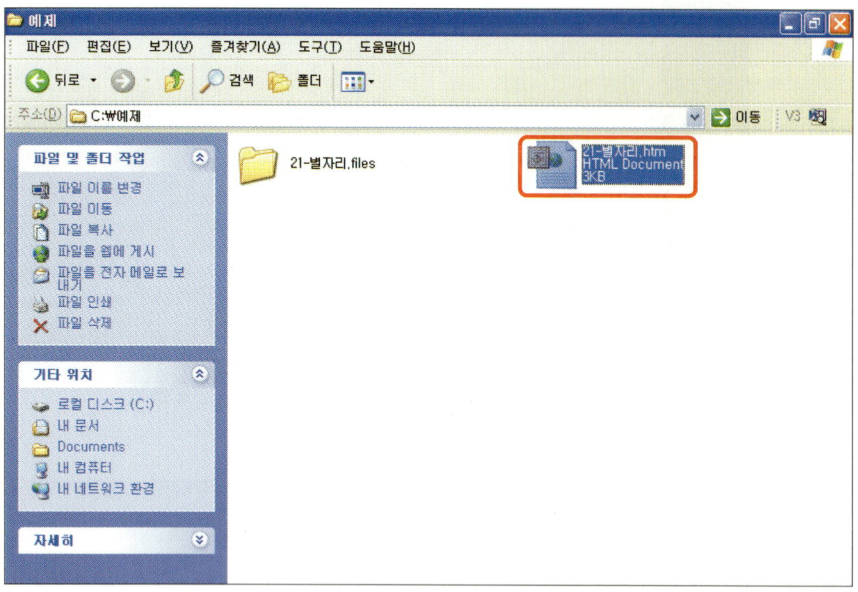

 **21-별자리.files 폴더**

파워포인트 형식의 파일을 웹 페이지 형식의 파일로 저장하면 그림 등 필요한 파일이 자동으로 생성됩니다. [21-별자리.files] 폴더는 '별자리.htm' 파일에 관련된 파일이 저장되어 있는 폴더이므로 삭제하거나 위치 이동, 이름 변경 등을 하면 안됩니다.

2 잠시 기다리면 인터넷 익스플로러가 실행되면서 첫 번째 슬라이드가 열립니다. 하이퍼링크로 설정한 텍스트와 화살표를 클릭하여 해당 슬라이드로 이동하는지 확인합니다.

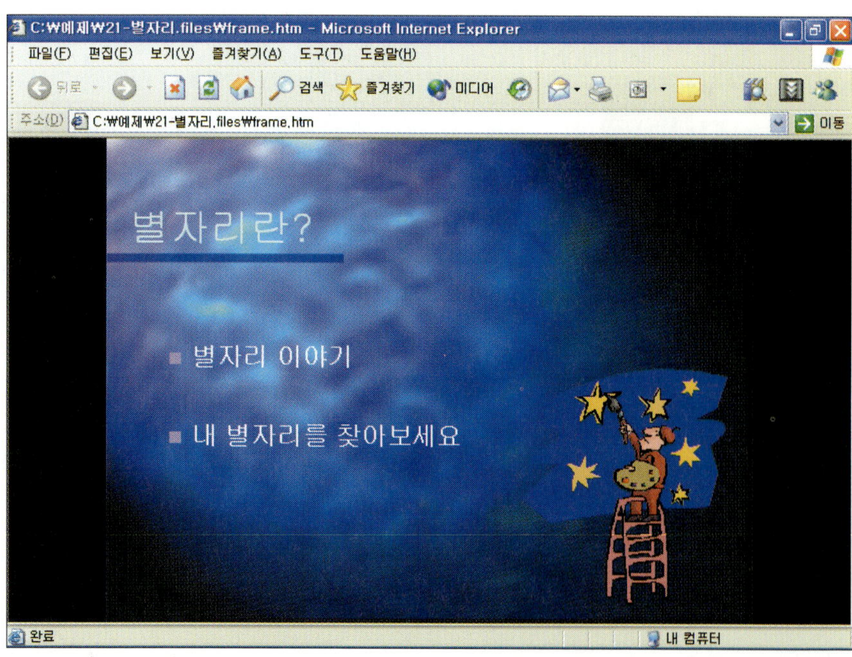

혼자 수련하기

1. 소나무가 아파요!

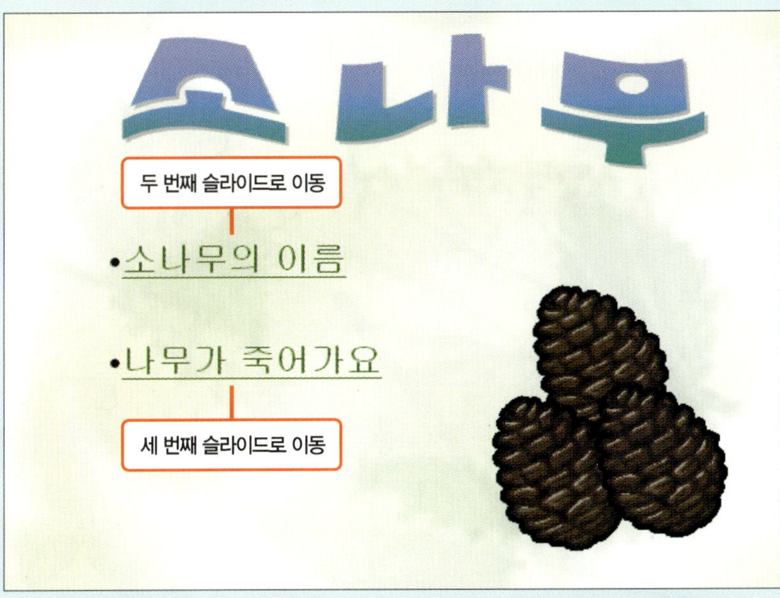

❶ '21-소나무.ppt' 파일 열기
❷ 지정된 하이퍼링크 지시 사항을 수행
 – 두 번째와 세 번째 슬라이드의 '목록으로'를 클릭하면 첫 번째 슬라이드로 이동하도록 하이퍼링크 설정
❸ [파일]–[웹 페이지로 저장]을 이용하여 '21-소나무.htm'으로 저장
❹ 윈도우 탐색기를 열고 '21-소나무.htm'을 더블 클릭하여 확인

2. 재미있는 순 우리말

❶ '21-하루의홈페이지.ppt' 파일 열기
❷ 지정된 하이퍼링크 지시 사항을 수행
 – 두 번째~다섯 번째 슬라이드의 '처음으로'를 클릭하면 첫 번째 슬라이드로 이동하도록 하이퍼링크 설정
❸ '21-하루홈페이지 완성.ppt'로 저장
❹ [파일]–[웹 페이지로 저장]을 이용하여 '21-하루의홈페이지완성.htm'으로 저장
❺ 윈도우 탐색기를 열고 '21-하루의홈페이지 완성.htm'을 더블 클릭하여 확인

파워포인트를 이용하되 친구들과 모둠을 구성하여 공동으로 작성하는 숙제가 있습니다. 자신이 작성한 파일을 친구들에게 전자 우편으로 보내야 하겠죠? 파워포인트에서 해당 파일을 작업하다 바로 전자 우편으로 발송할 수 있습니다.

12지신에는 어떤 동물이 있을까?

☐ 파워포인트 파일을 전자 우편으로 보내 보자.

☐ 슬라이드를 Microsoft Word로 보내 보자.

12지신

- 12지는 쥐, 소, 호랑이, 토끼, 용, 뱀, 말, 양, 원숭이, 닭, 개, 돼지의 12마리 동물을 지칭한다.
- 12지에 관련된 이야기 중 원래는 쥐 대신에 고양이가 12지신의 후보였으나 쥐의 속임수에 넘어가 12지신이 되지 못하여 쥐와 고양이가 지금까지 앙숙이라는 이야기가 전해진다.

01. 전자 우편으로 보내기

작업한 파워포인트 파일을 전자 우편으로 보낼 수 있습니다.

 '22-12지신.ppt'를 불러 온 후 [파일]-[보내기]-[이 파일을 첨부한 메일로]를 선택합니다.

전자 우편으로 보내기

파워포인트에서는 [파일]-[보내기] 메뉴를 이용해 전자 우편을 보낼 때는 아웃룩과 같은 전자 우편 프로그램을 사용합니다. 그러므로 전자 우편 프로그램이 설치되어 있고, 전자 우편을 보내기 위한 설정이 올바르게 되어 있어야 발송됩니다.

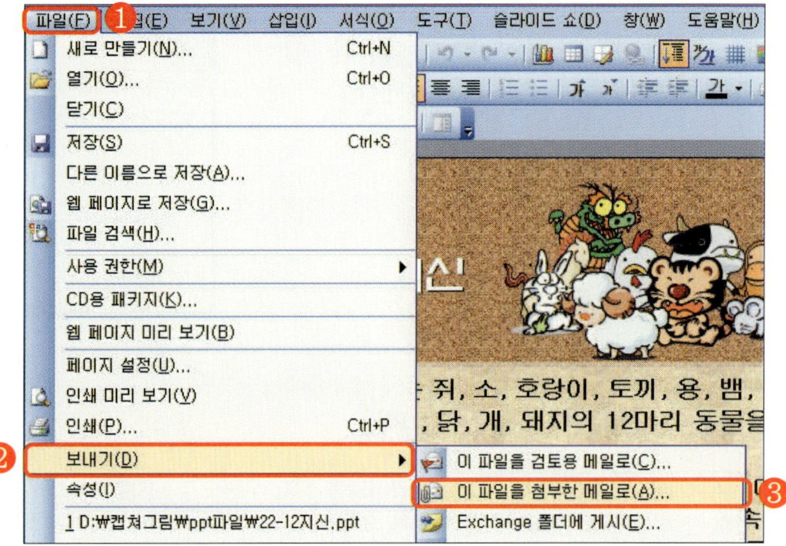

아웃룩이 자동으로 실행되면서 파워포인트 파일이 전자 우편의 첨부 파일로 첨부됩니다. 받는 사람의 주소와 본문의 내용을 입력하고 [보내기] 아이콘(보내기(S))을 클릭하면 메일이 발송됩니다.

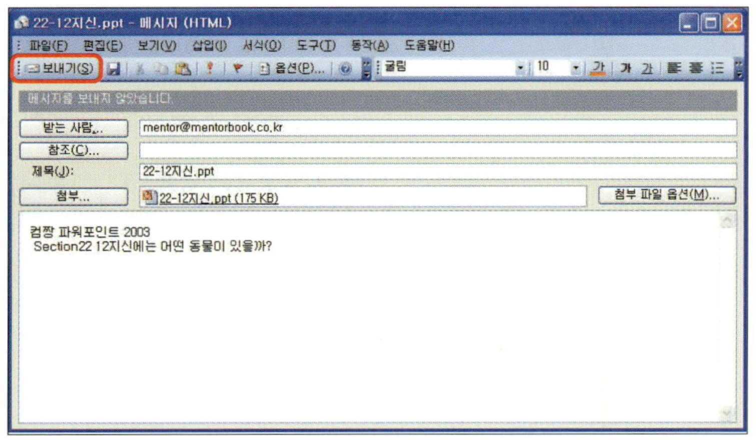

 이번에는 검토한 메일로 발송해 봅니다. [파일]-[보내기]-[이 파일을 검토용 메일로]를 클릭합니다.

검토용 메일

검토용 메일은 파일이 저장된 상태에서만 보낼 수 있습니다.

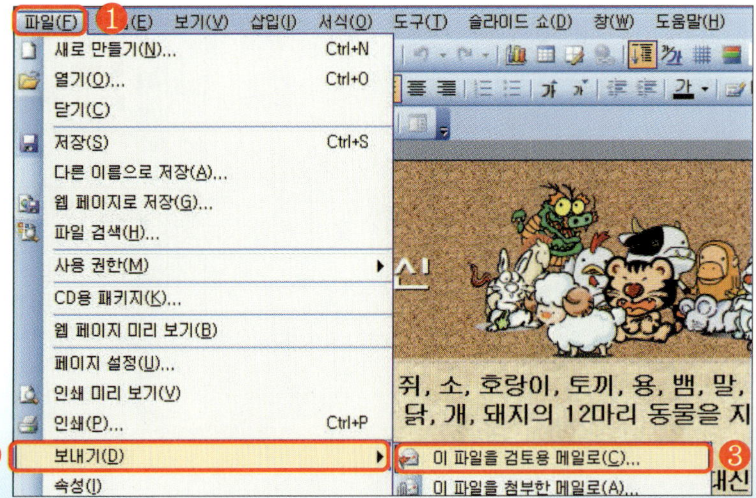

4 아웃룩이 자동으로 실행되면서 파워포인트로 작성한 파일이 첨부됩니다. 받는 사람을 입력하고 [보내기] 아이콘(보내기(S))을 클릭하면 전자 우편이 발송됩니다.

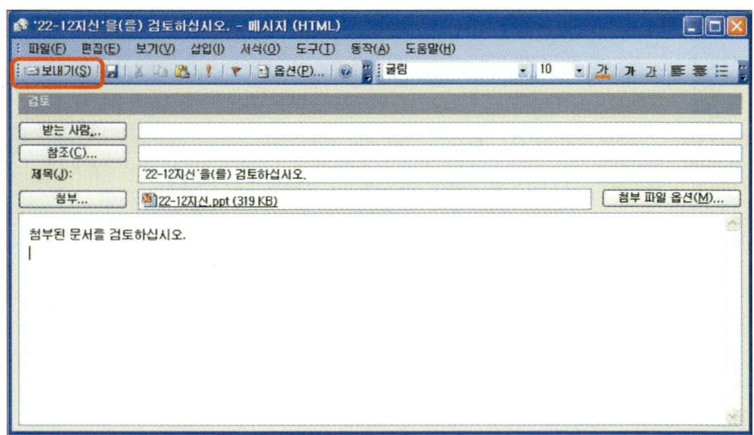

검토용 메일과 첨부한 메일

파워포인트 2003에서 작업한 슬라이드를 전자 우편으로 보내는 방법에는 검토용 메일로 보내는 것과 첨부한 메일이 있습니다. 첨부 파일로 보내기의 메일 제목은 첨부된 파일의 파일명이 기본적으로 나타납니다. 그러나 첨부 파일로 보내기에서는 메일 제목이 "22-12지신'을(를) 검토하십시오."가 기본적으로 나타나며, 본문 내용에도 "첨부된 문서를 검토하십시오."가 기본적으로 나타납니다. 메일 제목과 메일 본문은 발송자의 의도에 따라 자유롭게 바꿀 수도 있습니다.

02. Microsoft Word로 보내기

 [파일]-[보내기]-[Microsoft Office Word로]를 클릭합니다.

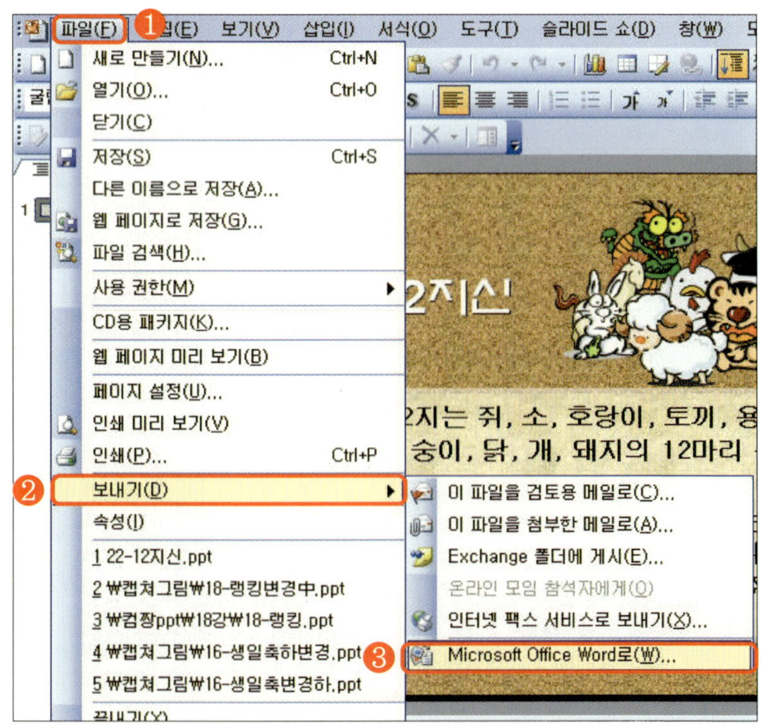

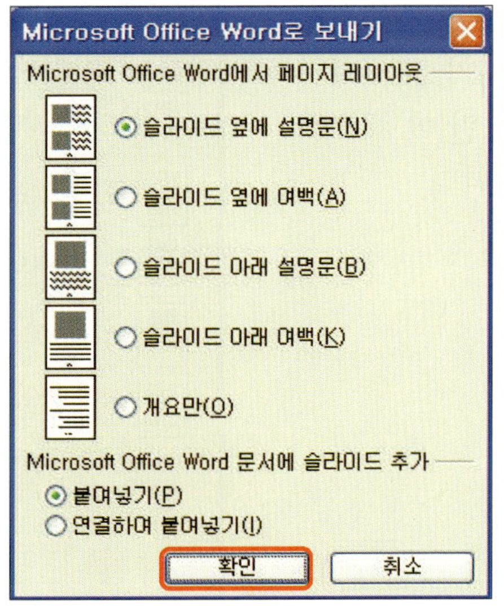

2 [Microsoft Office Word로 보내기] 대화 상자가 표시되면 보내고자 하는 부분을 선택한 후 [확인] 단추를 클릭합니다.

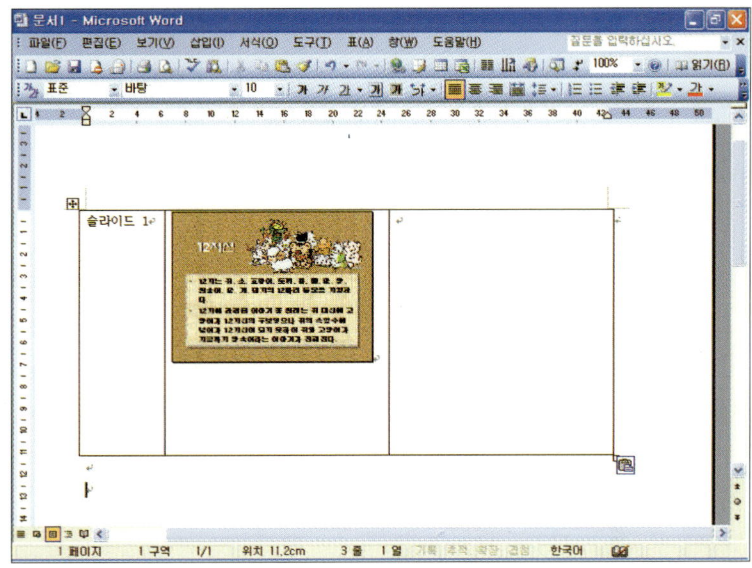

3 MS 워드가 실행되면서 슬라이드가 열립니다. 이 방법을 이용하면 파워포인트로 작성한 내용을 MS 워드로 쉽게 보낼 수 있습니다.

4 이번에는 슬라이드의 내용만을 워드로 보내봅니다. [파일]-[보내기]-[Microsoft Office Word로]를 클릭합니다.

5 [Microsoft Office Word로 보내기] 대화 상자가 표시되면 페이지 레이아웃의 [개요만]에 체크하고 [확인] 단추를 클릭합니다.

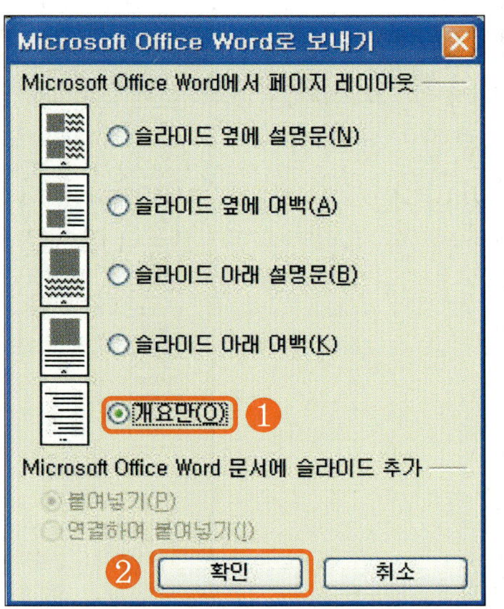

6 MS 워드가 실행되면서 슬라이드가 열립니다. 이 방법을 이용하면 파워포인트로 작성한 내용 중 개요, 즉 내용만을 MS 워드로 쉽게 보낼 수 있습니다.

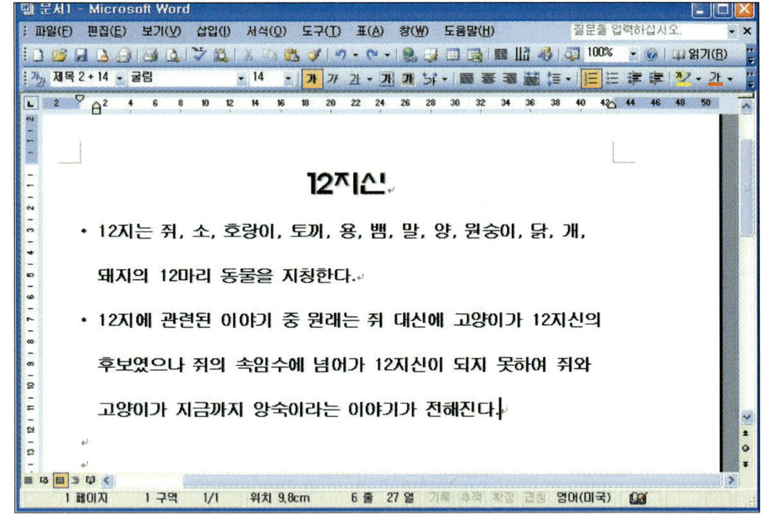

혼자 수련하기

1. 연극제 공연작 알아보기

❶ '22-연극제.ppt' 파일 열기
❷ [파일]-[보내기]-[이 파일을 첨부한 메일로]를 이용하여 친구에게 전자 우편을 발송

2. 이솝 이야기

❶ '22-이솝이야기.ppt' 파일 열기
❷ [파일]-[보내기]-[이 파일을 검토한 메일로]를 이용하여 친구에게 전자 우편을 발송

똑딱! 똑딱! 시간이 점점 흐릅니다. 그런데 갑자기 슬라이드가 자동으로 확 바뀌네요? 어떤 마법을 걸었을까요? 예행 연습을 통해 슬라이드에 시간을 설정해 주었기 때문입니다. 이 마법을 이용하면 발표자가 직접 컴퓨터를 조작하지 않고도 자동으로 슬라이드 쇼가 진행되기 때문에 다양하게 슬라이드 쇼를 활용할 수 있습니다.

크리스마스 즐기기

☐ 슬라이드를 자동으로 전환시켜 보자.

☐ 슬라이드 쇼 설정을 변경해 보자.

☐ 슬라이드 쇼를 재구성해 보자.

01. 예행 연습을 통해 슬라이드 시간 측정하기

1 '23-크리스마스.ppt'를 열고 [슬라이드 쇼]-[예행 연습]을 클릭합니다.

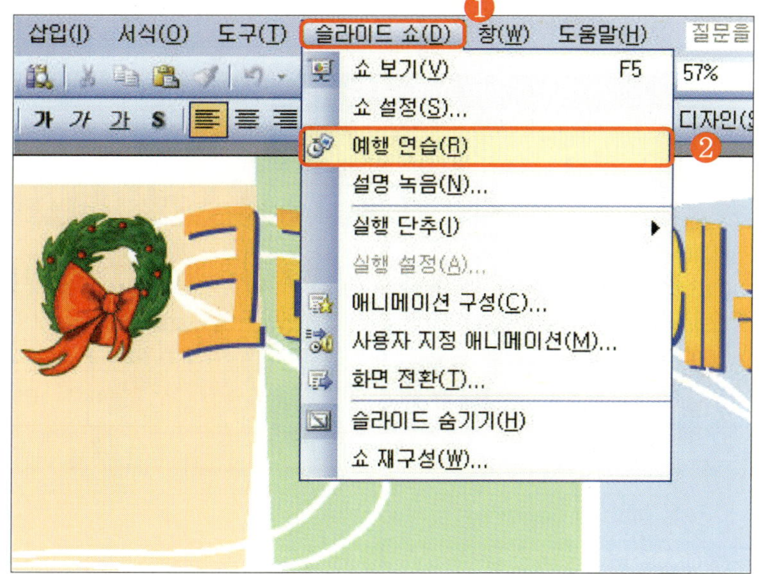

2 슬라이드 쇼가 실행되고 시간 이 표시됩니다. 정해진 시간이 지나면 마우스를 클릭하여 다음 슬 라이드로 넘깁니다.

이 부분에 원하는 시간을 직접 입 력한 후 Enter 를 눌러도 됩니다.

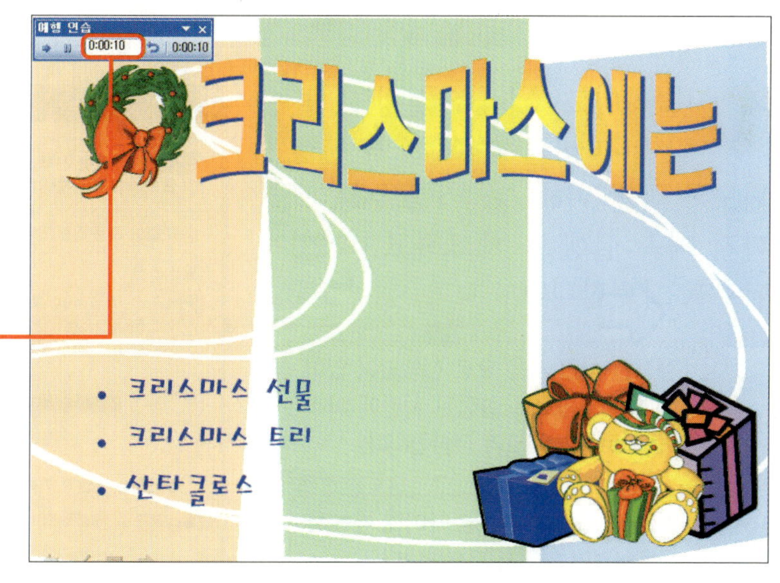

3 각 슬라이드마다 시간을 설정 하고 슬라이드 쇼를 종료하면 다음과 같은 대화 상자가 표시됩니 다. [예]를 클릭합니다.

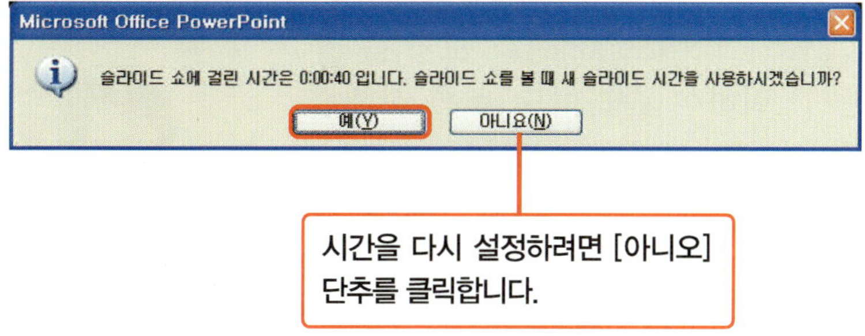

시간을 다시 설정하려면 [아니오] 단추를 클릭합니다.

④ 자동으로 여러 슬라이드 보기 상태로 슬라이드가 표시됩니다. 각 슬라이드의 아래에는 할당된 시간이 표시됩니다.

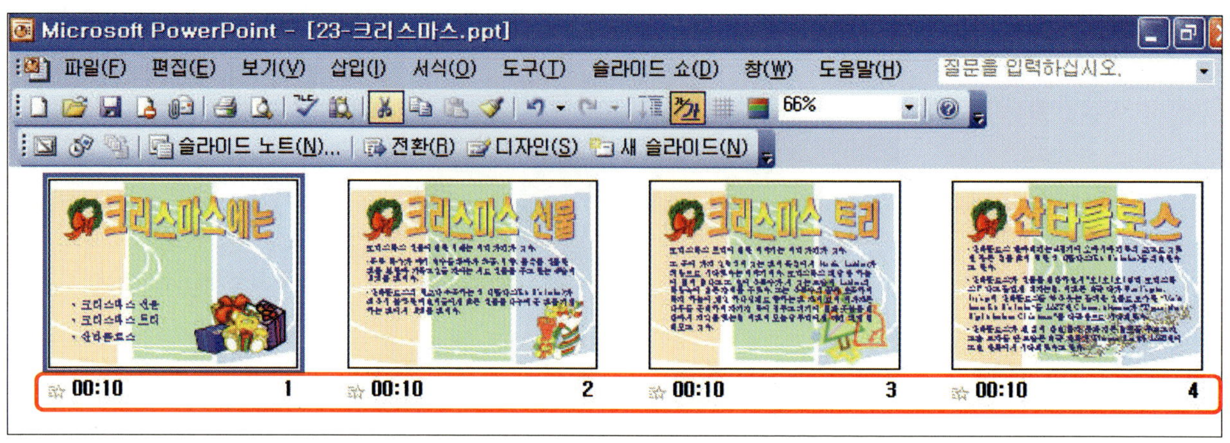

02. 슬라이드 쇼 설정 변경하기

① [슬라이드 쇼]–[쇼 설정]을 클릭합니다. 슬라이드 쇼가 진행되도록 하기 위해 'Esc 키를 누를 때까지 계속 실행'을 체크하고 [확인] 단추를 클릭합니다.

'설정된 시간 사용'으로 선택되어 있어야 예행 연습으로 설정된 시간에 따라 자동으로 슬라이드가 전환됩니다.

몇 개의 슬라이드만 슬라이드 쇼에서 사용하려면 여기서 지정합니다.

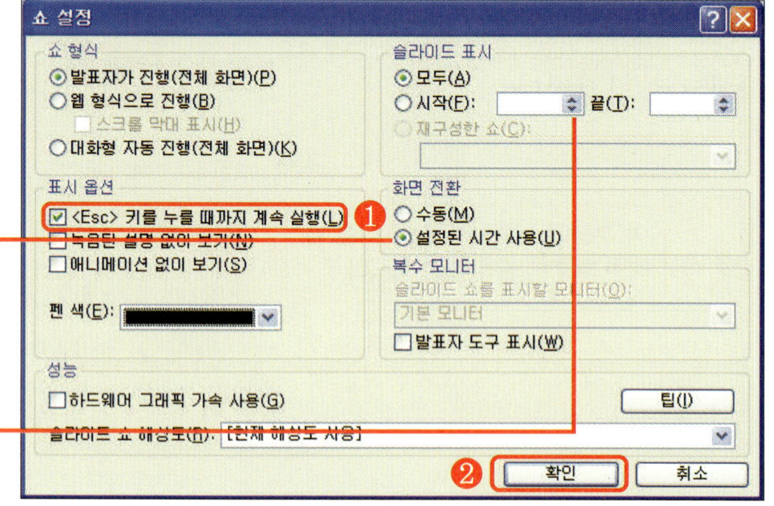

② [슬라이드 쇼]–[쇼 보기]를 클릭하여 슬라이드 쇼를 실행한 후 설정된 시간에 따라 자동으로 슬라이드 쇼가 진행되는지, Esc를 누를 때까지 계속해서 슬라이드 쇼가 실행되는지 확인합니다.

03. 쇼 재구성 하기

 [슬라이드 쇼]–[쇼 재구성]을 클릭한 후 [새로 만들기] 단추를 클릭합니다.

[쇼 재구성] 대화 상자

쇼 재구성은 여러 개의 슬라이드 중 몇 개의 슬라이드만으로 슬라이드 쇼를 실행할 때 사용합니다.

‘슬라이드 2’와 ‘슬라이드 3’을 선택하고 [추가]를 클릭한 후 [확인] 단추를 클릭합니다.

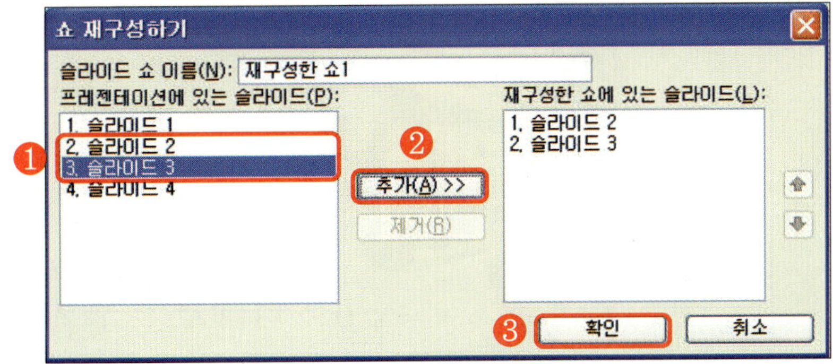

[쇼 재구성] 대화 상자에서 [쇼 보기]를 클릭하여 두 개의 슬라이드로만 슬라이드 쇼가 이루어지는지 확인합니다.

1. 나대로 만화 그리기

① '23-나대로만화.ppt' 파일 열기
② 예행 연습을 통해 각 슬라이드에 시간을 할당
③ Esc 를 누를 때까지 슬라이드 쇼가 계속되도록 설정
④ 슬라이드 쇼를 실행하여 확인
⑤ '23-나대로만화 완성.ppt' 로 저장

2. 마법당 친구들

① '23-마법당친구들.ppt' 파일 열기
② 예행 연습을 통해 각 슬라이드에 시간을 할당
③ Esc 를 누를 때까지 슬라이드 쇼가 계속되도록 설정
④ 슬라이드 쇼를 실행하여 확인
⑤ '23-마법당친구들 완성.ppt' 로 저장

전래동화

- 머리글과 바닥글을 설정해 보자.
- 슬라이드를 한 장씩 인쇄해 보자.
- 한 페이지에 여러 장의 슬라이드를 인쇄해 보자.

01. 머리글과 바닥글 설정하기

머리글은 슬라이드의 위쪽에, 바닥글은 슬라이드의 아래쪽에 인쇄됩니다. 주로 파일명, 작성자의 이름, 인쇄 날짜, 페이지 번호 등을 출력하기 위해 사용합니다.

1 '24-전래동화.ppt'를 열고 [보기]-[머리글/바닥글]을 클릭합니다.

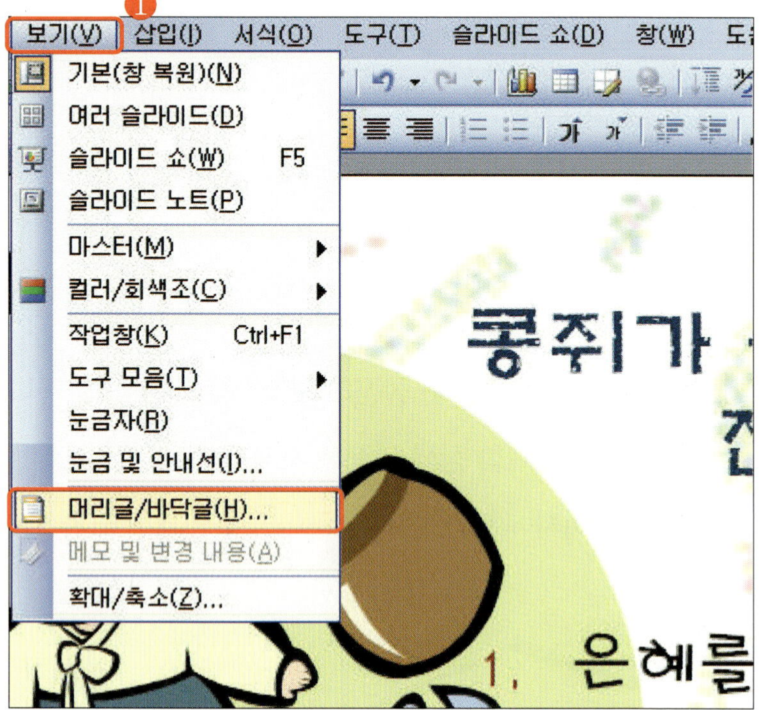

2 [머리글/바닥글] 대화 상자가 표시되면 '자동으로 업데이트'를 클릭하고 다음과 같은 날짜 형식을 선택합니다. 바닥글에는 자신의 이름을 입력하고 [모두 적용]을 클릭합니다.

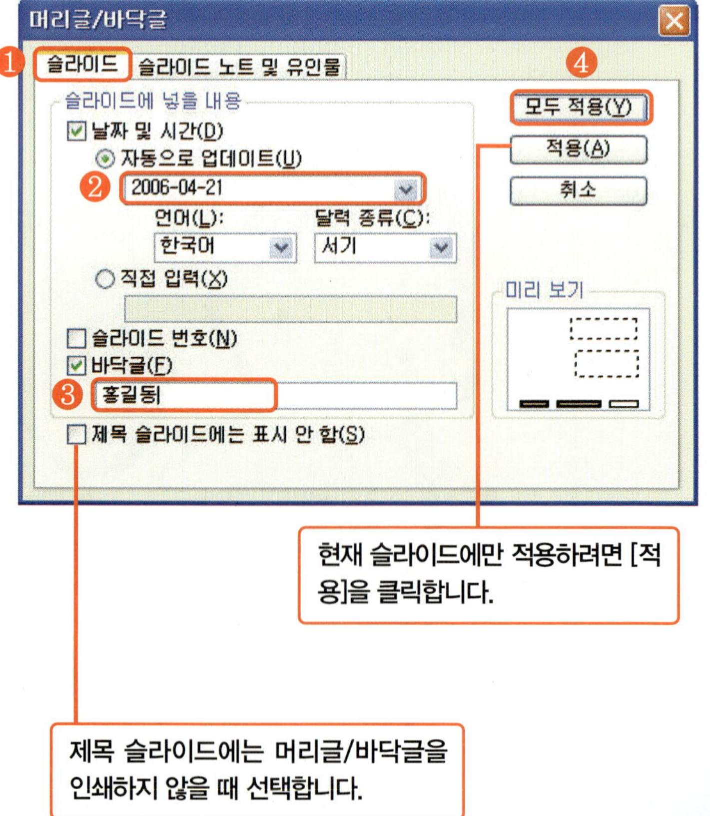

현재 슬라이드에만 적용하려면 [적용]을 클릭합니다.

제목 슬라이드에는 머리글/바닥글을 인쇄하지 않을 때 선택합니다.

02. 슬라이드 인쇄하기

 슬라이드가 표시되면 [파일]–[인쇄]를 클릭합니다.

인쇄 아이콘 사용하기

표준 도구 모음의 [인쇄] 아이콘(🖨)을 클릭하면 [인쇄] 대화 상자가 표시되지 않고 현재 설정된 인쇄 옵션에 따라 바로 인쇄됩니다.

[인쇄] 대화 상자가 표시되면 필요한 인쇄 옵션을 설정하고 [확인] 단추를 클릭합니다.

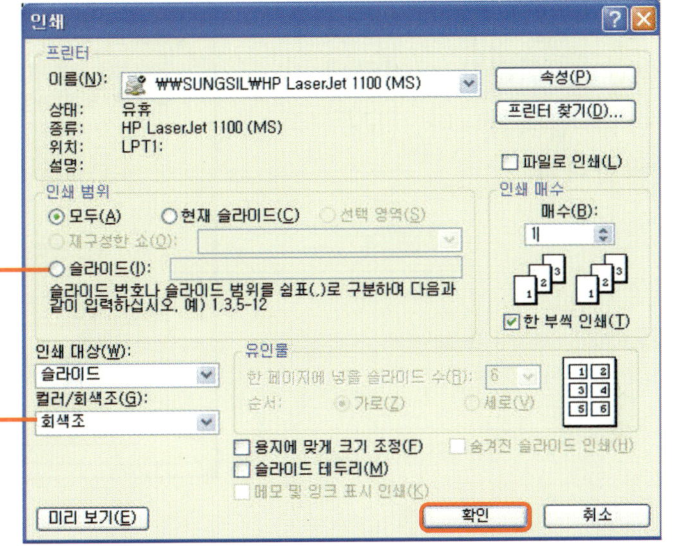

몇 개의 슬라이드만 인쇄하려면 인쇄할 슬라이드를 선택합니다.

흑백 프린터의 경우 '회색조'를 선택하는 것이 좋습니다.

한 장에 여러 개의 슬라이드를 인쇄하려면 인쇄 대상을 '유인물'로 설정하고 한 페이지에 넣을 수 있는 슬라이드 수를 선택한 후 [확인] 단추를 클릭합니다.

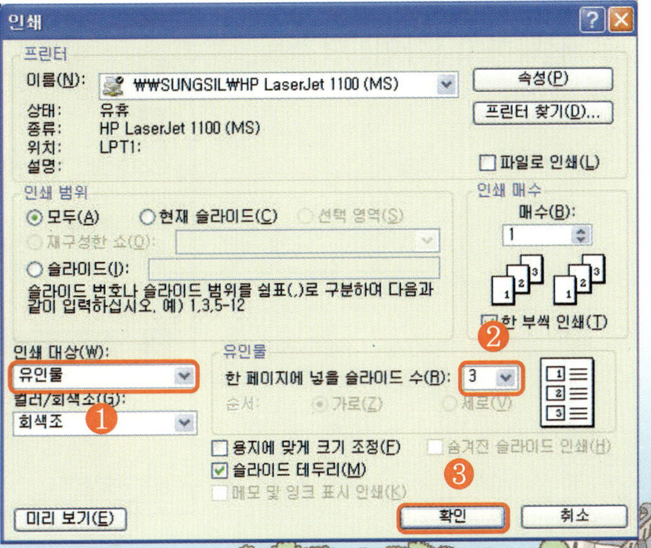

03. 유인물 마스터 편집하기

1 [보기]-[마스터]-[유인물 마스터]를 클릭한 후 [한 페이지에 슬라이드 2장] 아이콘(🔲)을 선택합니다. 머리글 영역을 선택하고 글꼴은 '휴먼모음T', 글자 크기는 '16'으로 변경합니다. [유인물 마스터 보기] 도구 모음에서 마스터 보기 닫기(C) 를 클릭합니다.

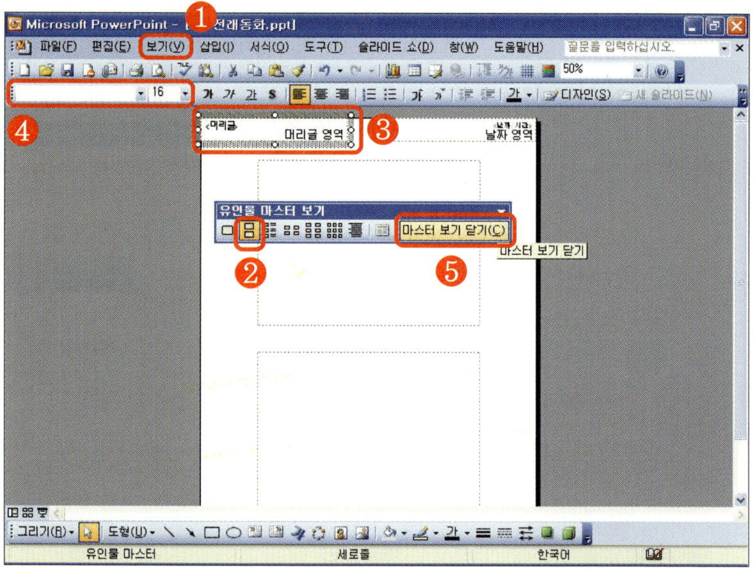

2 [보기]-[머리글/바닥글]을 클릭한 후 [슬라이드 노트 및 유인물] 탭으로 전환하고 머리글에 자신의 이름을 입력합니다. [모두 적용]을 클릭합니다.

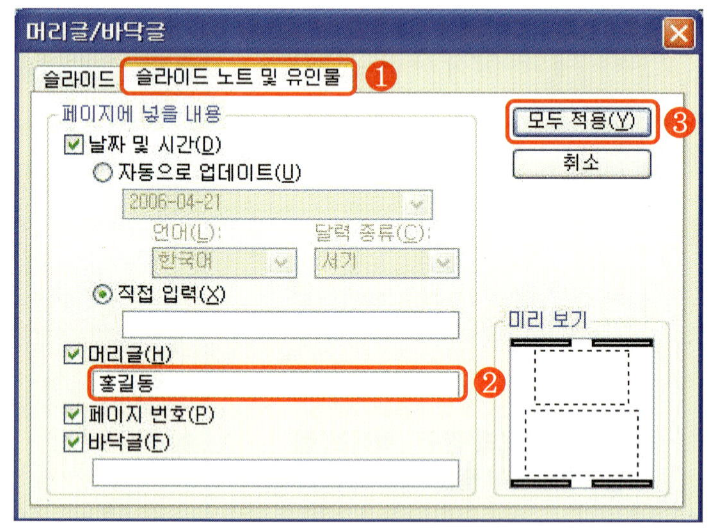

3 [파일]-[인쇄]를 클릭한 후 인쇄 대상을 '유인물', 슬라이드 수를 '2'로 선택하고 [확인] 단추를 클릭합니다.

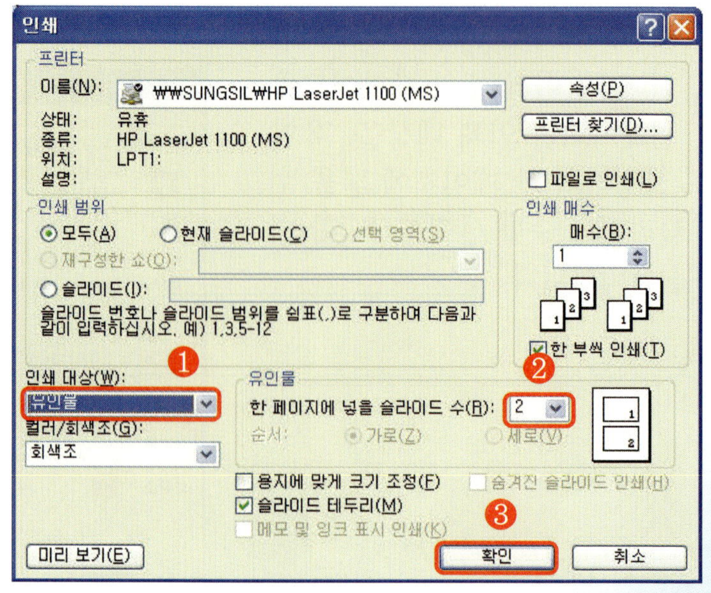

혼자 수련하기

1. 견우와 직녀도 만나고 싶다

❶ '24-칠석날.ppt' 파일 열기
❷ 바닥글에 슬라이드 번호와 자신의 이름이 인쇄되도록 설정
❸ 슬라이드를 한 장씩 인쇄
❹ '24-칠석날 완성.ppt' 로 저장

2. 우리나라 최고의 보물! 국보

❶ '24-국보.ppt' 파일 열기
❷ 바닥글에 '2006년 3월 3일' 형식으로 날짜가 인쇄되도록 설정
❸ 제목 슬라이드에는 머리글과 바닥글이 인쇄되지 않도록 설정
❹ 한 페이지에 3장의 슬라이드를 인쇄
❺ '24-국보 완성.ppt' 로 저장

다음의 파일을 작성한 후 각 슬라이드를 한 페이지에 한 장씩 인쇄하세요.

[공통사항]

❶ '종합3-케이크만들기.ppt' 파일 열기

❷ 각 슬라이드에 화면 전환 효과와 텍스트 애니메이션을 설정
- 슬라이드 안의 번호 순서대로 애니메이션 순서 설정
- 화면 전환 효과 : 아래로 덮기, 자동으로 전환(8초)

❸ 각 슬라이드의 글자와 그림에 애니메이션 효과를 설정

❹ 슬라이드 마스터 편집을 통해 제목의 글꼴을 '휴먼둥근헤드라인', 글꼴 크기를 '44pt'로 지정

① 첫 번째 슬라이드

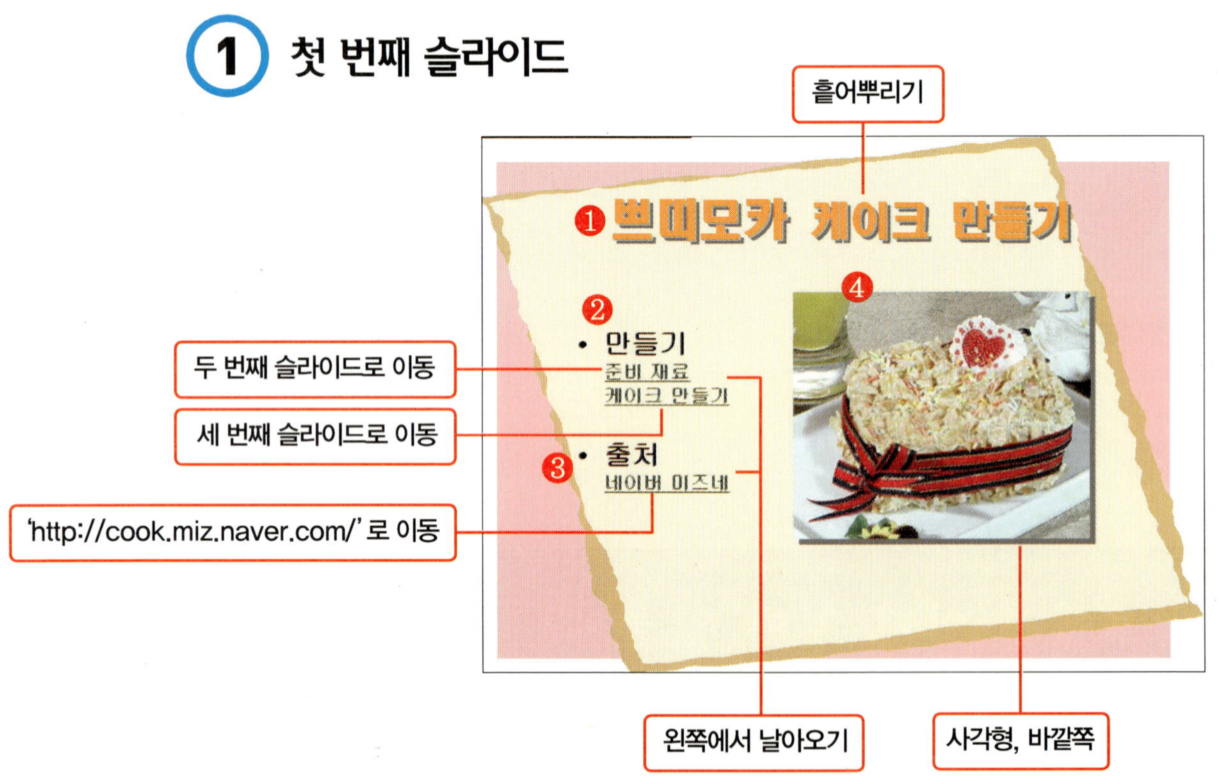

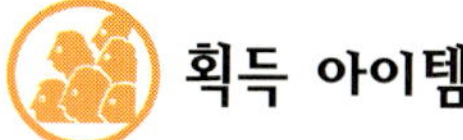 획득 아이템

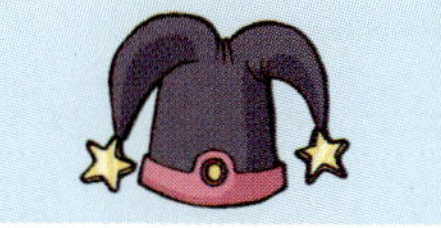

풀이 시간
① 분
② 분

② 두번째 슬라이드

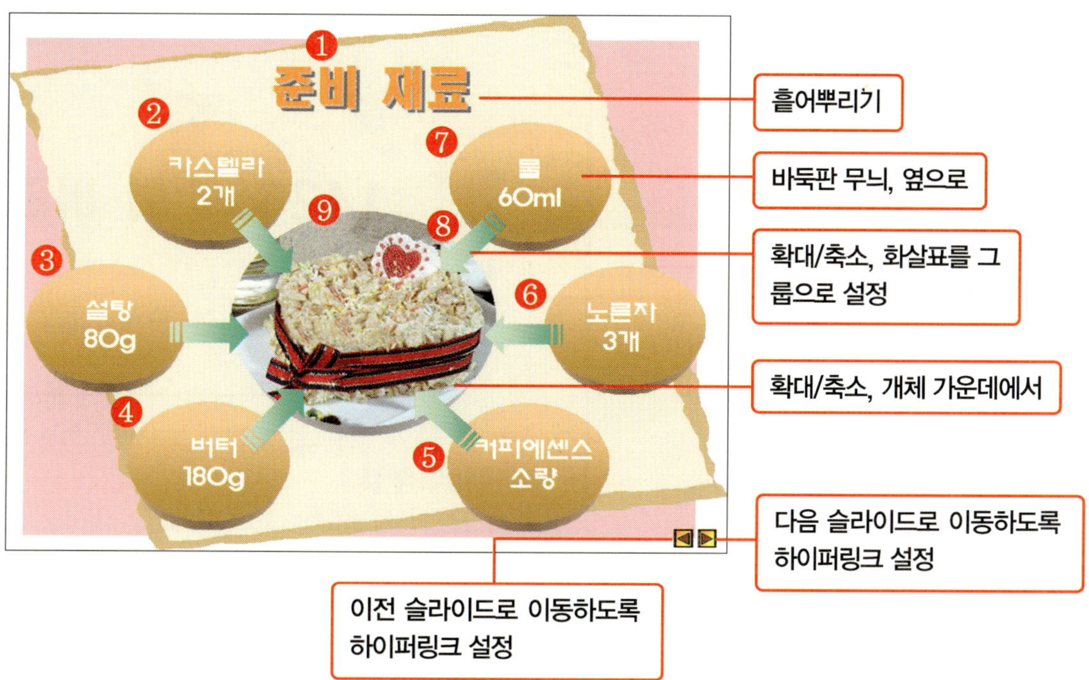

흩어뿌리기

바둑판 무늬, 옆으로

확대/축소, 화살표를 그룹으로 설정

확대/축소, 개체 가운데에서

다음 슬라이드로 이동하도록 하이퍼링크 설정

이전 슬라이드로 이동하도록 하이퍼링크 설정

② 세 번째 슬라이드

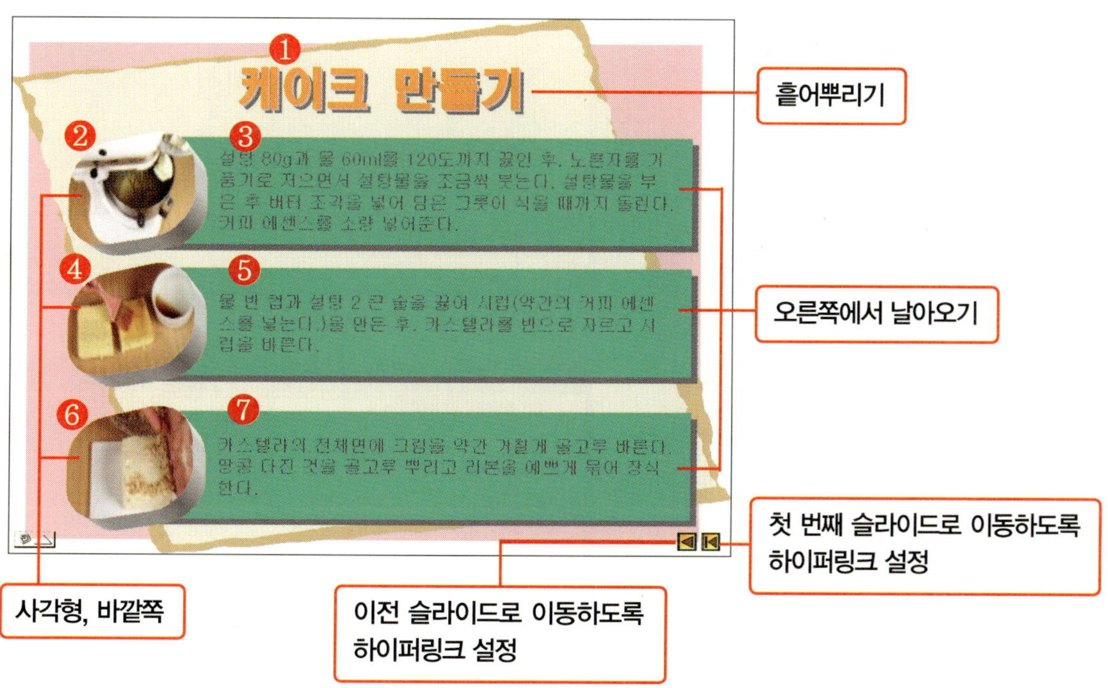

흩어뿌리기

오른쪽에서 날아오기

첫 번째 슬라이드로 이동하도록 하이퍼링크 설정

사각형, 바깥쪽

이전 슬라이드로 이동하도록 하이퍼링크 설정

컴짱!! 싸이짱에 도전!

각 강에서 배운 내용은 다음과 같은 방법으로 싸이에 올려 보세요. 여러분들이 어떤 수업을 했는지 부모님과 친구들한테 자랑할 수도 있고, 컴퓨터 실력이 하루하루 늘어 가는 것을 알 수 있습니다.

1

파워포인트에서 Alt + Print Screen 을 눌러 복사한 후 그림판을 실행합니다. [편집]–[붙여넣기]를 클릭하면 다음과 같이 복사한 그림이 붙여집니다.

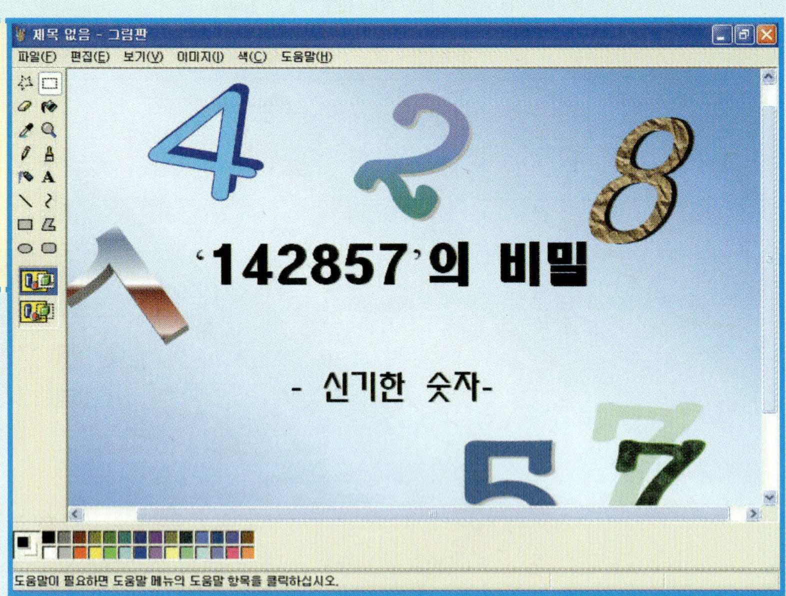

2

[파일]–[저장]을 클릭합니다.

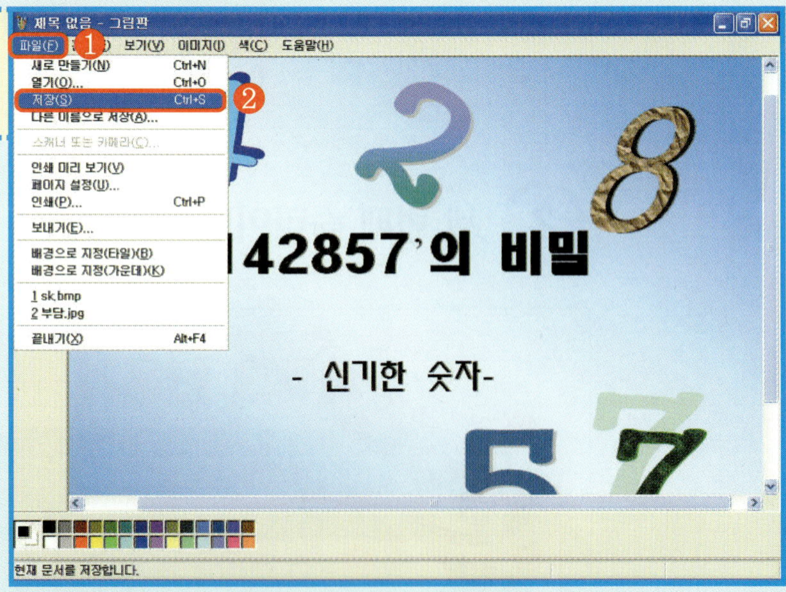

3

[다른 이름으로 저장] 대화 상자가 표시되면 저장 위치를 선택하고 파일 이름을 입력한 후 [저장] 단추를 클릭합니다. 파일 형식은 ‘JPEG’로 선택합니다.

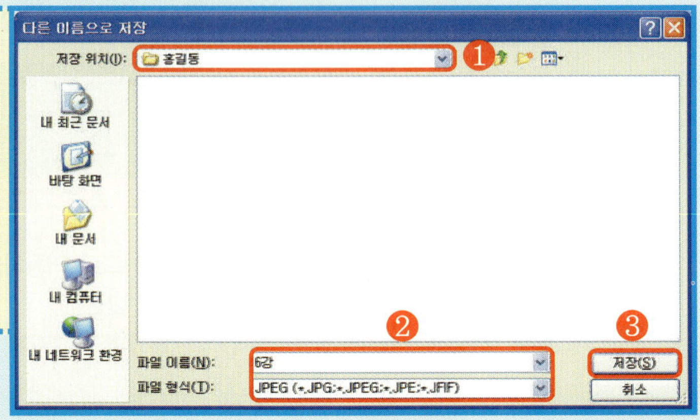

4

싸이에 접속하고 사진을 올릴 폴더에서 [사진등록]을 클릭한 후 제목을 입력하고 [첨부]를 클릭합니다.

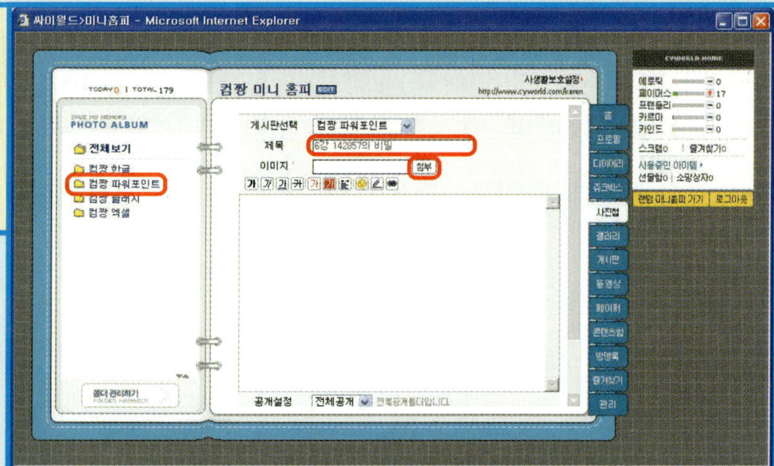

5

이미지 업로드 창이 표시되면 [이미지툴 사용하기] 탭으로 이동한 후 [찾아보기] 단추를 클릭합니다.

6

[열기] 대화 상자가 표시되면 그림 파일을 선택하고 [열기] 단추를 클릭합니다.

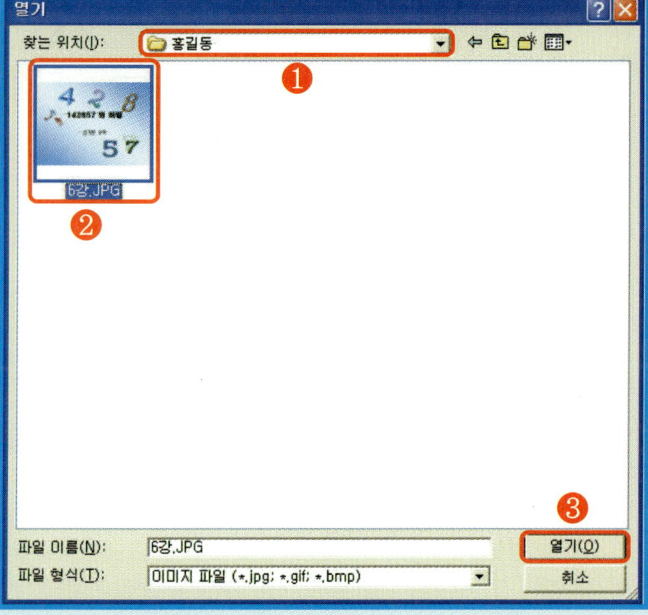

7

다음과 같이 그림이 표시되면
등록하기를 클릭합니다.

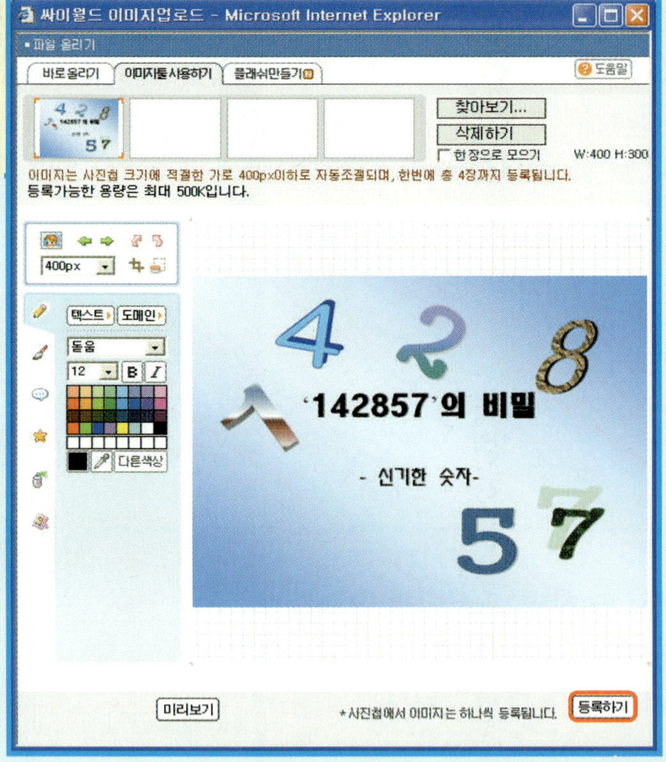

8

그림이 첨부되면 그림에 대한 설명
을 입력하고 확인을 클릭합니다.
등록할 것인지 물어보면 [확인] 단
추를 클릭합니다.

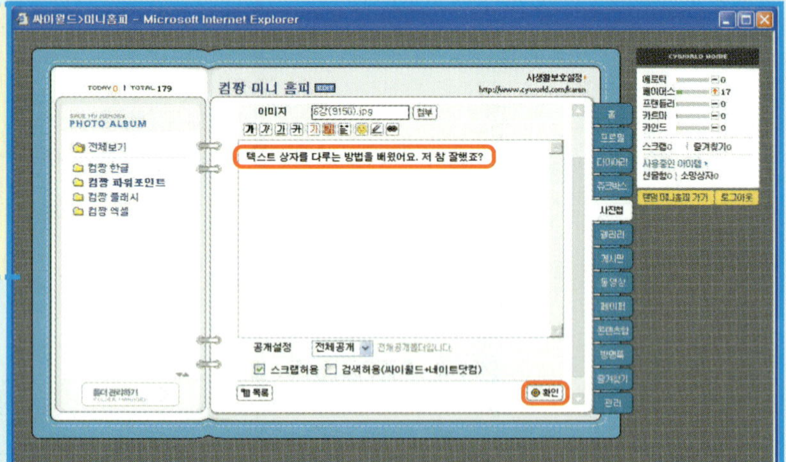

9

다음과 같이 그림이 사진첩에 등록
됩니다.

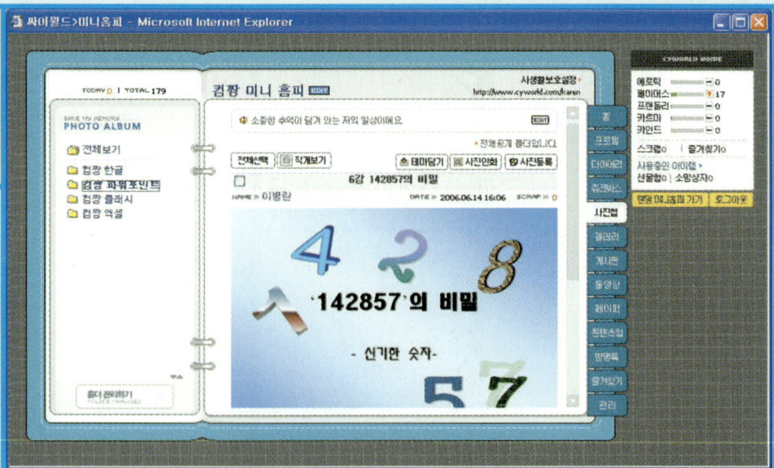